PROJECT
BASED
LEARNING

仇虹豪　主　编
奚九芳　副主编

项目化学习：
让学习真正发生

——上海市浦东新区锦绣小学项目化学习探索与实践

图书在版编目(CIP)数据

项目化学习：让学习真正发生：上海市浦东新区锦绣小学项目化学习探索与实践 / 仇虹豪主编；奚九芳副主编． -- 上海：上海社会科学院出版社，2024．
ISBN 978-7-5520-4424-9

Ⅰ．G622.3

中国国家版本馆CIP数据核字第2024DV7501号

项目化学习：让学习真正发生
——上海市浦东新区锦绣小学项目化学习探索与实践

| 主　　编：仇虹豪 |
| 副 主 编：奚九芳 |
| 责任编辑：路　晓 |
| 封面设计：徐　蓉 |
| 出版发行：上海社会科学院出版社 |
| 　　　　　上海顺昌路622号　邮编200025 |
| 　　　　　电话总机021-63315947　销售热线021-53063735 |
| 　　　　　https://cbs.sass.org.cn　E-mail:sassp@sassp.cn |
| 照　　排：南京理工出版信息技术有限公司 |
| 印　　刷：浙江天地海印刷有限公司 |
| 开　　本：787毫米×1092毫米　1/16 |
| 印　　张：20.75 |
| 字　　数：348千 |
| 版　　次：2024年10月第1版　2024年10月第1次印刷 |

ISBN 978-7-5520-4424-9/G·1357　　　　　　　定价：102.50元

版权所有　翻印必究

序　言

2019年,中共中央、国务院印发了《关于深化教育教学改革全面提高义务教育质量的意见》,提出"探索基于学科的课程综合化教学,开展研究型、项目化、合作式学习"。次年9月,上海市教育委员会出台了《义务教育项目化学习三年行动计划(2020—2022)》,提出"力争到2022年培育出义务教育阶段项目化学习实验校100所,覆盖全市所有区",这是首次从省级层面上提出全面推进义务教育阶段项目化学习。2022年4月,教育部印发了《义务教育课程方案和课程标准(2022年版)》,提出"聚焦核心素养"的要求,并明确提出要探索大单元教学,积极开展主题化、项目式学习等综合性教学活动,强调加强课程内容与学生经验、社会生活的联系,倡导"做中学""用中学""创中学",增强学生在真实情境中认识真实世界、解决真实问题的能力。

这无疑为广大教师指明了教学方法改革的大方向,而项目化学习就是推动课改和教改的有力抓手。国内已经有了不少项目化学习的实践,但总体而言,依然存在对项目化学习研究不足、理论体系不够完善、开发课程内容领域不广、在学校开展的实践活动不够广泛、过程缺乏支持、评价几近空白、师资水平欠佳等问题。

面对信息时代的发展和社会变革的需求,教育必须进行创新和改革,以适应时代的发展和社会的需求。项目化学习作为一种新型的教育模式,正是这种改革的重要方向之一。《项目化学习:让学习真正发生——上海市浦东新区锦绣小学项目化学习探索与实践》一书,就是锦绣小学对于教育改革背景下学校项目化学习的深入探索和实践经验的总结。本书详细阐述了四个问题:什么是项目化学习?为什么要实施项目化学习?如何实施项目化学习?实施的效果如何?并通过具体的案例分析,展现了项目化学习对提高学生的综合素质、提升教师的教学能力,以及推动学校整体发展的巨大作用。这些实践成效表明,项目化学习是一种有效的教育模式,在信息化、多元化的时代背景下,其独特的优势,可以弥补传统教育的不足，更好地培养学生的创新思维和实践能力，为学生的全面发展打下坚实的基础。

"路漫漫其修远兮"，项目化学习是一条漫长的路，它的推进不可能一蹴而就，需要我们在不断的实践与探索中，逐渐找到前进的方向，一步一个脚印，将其优势真正发挥出来。

谨以此书，为行走在项目化学习这条道路上的各位教师同仁们提供一些浅薄的经验，让我们一起慢慢走。

上海市教育学会特聘学术专家　顾志跃

目录

序言　　1

理论部分

专题一　是什么(What is it)?
　　——学校项目化学习的含义和类型　　3
　　第一节　什么是项目化学习　　5
　　第二节　项目化学习的类型和特征　　9

专题二　为什么(Why to do)?
　　——学校项目化学习的意义和追求　　15
　　第一节　新课标推崇项目化学习　　17
　　第二节　项目化学习是撬动学校变革的支点与特色　　21

专题三　如何做(How to do)?
　　——学校项目化学习的实施与经验　　27
　　第一节　项目化学习的实施措施　　29
　　第二节　项目化学习的实施经验　　33

专题四　做得如何(How to evaluate)?
　　——学校项目化学习的评价与实践成效　　37
　　第一节　项目化学习中评价的设计与实施　　39
　　第二节　项目化学习的实践成效　　48

教研论文

体验式活动提升疫情后小学四年级学生表达能力的行动研究	沈文洁	57
项目化视域下的小学语文习作教学的实践研究	张 薇	68
项目化学习在语文学科中的实践		
——以三年级语文项目化活动"童话故事创编"为例	施 益	73
聚焦项目化，探索小学语文跨学科学习		
——以《牛郎织女》连环画创作项目为例	吕慧瑛	79
核心素养背景下的小学数学项目化学习设计研究		
——以"设计上海野生动物园游玩攻略"为例	钱 晶	86
基于单元视角的小学数学学科项目化学习的实践探索		
——以"小小设计师之如何设计更符合校园需求的失物招领柜"为例	曹 迎	91
让学习真正发生在项目化学习中	赵佳倩	101
To be a clothes designer 成为一名服装设计师		
——3BM2U3 Clothes 跨学科项目化学习案例	袁怡婷	111
核心素养导向下的小学科学项目化学习评价实践与反思	谭建英	119
项目化学习在校园足球文化建设项目中的实践		
——以足球队服设计为例	凌晓霜	134
小学体育水平一"投掷轻物"项目化学习具体策略	卢丽娟	141

教学案例

基于阅读活动，提升表达能力的实践研究		
——以"少年非常道"演说活动为例	吴 祎	147
三年级语文项目化活动之"争做小小讲解员"	陈丹华	155
锦绣诗歌小编辑		
——"轻叩诗歌的大门"四年级语文项目化学习案例	费笑雯	159
设置具体情境，提升语文素养		
——以综合性学习"难忘的小学生活"教学为例	李伊娜	168

职业密探零零发
　　——跨学科项目化学习初探　　　　　　　　　　　毛晓烨　173

春暖花开　"植"得期待
　　——语文学科项目化案例　　　　　　　　　　　　戚　奕　181

促启蒙　品韵味
　　——一年级项目化活动"春之歌"　　　　　　　　顾　玮　186

议·探·践：项目化视域下创新低段语文课堂的实践研究
　　——以二年级《春季社会考察手册》为例　　　　李欣欣　190

"小观察　大发现"
　　——四年级语文项目化学习案例　　　　　　　　陶珈敏　199

足行千里品民间文化　思绪万千会思维火花
　　——"中国的世界文化遗产"项目化学习案例学科项目化
　　　学习初探　　　　　　　　　　　　　　　　　　林炜鸽　206

依托文本，走进名著
　　——"四大古典名著"项目化学习案例　　　　　　赵佳希　210

"我的钱包我做主"　　　　　　　　　　　　　　　　　李寅义　215

用爱收获成长
　　——爱心节"爆米花销售问题"　　　　　　　　　郑津京　220

如何设计更符合校园需求的失物招领柜？
　　——项目化学习案例　　　　　　　　　　　　　　范逸之　225

"节约用水行动"项目化学习案例　　　　　　　　　　马舒婷　231

"我是小小理财师"项目化综合实践研究　　　　　　　徐心诣　242

指向"数据分析观念"的项目化学习
　　——以"BMI 健康指南"为例　　　　　　　　　　袁秋萍　245

Explore the Yangtze River 探秘长江
　　——英语 5AM4U1 Water 跨学科项目化学习案例　丁爱华　258

Fun toys
　　——群"英"荟萃展创意　"语"你同行显异彩
　　　以英语 3BM2U2 Toys(Period 1)为例　　　　　吴培红　266

My School Explorer
　　——学校探索者　　　　　　　　　　　　　　　　孙月华　271

试做动物迁徙研究员，合作学习探索大自然
　　——Animal migration researcher ……………………………… 吴闻佳　278
源于生活的小学英语项目化学习案例
　　——南京路探索者初体验 ……………………………………… 倪毓霞　287
单元项目化学习实践探索
　　——以一年级道德与法治"我爱我家"为例 ………………… 陈怡雯　296
项目化学习在小学音乐教学中的应用
　　——以音乐与创编《小老鼠找朋友》为例 …………………… 黄　燕　301
奶牛奇遇记
　　——跨学科项目化教学案例 …………………………………… 李　娜　304
我是绿茵小法官
　　——锦绣校园足球文化建设项目化学习案例 ………………… 吴勇飞　306
项目化学习在小学美术教学中的实践
　　——以《夸张的面具》为例 …………………………………… 张晓琦　309
小小像素墙设计师 …………………………………………………… 张瞿麟　315
新课标下小学美术跨学科助力民间传统艺术的学习探究
　　——以皮影艺术为例 …………………………………………… 陈丽蓉　319

理论部分

专题一

是什么(What is it)?
—— 学校项目化学习的含义和类型

《义务教育课程方案和课程标准(2022年版)》的颁布使得整个育人导向更加清晰,一切都指向学生核心素养的发展。回归到各个学科的育人方式,则强调学科的实践性、综合性、跨学科等,强调通过学生基于真实情境的问题解决,实现其解决问题的能力以及创新能力的发展。在这一背景下,从真实世界的问题出发,通过组织学习小组,让学生借助信息技术以及多种资源开展探究活动,在一定的时间内解决一系列相互关联的问题,并将研究结果以一定的形式发布的学习方式——项目式学习,成为让学科实践落地和学科素养目标实现的有力抓手。

第一节 什么是项目化学习

一、项目化学习的背景

（一）项目化学习在国外的发展

项目化学习最早可以追溯到1910年，美国教育学家克伯屈提出了"项目教学"的概念，他强调学生应该通过实际操作来学习知识和技能，而不是仅仅通过书本和教师的讲解。此后，项目化学习逐渐发展为一种重要的教学方法，被应用于各个学科领域。在20世纪中叶，随着美国教育学家杜威的著作《我们如何思维》的出版，项目化学习得到了更广泛的关注和应用。杜威强调学生应该通过参与实际活动来培养思考能力和解决问题的能力，他认为项目化学习可以为学生提供真实的问题解决情境，促进学生的自主学习和探究，同时培养学生的创新精神和实践能力。

到了20世纪末和21世纪初，随着信息技术的发展和社会对于人才的需求变化，项目化学习开始被广泛应用于各个学科领域，尤其是STEM（科学、技术、工程、数学）领域。它可以为学生提供跨学科的学习机会，让他们通过合作、探究和创造来解决实际问题，培养他们的创新精神和实践能力。同时，项目化学习也可以培养学生的团队协作能力和沟通能力，让他们更好地适应社会的需求。

项目化学习在国外的应用和发展也取得了一些显著的成果。例如，美国巴克教育研究所（Buck Institute for Education）致力于推广项目式学习30余年，其定义的以课程标准为核心的项目式学习（standards-focused PBL）被广泛应用于不同领域和学科的教学中。在欧洲，许多国家也在大力推广项目化学习，并将其作为培养创新人才和提高教育质量的重要手段。同时，全球范围内的一些大型企业和组织也在积极探索和应用项目化学习，以培养员工的创新能力和解决问题的能力。此外，一些国际性的教育评估机构也开始关注项目化学习。例如，经济合作与发展组织（OECD）的教育评估框架将项目化学习作为评估的重要指标之一。

（二）项目化学习在中国的实践

进入21世纪，随着新课程改革和素质教育的不断推进，项目化学习在中国的教育领域开始得到越来越广泛的应用。2019年，《国务院办公厅关于新时代推进普通高中育人方式改革的指导意见》提出要注重"项目设计"等跨学科综合性教学；同年，中共中央、国务院印发《关于深化教育教学改革全面提升义务教育质量的意见》，提出开展"项目化学习"。在《义务教育课程方案和课程标准（2022年版）》中，项目化学习被进一步明确为一种积极的学习方式。在"探索大单元教学，积极开展主题化、项目式学习的综合性教学活动"的指导原则下，项目化学习被视为培养学生核心素养的有效途径。这不仅保证了学生的学习效果，也有利于培养学生的综合素质。

1. 引入与试点阶段

虽然项目化学习在欧美已经得到了广泛应用，但在中国，人们对于这一学习方式还相对陌生。为了推广项目化学习，一些教育机构和学校开始引入相关的理论和实践经验，并进行试点。这个阶段的主要目的是让教师和学生了解项目化学习的概念、特点和实施方式等。

2. 拓展与实践阶段

随着项目化学习的推广，越来越多的学校和教育机构开始尝试将这种学习方式应用到学科教学中。在这个阶段，项目化学习的实施范围和深度得到拓展，不仅涵盖了科学、数学、技术、艺术等学科，还出现了跨学科的尝试。教师们开始积极探索项目化学习的实践策略，并逐渐形成了一些具有本土特色的实践模式。

3. 区域与校本研究阶段

项目化学习的进一步发展开始注重区域和学校的研究。一些地区的教育行政部门开始将项目化学习纳入整体教育改革计划，推动区域内的学校和研究机构进行项目化学习的研究和实践。同时，一些学校也开始形成自己的项目化学习特色，如上海育才中学的"育才教育模式"、重庆南开中学的"博雅教育模式"等。

4. 创新与融合阶段

进入21世纪第二个十年，项目化学习开始与各种教育创新和改革相互融合。一方面，项目化学习与新技术、新理念的结合，如与创客教育、STEM教育等的融合，推动了教育的创新发展；另一方面，项目化学习也与学校整体改革、课程重构等紧密相连,成为推动基础教育课程改革的重要力量。

二、项目化学习的内涵

项目化学习(project based learning,简称 PBL)是一种以学生为中心,以项目为驱动的教学方式。它关注的是通过集中关注学科或跨学科的核心概念和主题,设计驱动性的问题,在学生自主或合作进行基于项目任务的问题解决过程中,积极学习和自主建构,生成知识和培养素养的一种教学。项目化学习的关注点在于聚焦和跨学科,注重培养孩子的自主学习与合作学习。其理论支撑是创新、建模化,这也正是项目化学习与传统学习的最大差异。

在项目化学习的过程中,学生需要在一定的时间内完成一个具体的、具有实际意义的工作任务,这个任务通常需要学生以小组合作的形式进行。学生需要根据项目需求,自主搜集资料、调查研究和设计方案,并与其他小组成员进行合作、交流、分享。教师则提供必要的指导和支持,帮助学生解决问题和调整工作计划。

项目化学习的核心在于通过项目实施和问题解决的过程,培养学生的创新思维、批判性思维、团队合作和问题解决能力等多方面的素养。同时,项目化学习也可以帮助学生更好地理解和应用所学知识,提高其自主学习的能力。需要注意的是,项目化学习并不意味着教师完全放手,而是需要教师在整个过程中给予学生必要的指导和支持,帮助他们更好地完成项目任务和实现个人发展。

《上海市义务教育项目化学习三年行动计划(2020—2022 年)》对项目化学习的定义则是"项目化学习是以校长为核心的教育教学团队,在学校活动领域、学科领域和跨学科领域,设计真实、富有挑战性的问题,引导和指导学生在一段时间内持续探究,尝试创造性地解决问题,形成相关项目成果",并要求"项目化学习要把握育人方向,全过程融入爱国主义、社会主义核心价值观、中华优秀传统文化、公民道德等元素,培养学生创造性思维、批判性思维、团队沟通与合作等重要的终身学习能力,促进教与学方式变革和教师专业成长,激发学校办学活力"。

作为一种更具灵活性、开放性和生成性的新型课程形态,项目化学习对于培养学生的核心素养具有独特优势。在学习动机上,相较于传统的知识讲授方式,项目化学习中的"项目"来自学生社会生活中的真实问题,这种鲜活、生动、直接的经验能够更好地调动学生的学习兴趣和需求,尤其是可以帮助低年级学生尽早建立自主学习的内驱力,让学生成为学习的主人。在知识技能上,解决项目所提出的问题,要求学生交叉综合运用各方面的知识和技能,可以促使学生打破学科界限,以联系的视角看待知识学习,更好领悟知识的关联性。在综合素质上,项目化学习是学生全身心、全人格的参与,有知识与情感的融合,思维与行动的融合,还有智力因素与非智力因素的融合,为培养学生面向未来的科学精神、创新能力、批判性思维提供了载体,能够全方位地锻炼团队合作、表达沟通等综合能力。

第二节 项目化学习的类型和特征

一、项目化学习的类型

(一)微项目化学习

微项目化学习是指在课堂或课外为学生提供的短时间(15—20分钟)的探索性项目活动,通常只选取驱动性问题、探究性实践、社会性实践等几个要素,它的核心价值取向和设计思路与学科、跨学科这两种项目化学习一致,只是不能通过一堂课进行整体体现。微项目化学习以学习为中心,可作为初学者的尝试,也适合采取国家课程的学校进行课堂变革探索。其可以采用问题、案例、情境、活动等学习内容载体,帮助学生把学习的知识从一个情境迁移到另一个情境。通过这种方式,学生可以在不断实践中积累知识、培养技能和增强兴趣,同时也能够提高自我学习能力、自主创新能力、合作协调能力等。

在设计和实施微项目化学习时,教师需要注意以下几点:

1. 目标要明确。教师需要明确教学目标和任务,根据目标和任务设计合适的微项目,使学生能够在项目中学习和应用所学知识。

2. 任务要具体。微项目化学习的任务应该具体、明确,包括具体的知识点、技能点、工具等,使学生能够明确任务和目标。

3. 实施要可行。教师需要制定合理的实施计划,考虑可行性和实施条件,包括时间、地点、人员、材料等方面的限制。

4. 成果要分享。微项目化学习的成果应该及时分享和展示,这不仅可以让学生获得成就感,还可以促进学生的交流和合作。

(二)学科项目化学习

学科项目化学习聚焦单个学科的关键概念和能力,注重培养学生创造性解决真实问题的能力,其知识观指向的是与学科本质有关的核心概念或关键概念、能力的整体理解,定位更综合、更上位。在学科项目化学习中,学生需要运用所学知识解决实际问题,通过实践掌握知识、培养技能和提高能力。这种学习方式可以帮助学生更好地理解和应用所学知识，提高自主思考和创新能力，增强对学科的兴趣和热爱。

在设计学科项目化学习时应注意双线并行，一方面设计是基于课程标准中的关键能力或概念，另一方面又指向创造性、批判性思维、探究与问题解决、合作等重要的跨学科素养。这种项目化学习的定位，体现了将学科学习的学与教方式的变革与真实问题解决情境的整合。同样，美国著名项目化学习研究机构巴克教育研究所认为，教师可以用项目化学习方式对课程标准中的知识和能力进行有效教学。2014年，巴克教育研究所提出了项目化学习的8大"黄金标准"，覆盖两个方面：学生的学习目标关键知识学习和理解，成功素养；项目设计的核心要素——挑战性问题、持续探究、真实性、学生的声音与选择、反馈、评论与修改、公开展示的作品。

教师在实施学科项目化学习时要注意，大部分学科关键知识都不是个个孤立的点，而是相互关联的，自身能否建立起知识间的相互联系，直接决定项目化学习的质量。如果在设计学科项目化学习时，只是拘泥于特定的细小的知识点，是没有必要用项目化学习这把"牛刀"的。学科项目化学习要超越原有对知识的"点"式理解，要从更高一层的"网"的角度思考这些知识在真实情境中的可能性。因为孤立的"点"更需要的是"打桩"式的反复操练，而相互关联的"网"则需要在不同条件下的灵活判断和决策。

（三）跨学科项目化学习

跨学科项目化学习是跨学科学习和项目化学习的合集，综合了两者的关键特征。不管是在跨学科学习领域还是在项目化学习领域，跨学科项目化学习都是最具有挑战性的。在跨学科项目化学习中，为了解决一个真实而复杂的问题，学生需要学习并创造性地整合不同学科的核心知识和能力，以形成整合性的项目成果和新理解。

从目标来看，跨学科项目化学习培养的是跨学科素养。跨学科素养包含多个方面：所跨学科各自的核心知识与能力，如地理、生物跨学科项目化学习中的地理概念和生物概念；所跨学科共通的概念如能量、因果关系等；跨学科素养中还包含21世纪技能和学习素养（如批判性思维、创造性思维、沟通和协作能力）等通用能力，以及与所跨学科相关的价值观。

从问题性质看，跨学科项目化学习的问题性质是真实而复杂的，越真实而复杂的问题越需要用跨学科的知识和能力。这样的问题往往会与人类所处的真实世界中的挑战性问题有相似性，很难在现有的学科中找到现成答案，需要综合不同领域的知识。

从探究过程看，跨学科项目化学习不是简单应用不同学科的知识，而是学生围绕上述真实而复杂的问题在不同的学科领域，学习新知识和能力，整合解决问题。跨学科项目化学习的挑战性要高于一般的跨学科学习，需要经过探究式的学习历程。

从探究结果看，跨学科学习只要产生整合性的理解即可，而跨学科项目化学习是要产生带有整合跨学科见解的项目成果。根据项目化学习的要求，还要将跨学科的项目成果公开化。

（四）活动项目化学习

活动项目化学习是一种学生为中心的教学策略，特别注重将学生日常生活中的实际问题纳入学习过程中。这种方法通过实际问题引导学习，使学生能够在解决生活中的具体问题时应用和综合各学科知识，例如社会科学、数学、自然科学等，从而使得学习更加具有实用性和综合性。其不单单强调学科知识的掌握，而是更加重视学生在学习过程中的主动参与和多维度能力的培养，包括问题发现、问题分析、沟通交流和创造性思维等。学生在教师的引导下，通过团队合作完成以解决具体问题为目标的项目，这些项目通常与学生的生活环境密切相关，如环境保护项目、社区服务项目等。

在这种教学模式下，学生的学习过程更加贴近实际生活，教育内容更侧重于知识的实际应用而非理论的空洞记忆。学生通过实际操作来深化对知识的理解和记忆，例如在一个环境保护项目中，学生可能需要调查当地生态问题，分析数据，提出解决方案，并可能与当地政府或非政府组织合作实施这些方案。这种类型的学习不仅提高了学生的学科知识水平，还锻炼了他们的社会实践能力和创新能力。

学校通常将这种教学方法作为校本课程来实施，设计符合学生兴趣和当地社区特色的项目主题。这些项目不仅帮助学生实现知识的综合与重构，更促进了学生对社会现实的关注和对未来职业生涯的思考。通过与社区的互动，学生的社会责任感和公民意识得到加强，为他们成长为能够适应未来社会的复杂性和多样性的公民奠定了基础。

总体来说,活动项目化学习通过将教学内容与学生的日常生活紧密联系,不仅使学习过程更加生动和实际,而且极大提升了学生的问题解决能力和创新思维,这为学生的终身学习和全面发展提供了坚实的基础。

二、项目化学习的特征

1. 以学生为中心

项目化学习强调学生的主体地位,以学生的需求和发展为中心,尊重学生的兴趣爱好和个性特点,鼓励学生自主探究和学习。在项目化学习中,学生需要承担一定的责任和义务,发挥个人的创造性和团队合作精神,以实现共同的目标。

2. 以问题为导向

项目化学习以真实的问题情境为出发点,引导学生通过解决问题来学习知识和技能,培养其解决问题的能力。问题可以是具有实际意义的社会问题、科技问题、文化问题等,也可以是学科领域内的实际问题或理论问题。通过解决问题的过程,学生可以深入理解和掌握知识,提高解决实际问题的能力。

3. 指向核心知识的再建构

核心知识指向学科本质或促进人类对世界理解的关键概念与能力;再建构意味着学生能够将以往学过的知识迁移到新的情境中解决实际问题,在新情境中产生出新的知识。反过来说,如果只是知识的应用,或者只是已经学会的技能的呈现,就不是真正意义上的项目化学习。

4. 用高阶学习带动低阶学习

项目化学习指向高阶思维能力,体现在用具有挑战性问题创造高阶思维的情境,设置带有问题解决、创造、系统推理分析等高阶认知策略的项目任务,创造一个真实的作品。在完成作品过程中,包含信息查找、识记、整理、巩固和理解等低阶学习过程。

5. 将学习素养转化为持续的学习实践

项目化学习所强调的"实践"意味着要像真实世界中的科学家、工程师、数学家、新闻工作者那样,遇到真实问题并在多种问题情境中经历持续的实践,而非按部就班完成探究的流程。

6. 跨学科性

项目化学习不局限于单一学科,它强调各学科之间的联系和综合应用,通过多学科知识的交叉融合,提高学生的综合素质。在项目化学习中,学生需要运用不同学科的知识和技能,解决项目中所涉及的各种问题,培养其跨学科的思维能力和创新能力。

7. 真实性

项目化学习中的任务和问题是真实存在的,与现实生活和社会实际密切相关。学生需要在真实的情境中探究和学习,通过解决问题和完成任务来获取知识和技能,这种学习方式更加接近实际生活,有助于学生更好地理解和应用所学知识。

8. 成果导向

项目化学习以完成实际项目为目标,通过项目的实施和完成情况来评价学生的学习成果。在项目化学习中,学生需要明确项目的目标、要求和时间表,制定合理的计划和方案,积极参与项目的实施和反思,最终形成具有一定实际价值和社会效益的成果。这种成果可以是产品、服务、表演、报告等形式,也可以是学术论文、研究报告等研究成果。通过成果的展示和应用,可以培养学生的自信心和成就感,同时也可以提高其社会责任感和创新能力。

9. 创新性

项目化学习强调培养学生的创新意识和创新能力,鼓励学生通过自主探究和实践操作来发现问题、解决问题和创造新事物。在项目化学习中,学生需要积极思考和实践,不断尝试新的方法和技术,探索新的领域和知识点,形成新的认知和成果。这种创新性学习可以培养学生的创新思维和创业精神,提高其适应社会变革和创新发展的能力。

专题二

为什么（Why to do）？
—— 学校项目化学习的意义和追求

《上海市教育委员会关于实施项目化学习推动义务教育育人方式改革的指导意见》(沪教委基〔2023〕24号)要求,落实课程教学改革深化行动,培育学生创造性解决问题的能力,推进教育强国建设。同时,浦东新区教育局明确了"2023年,推进全面启动实施项目化学习。2024年,区级层面基本建成覆盖各年级和各学科的项目化学习典型案例库,力争项目化学习覆盖区域义务教育阶段所有学校。2025年,进一步丰富区级项目化学习典型案例库资源,涌现一大批项目化学习的改革成果。2026年,义务教育学校常态化实施项目化学习,教师教学理念、教学行为和学生学习方式发生积极变化,基本形成教与学的新样态"的具体工作目标。从上述文件可看出,项目化学习是推动新时代育人模式变革,促进学生全面发展,引领学校走向高质量教育的有效载体。

第一节　新课标推崇项目化学习

随着《义务教育课程方案和课程标准（2022年版）》的颁布，"怎样教""怎样学"再次成为教育领域热议的话题，教师们都迫切地希望找到在教学中落实新课标的"载体"。而《义务教育课程方案（2022年版）》在"课程实施"板块中明确提出要"推进综合学习。探索大单元教学，积极开展主题化、项目式学习等综合性教学活动，促进学生举一反三、融会贯通，加强知识间的内在关联，促进知识结构化"。从中可知，项目化学习就是落实新课标的一种重要载体，是新课标的实施途径和手段，开展项目化学习是体现新课标理念、落实新课标要求的最佳选择。

一、项目化学习弥补了传统学科课程教学的不足

现代学校的重要任务是通过"继承"已有的人类历史文化成果来培养人、发展人。而学科课程、课堂教学（班级授课制）则是现代学校培养人、发展人的重要内容与途径；"继承"人类历史文化成果则是学校教育最直接的任务，是培养人的最重要的途径和手段。正是在这样的背景下，形成了一条以"继承"为主线的学校教育的逻辑线索。这条线索是：学生"继承"人类历史文化—获得发展—走出学校进入社会—从事社会实践—推动社会发展。

显然，从这条逻辑线索中可以看出，学习基本上成为学生个体独自进行的事情。它与书本有关，却与正在发生的、沸腾的社会现实生活无关，俗话说："两耳不闻窗外事，一心只读圣贤书。"同时，学生的学习又与时间进程和安排有关，他们被要求在规定的时间内完成规定的任务。在这种情况下，几乎可以将学习描述为学生对照日程表按部就班地完成学习任务的活动，他们是没有自主性和选择权的。因此，学生虽然生活在社会现实生活中，却与他人、与真实的社会生活和社会实践没有实质性的关联，所有的知识与能力的获得均来自课本，成了一个孤立的、抽象的、偶然的个体。这样的个体，当他真正进入社会生活、从事社会实践时，是否有能力、有毅力、有责任去生活和实践，实在是一件不能不令人担忧的事情。

如果是"学习者在其中无法按照自己目的加以控制的学习情境",那么,学生只会有两种反应:或顺从,或反抗。这两种反应都会使学生难以与环境进行积极的互动,难以从环境中获得有意义的经验,无法让学习真正地发生。但如果处于"所有因素都受学习者支配"的学习环境中,学习者同样难以与环境有积极的互动,以为一切都以他为中心,都受他控制,他可以不经努力就轻松获得想获得的一切,从而导致他的自大散漫和任性,学习仍然不能真正发生。这两种环境都不是真正的教育环境,都不能引发真正的学习。

泰勒说,"真正的教育环境,是受学习者控制的因素与学习者无法影响的因素之间保持一种平衡的环境""理想的学习,来自学习者能够识别出他在学习情境中必须适应的因素,以及他可以根据自己的志愿加以控制的其他因素"。只有在这样的情境中,才可以说,学生是教育的主体——因为他必须付出思想和行动的努力,与环境的各个要素进行积极互动,才能在这个过程中实现成长和发展。

因此,教育的根本,就是去唤醒、激发学生自己的主动活动。

当然,这并不是说系统的学科课程教学不重要,但仅有学科课程教学是无法实现《义务教育课程方案和课程标准(2022年版)》所提出的育人目标的。继承依然重要,但仅有继承不行;教育当然是为了个人的发展,但绝不只是为了个人的发展;学习是个人的活动,但仅仅是个人的活动,不足以构成真正的个人学习。而项目化学习,则是加强知识学习与学生经验、现实生活、社会实践之间的联系,培养学生核心素养的有效途径,或者说,项目学习的提出就是为了承担这样的功能。项目化学习将社会创新实践提前到学生的学习阶段,是对未来社会实践的创新活动的模拟与雏形实验,弥补了传统学科课程教学远离真实社会生活的缺陷。在综合性的项目化学习中,学生能够深切体会到各学科在整体项目完成中的独特价值以及它与其他学科不可分割的相互关联,从而能更加感受到系统学科学习的重要性,而且能够以一种整体的、相关的观点去学习它、运用它。

二、项目化学习培养了未来社会的建设者

项目化学习并不是基于学生日常经验的"做中学",也不是企图替代学科课程与教学的"活动课程""设计教学法",而是学科课程教学基础上的对学科知识的跨学科的、综合的、社会性的运用。它是以坚实的系统的学科知识为基础的社

会实践,是把未来的社会实践提前到学校教育阶段进行的一种自觉的教育活动。项目化学习的目标达成过程或问题解决过程,就是学生综合运用多学科知识完成任务的过程,是学生深入理解学科知识独特价值的过程,也是理解不同学科间的相互联结、相互促进的过程,是学生学习如何与学科知识融为一体、如何与他人结成团队共同努力解决问题、创新实践的过程;是学生学习选择、学会承担、感受责任的过程。

帮助学生由自然人向社会人过渡,培养学生成为未来社会实践的主人,成为未来社会的建设者和创造者,是学校教育的根本目的,而项目化学习则是自觉实现这一目标的重要途径之一。项目化学习将教学与社会实践有机融合,从而使得学习主体与社会实践主体合二为一,帮助学生实现由教育活动主体向社会实践主体的初步转化,成为社会历史实践的一员,培养和发展学生的历史责任感和担当意识。可以说,项目化学习将学习、实践、创造三体合一,在继承历史中创造未来,在创新中延续历史,在应用中创新,在创新中继承,它最终是要让学生跟自己,跟自己周围的人,跟更广阔的时空、更广阔的社会历史实践建立起关联,帮助学生进入广阔的社会历史长河,成为社会历史中的一员。正如鲁迅所说:"无穷的远方,无数的人们,都与我有关。"

三、项目化学习适应新时代教育要求

在新时代,教育面临着新的挑战和机遇,需要更加注重培养学生的创新精神和实践能力。项目化学习作为一种新型的教育方式,适应了这一新的教育要求。

首先,项目化学习注重学生的自主学习和探究,这有助于培养学生的自主学习能力。在项目实施过程中,学生需要自主搜集资料、设计方案、实施项目,这能够激发他们的学习热情和主动性,提高他们的自主学习能力。

其次,项目化学习强调实践操作,这有助于培养学生的实践能力和创新精神。在项目实施过程中,学生需要动手操作、调查、研究,这不仅能够提高他们的实践能力,还能够培养他们的创新精神。例如,在科学实验中,学生需要设计实验方案、操作实验器材、分析数据并得出结论,这有助于培养他们的科学素养和实践能力。

再其次,项目化学习注重知识的综合运用,这有助于培养学生的综合素质。在项目实施过程中,学生需要综合运用不同学科的知识和技能,这不仅能够提高

他们的知识水平,还能够培养他们的综合素质和适应未来社会发展的能力。例如,在与科技相关的项目化学习中,学生需要运用机械、电子、编程等多方面的知识和技能,这有助于培养他们的综合素质和创新能力。

最后,项目化学习还注重培养学生的团队协作能力和人际交往能力。在项目实施过程中,学生需要相互合作、交流、讨论,这有助于培养他们的团队合作精神和沟通能力。在具体的项目实施过程中,学生需要相互合作、分工合作、交流沟通,这有助于培养他们的团队协作能力和人际交往能力。

综上所述,项目化学习作为一种先进的教学理念和方法体系适应了新时代教育的要求,注重培养学生的创新精神和实践能力、团队合作精神和沟通能力等多方面的素质。因此,新课标推崇项目化学习,它可以帮助提高教学质量和学生的学习效果,是落实素质教育和培养创新型人才的重要途径之一。

第二节　项目化学习是撬动学校变革的支点与特色

一、项目化学习推动教学观念和模式的变革

当前学校的教学形式都以班级授课制为主，大多采用先由教师在课堂上把概念、原理和方法讲清楚，再让学生课后通过反复做练习题巩固的方式。这种方式削弱了学生的主体作用，学习变成了由教师带领学生，在规定的时间、规定的地点完成规定的教学任务。同时，这种教学方式更多要求学生对知识进行识记，而很少让学生动手实践，教师也更加关注学生知识的接受与掌握，忽视学生在学习中的发现与探究和对学习过程方法的渗透，学生的学习主动性被减弱，使得学习成为一个纯粹的、机械的被动接受并记忆的过程，学生学习书本知识变成死记硬背书本知识，限制了思维和智慧，导致学生的逻辑思维能力不足，无法为培养其创造力提供条件。

这无疑背离了《义务教育课程方案和课程标准（2022年版）》所提出的育人目标，新时期国家与社会对人才的需求，《关于深化教育教学改革全面提高义务教育质量的意见》和《关于新时代推进普通高中育人方式改革的指导意见》中明确提出的要深化课堂教学改革、优化教学方式的要求。在科技革命和信息时代的社会，"变化"无时无刻不在发生，而一个远离社会现实又缺乏实践能力的人，是无法跟上时代步伐的。因此，培养每个学生的独立认知能力和创造能力，密切学生与社会现实、社会实践的联系，提高学生的实践能力，让学生愿意进行自主思维的创造性智力活动，并有能力开展这种活动，帮助学生学会学习、做事、共处和生存，获得适应终身发展和社会发展需要的正确价值观念、必备品格和关键能力是当前教育所要达到的目的。

要想落实《义务教育课程方案和课程标准（2022年版）》，达到新时期教育所提出的育人目标，帮助学生将知识融会贯通，由知入行，具有良好的核心素养和实践能力，真正成为未来社会的建设者，就必须让学生主动地去亲身体验知识产生的过程，项目化学习就为他们提供了这一途径。

项目化学习的教学模式打破了传统教学对学生思维和能力的桎梏，它通过既独立又合作地完成项目来发现知识、概念的学习过程来实现学习目标，使学习过程与社会现实、社会实践相联系，变得更有趣和更有意义。学生的学习不再是单纯机械地听讲、背诵、做题，而是通过对一个源于真实情境的驱动性问题进行项目设计来解决问题，使学生更加深层理解学习内容，从而能够深入把握学科中的抽象概念，并增强对所学知识的价值认知，进而激发学习兴趣，促进深度学习的发生，这样可以逐步提升学生的学习效果。其最终目的并不只是要求学生要做出什么成果，而是要让学生能够汇报自己和小组成员为什么要这样做，做的过程中调动了哪些以往的知识，习得了哪些新的知识，做的过程经历了什么困难，经过了怎样的调整，而这些都会涉及对概念、原理、知识、条件的综合分析、推理、设计与创造。因此，通过项目化学习，学生不只是理论上的学习，更将知识在日常生活中加以应用，体会知识的价值，还可以更有创造性地思考，培养创新、问题解决、批判性思维、合作学习和终身学习等多种能力，促进多向度的发展，实现核心素养的落地。

二、项目化学习帮助学生从被动学习者向主动学习者转变

在传统教学过程中，更多的是让教师对知识进行讲授，而学生则成为被动的旁听者，有时，甚至因为枯燥的知识、机械的识记使得学生发展为学习的局外人。在这种教学环境中的很多学生都缺乏正确的、持久的学习动机，他们都是为了分数、为了老师和家长的夸奖、为了同学的崇拜等学习动机而学习，并对此有着强烈的依赖感。一旦学习动力不够，学生在学习上的专注力就会减退，长此以往，非但学生越来越不喜欢学习，教师也因费尽心思调动学生积极主动性而心力交瘁。

项目化学习则与传统教学不同，它强调把学习权归还给学生，要求每个学生必须开动脑筋，亲自动手，学生不再是学习的被动旁听者，而是成为学习的主动探索者。同时，在项目化学习中，分数不再是唯一评价标准，它的评价是多元且丰富的，不仅包括总结性评价，还涉及对整个学习实践的过程性评价，评价者涵盖了学生自己、教师、小组成员、外部相关专家及公众等多个群体。而作为评分指南的评价量规在项目化学习开始之前就已经被教师和学生协商制定完成，并

就此达成共识。因而,学生在一开始就很明确哪些是好的行为表现和项目成果,并在学习探索过程中以此来严格要求自己,从而达到更广范围、更深层次的学习。评价的最终结果完全取决于学生的自我表现和对自我负责的态度。另外,项目化学习注重解决学生个性化的问题,无论是学生的项目计划、实施还是成果,都是由学生自己决定的。例如项目化学习成果,学生可以根据自身情况自由选择用不同的方法、实践和成果回应驱动性问题,既可以是模型、海报类的制作表现类的成果,也可以是报告、表演等解释说明类的成果。

我们一定要明确一点,虽然教师在很大程度上主导着全体学生学习的内容和方向,但学习的态度、程度和由此得来的结果却是由学生自己决定的。"教学"就是教师要教给学生学习的方法,使学生自求得之,成为知识的发现者和构造者,实现学习的最优化。这样学生才会是有责任感的、自治的、独立的,能够掌控自己的学习,并能够在学业发展的同时实现个人才干、人格和社会能力的增进与完善。

三、项目化学习促进教师自我发展与合作

在传统教学模式下,教师只需要在课前准备好自己需要在课堂上讲解的教科书上的知识内容,很多内容教师都已经非常熟悉,甚至能准确说出在教材的第几页、第几行。长此以往,这种固化的流程就会让教师产生职业倦怠,导致其工作积极性不高,工作投入减少,责任心不强,安于现状,得过且过,教师自身专业发展无从保障,而教师的自我发展是教育质量提高的重要组成部分,这也会使得教育质量的提升遇到瓶颈。

项目化学习则会突破这一瓶颈,因为它是一种具有很大不确定性、难以预料的教学模式,不易执行,其最终项目目标的实现情况在很大程度上有赖于教师对学生的积极引导,这就对教师的知识能力和综合能力提出了更高的要求。具体而言,在项目化学习中,教师需要从"为考而教"转变为"为学而教"和"为教而学",成为整合课程、构思项目、指导活动的服务型教师,引导学生在实践中获取知识、应用知识、形成科学思维。

首先,由于项目化学习具有学科综合性的鲜明特点,学科与学科之间拥有广泛的渗透性,教师在构思设计时,要从全局出发,顾及多门学科知识的融合和学生多种能力的发展,并按照项目完成的现实需要,利用较多时间和精力对不同学

科的不同单元模块的知识进行精细的整合创生，尽可能多地让学生运用现有的生活经验和已经学习过的知识。同时，教师在设计项目时还需要综合考虑参与对象、主题、类型、目标、活动阶段、预期成果、成果展示方案等要素，在完成项目研究的过程中融入学生的商讨，明确学生的活动规划详情，了解学生对知识的学习和应用程度，清晰知晓各个项目小组的项目进度，根据学生的学习情况进行必要的引导和纠正，并在适当的时间对学生提出和遇到的种种难题、困惑予以适当的指导和解释，以确保他们能够从容应对出现的意料之外的陌生情境和问题。

其次，项目化学习的实施为教师之间的相互交流和有效合作搭建了平台。由于项目主题要涉及不同年级同一学科内知识的联系或同一年级跨学科的知识整合，教师对于项目驱动性问题的设计要树立整体观，必须考虑到项目主题中涉及的多个年级或多种学科中的知识的相互关联性，兼顾不同年级、不同学科的具体知识点。对于一个教师来说，依靠自己的精力、知识和经验很难独自处理完成，必须加强教师之间合作，相互学习、谋划助力。每一位教师要在教研交流中畅所欲言，针对具体问题提出自己的看法和建议；相互启发，通过合作学习与合作研究，使得课程内容更丰满；优势互补，利用教师集体的聪明才智，优化教学设计，通过跨学科和跨年级同心协力的合作教研教学，实现学科间的知识融通和教师间的知识共享。

四、项目化学习加强教学与生活的联系

《义务教育课程方案（2022年版）》要求："强化学科实践。注重'做中学'，引导学生参与学科探究活动，经历发现问题、解决问题、建构知识、运用知识的过程，体会学科思想方法。加强知识学习与学生经验、现实生活、社会实践之间的联系，注重真实情境的创设，增强学生认识真实世界、解决真实问题的能力。"教育应对的是人的生命和思想，而不是没有生命的客观物质，一切停留在情感体验之外的知识对主体来说都是死知识、假知识。教育的中心问题是让知识保持鲜活，避免知识的惰性化，为此，教育只有一个主题那就是多姿多彩的生活。因此，如果教学内容不与生活紧密联系，教师不对符号化的结果性知识加工处理，抽象的现成的知识就会使得作为生成资源的现象与经验的生动丰富特点在抽象的过程中隐去，原本富有生命态的知识就变成了一堆没有生命的符号型结论集合。而学生若只沉浸在这"一堆没有生命的符号型结论集合"中闭门苦读，"两耳不闻身外事，一心只刷考试题"，长此以往，就会在面对真实的世界而非书本所呈现的世界时感到无所适从，这也让一部分人觉得读书好像对未来的生活没有什么帮助，所谓的"读书无用论"就甚嚣尘上。而基于情境的项目化学习就会较为有效地解决这个问题。

项目化学习将教学过程还原为生活过程，把教学情境还原为生活情境，用项目问题来引发学生对学科知识的探究和学习，通过提供一个学习和应用对应知识的相关背景，能够让学生获得直观体验，让学习变得真实可及，以此吸引学生的注意，引发学生的内部动力，驱动学生积极主动地投入项目学习活动中，诱导学生在解决问题的时候主动学习相关知识，并形成最终的知识成果。它不再是传统教学中教师直接教给学生脱水后抽象概括的理论知识，而是结合生活实际需要，从学生现有的认知出发，将抽象的、深奥的、概念化的本质问题转化为具体的、有趣的、情境性的驱动性问题，将知识学习与学生的日常生活实践联系起来，创设问题情境，引导学生在真实的情境中发现问题、分析问题、解决问题，走向社会、走近生活。引导学生通过相关资料的收集和观察调查等活动，具体地感知学科知识在现实生活中的意义，感知作品或结论产生的生活背景和形成过程；在解决富有挑战性的现实问题的过程中，了解问题的生活原型，感知知识形成过程的来龙去脉及其内涵，寻找解决问题的一般规律与方法，感受其中所蕴含的思想和思维方式。此外，还通过制作有社会效益的产品的过程来激发学生的成就感和真实的情感体验，培养学生内在的学习动机。在此过程中，知识从实践中来，又回到实践中去，反哺于生活。这才是教育应该教给学生的内容，只有这样才能达到《义务教育课程方案（2022年版）》所提出的要求，满足新时期国家和社会对人才的需求。

专题三

如何做（How to do）？
—— 学校项目化学习的实施与经验

项目化学习自 2020 年在上海市全面推行以来，已在多所学校落地生根。锦绣小学为贯彻落实国家教育方针与政策，培养学生新时代核心素养，促进学生全面发展，将实施项目化学习作为学校工作的重点，以"LED 点亮锦绣前程——锦绣小学职业生涯启蒙跨学科项目化学习的开发与实施"项目为抓手，建立了以各学科教学骨干为成员的项目化学习核心组，坚持以点带面，引领辐射，逐步形成全员参与的项目化学习研究氛围。

第一节　项目化学习的实施措施

一、组建项目化学习核心团队

（一）专家引领

专家引领对于项目化学习的实施具有重要的意义。首先，专家可以提供专业的指导和建议，帮助教师更好地理解和解决教育教学中的问题，从而提高教学质量。其次，专家引领有助于促进教师队伍专业素养的提升，帮助教师扩展知识视野，提高实践技能。此外，专家引领与教育教学改革紧密相连，可以推动学校教育教学改革的深入发展。通过专家的引领，教师能够更好地认识自我，发现自身的优点和不足，从而有针对性地提高自身能力和素质。同时，专家引领也可以促进教师之间的交流和合作，推动教师队伍的整体发展。最后，专家可以促进项目化的教育教学理念、活动设计指导以及教学评价和反思等方面的改革，从而进一步推动项目化学习的顺利实施。

因此，在实施项目化学习的过程中，学校邀请了项目化学习领域的专家学者共同组建了学校项目专家组，充分发挥专家的引领作用，为校内跨学科项目的开发与实施提供专项指导。

（二）团队打造

与传统的孤立工作模式不同，项目化学习需要教师之间进行密切的协作和交流。打造核心教师团队，不仅可以为教师提供一个相互学习、分享经验和反思的平台，促进教师个人和团队的发展，还可以为教师提供更多的学习和培训机会，帮助教师不断提升自己的专业素养。同时，由于团队成员来自不同的学科领域，在共同完成项目化学习的过程中，能够有效地打破学科壁垒，促进学科之间的交叉融合，拓宽学生的知识视野，培养学生的综合素质和创新能力。

学校将目前的项目组成员作为团队核心，组建了相应的跨学科项目开发和实施团队，并制定了科学合理的团队项目计划。以核心教师团队为中心，向其他教师辐射，不断扩大项目化学习的范围，增强项目化学习的实效。

二、建立科学的项目化学习绩效机制

为鼓励教师主动参与项目化学习的实践，激发教师的工作动力和教学热情，提高他们的工作积极性和投入程度，学校建立了科学的项目化学习绩效机制，拟从校内评优、职称晋升、专项津贴等方面对优秀项目及其成员予以倾斜。

● 设立项目化学习优秀成果奖：学校设立了项目化学习优秀成果奖，表彰在项目化学习中取得突出成绩和卓越表现的教师和团队，包括个人和团队两个层面，以激励教师积极参与到项目化学习中。

● 增加项目化学习工作津贴：为参与项目化学习的教师提供工作量津贴，特别是对于承担额外工作量和时间的教师，津贴可以补偿他们为实施项目化学习额外付出的劳动和时间成本，提高他们参与项目化学习的积极性和工作效率。

● 建立绩效考核和奖金制度：将教师参与项目化学习的成果和表现纳入绩效考核和奖金制度中，对于取得优异成果和表现突出的教师给予相应的绩效奖励和奖金。

三、开展项目化学习专项教师培训

锦绣小学作为浦东新区第一轮项目化学习实验校，三年来扎实推进各学科的项目化实践。尤其是2022年新课标出台后，学校抓住"新课标理念先行"的关键点，积极探索跨学科项目化学习和综合实践活动的实践和研究。通过各种形式的项目化专题培训，做到全学科推进、全员参与，努力实践教与学的方式的改变。

（一）理论学习：从阅读书籍到专家指导

为了让教师在项目化学习之初有扎实的理论基础，对项目化学习有全面、正确的理解，学校提供了夏雪梅博士的项目化专著及其他相关的文献，通过寒假作业的形式，让教师们阅读并撰写读后感，使他们对项目化学习有初步了解。

阅读书籍可以帮助我们掌握基础理论知识，而专家指导能够让我们站在巨人的肩膀上，迅速地提升自己的学术素养。学校邀请市级、区级在项目化学习研究方面颇有成效的专家们，如夏雪梅博士，浦东新区教育发展研究院老院长顾志跃老师，华东师范大学张俊华教授，浦东新区教育发展研究院陈久华老师、祝俊风老师等，通过线上线下各种途径为全校教师开展项目化专题讲座和案例点评。通过专家们深入浅出的讲解和案例剖析，教师们对项目化学习的理论有了更深层次的理解。

(二)案例解析:从项目组到各教研组

推进项目化学习需要教师间进行紧密协作和交流,而打造核心教师团队,不仅为教师提供了学习、分享和反思的平台,同时,来自不同学科领域的教师还能在共同完成项目化学习的过程中,打破学科壁垒,促进学科间的交叉融合。

学校从项目组核心成员开始锦绣项目化实践,经过一段时间的调整、修改和完善,项目组成员成功推出了一批比较典型的项目化学习案例,如语文组的"小小演说家"、数学组的"健康管理师"、英语组的"Season Explorer"、自然组的"Mini 博物馆"等。

在 2022 年,锦绣小学全面开启了"全员参与、全学科推进"的项目化学习 2.0 时代。到 2023 年,学校将项目组成员作为项目化学习团队的核心,组建了相应的跨学科项目开发和实施团队,并制定了科学合理的团队项目计划,以核心教师团队为中心,向其他教师辐射,不断扩大项目化学习的范围,增强项目化学习的实效。

此外,为了让更多教师参与到项目化学习的实践中来,进行"全学科推进",学校分四大教研组分别开展了项目化专题讲座,通过对不同学科已有案例详细的解析,让教师们对项目化学习有了更加具象的概念。

教师们在聆听了案例解析后,结合自己的学科进行头脑风暴,提出项目的初步设想,大家一起讨论,判断项目的性质、驱动性问题的设计、项目的初步程序、预设成果等。

在案例解析环节中,我们充分发挥团队优势,通过临时项目组共同分析和研究实际问题。在这个过程中,各成员可以充分发挥自己的专长,共同参与讨论,为解决问题贡献自己的力量,从而提高案例分析的质量和实用性。

(三)项目培训:用项目化培训项目化

项目培训是一种以实践为导向的学习方式,通过将培训内容项目化,使教师们在实际操作中体验项目化学习的过程和要素。这种培训方式具有很强的针对性和实用性,能够提高教师们的合作能力、交流能力、动手能力和创新能力。

我们用项目化学习的方式来培训教师,让教师们在真实的项目情境中厘清项目化学习概念,掌握项目化推进要点,体验项目化的乐趣,通过理论结合实际,在每个锦绣人心中播下项目化学习的种子。在一次次学习中,这颗种子逐步生根发芽,茁壮成长……

（四）项目实践：从学科到跨学科

项目实践是检验理论学习成果的重要环节，要求我们将所学知识应用到实际问题中，以提高解决问题的能力。在项目实践中，我们需要关注学科之间的交叉与融合，通过跨学科的方式，拓宽自己的知识面，提高自己的综合素质。从单一学科走向跨学科实践，不仅可以增强我们的创新能力，还有助于培养我们的团队合作精神。

我们的培训活动从项目核心组成员到全体教师，从线上到线下，从理论学习到工作坊的实操，多样的培训学习活动，扩展了锦绣人对项目化学习的理解。不仅帮助教师深入了解项目化学习的理念、方法和实施策略，更重要的是引导教师在实际教学中改变教与学的理念和方法，从知识导向转向能力导向，为了提升学生的核心素养而努力实践。

四、搭建项目化学习校内外合作平台

学校在项目化学习的实施过程中，搭建了项目化学习校内外合作平台，积极开展校际、校社合作，为学生提供了更加多样化的项目化学习机会，拓宽了学生的知识视野和技能范围，让他们能更加深入地了解到了行业需求和前沿技术，提高了项目化学习的效果和质量。同时，合作平台的搭建，还有利于学校与其他同质、同类或不同质的学校，以及共建单位、社会机构等组织，共同探索新的项目化学习的教学模式和教学方法等，推动项目化学习往更深的方向发展。

此外，学校还重视项目化学习的交流与辐射，借助现有的集团化办学平台、区域项目平台，搭建校内展示平台，开展跨学科项目交流，孵化新项目，促进教育均衡优质发展。

五、建立项目化学习实施框架

项目化学习实施框架包括项目化学习的目标、原则、实施步骤、评价方式等关键要素，结合了学生的年龄特点和核心素养的要求，凸显三个特征：强调学生生活经验，关注真实的问题情境；激发学生生命活力，提升关键能力和必备品格；构建学生中心生态圈，促其持续健康发展。项目化学习实施框架的建立为教师提供了一个系统、全面、可行的实施项目化学习的方案和指导，帮助学校整合了各方面的资源，协调各个部门和人员之间的关系，形成一个共同推进项目化学习的合力，确保项目化学习的顺利实施。

第二节　项目化学习的实施经验

锦绣小学将项目化学习作为学校重点工作，建立了以各学科教学骨干为成员的项目化学习核心组，以点带面，引领辐射，逐步带动各年级各学科参与到项目化学习实践中来，逐步形成全员参与项目化学习研究的氛围。为搭建研究和实践平台，学校还设计与举行各类项目化学习相关活动，涉及全体学生，涵盖了语文、数学、英语、自然、德育等多个学科，并且通过项目化学习的研究和实践，形成一系列跨学科的项目化学习特色课程。同时，基于实践探索孵化了项目化学习相关的优秀课程方案、教学案例、教学论文、课题研究等多样化的科研成果，实现科研促进学生核心素养发展和教师专业发展的服务功能。在项目化学习的实践过程中，学校以项目化学习为核心，与教师专业发展、教科研工作、教育教学工作相结合，形成了全面实施、全员推进的发展样态。

一、项目化学习引领教师专业发展

学校将项目化学习的开展作为提升教师专业发展能力的契机和有力抓手，从学习项目化学习的理论开始，将项目化学习和教师培训紧密结合，邀请了项目化学习领域的众多专家，为教师开展专题讲座和案例分析。同时，学校还将项目化学习与教师的寒暑假作业、教科研活动相结合，开展了项目化学习的专题读书活动和项目分享活动，并鼓励教师积极参与区级项目化种子教师培训，将在项目化学习中的所思所得转化为论文，为职称评定做好准备。此外，在0～5年的职初教师培训中，学校还要求一些项目做得比较好的教师参与其中，与职初教师一起实施项目化学习的经验交流。

全方位的学习和培训，让全体教师转变教育理念，并将理论转化为实践，促进专业发展。

二、项目化学习引领教学科研实践

根据《义务教育课程方案和课程标准（2022年版）》对于"教与学方式的改

变""教—学—评一体化""项目化学习""跨学科综合活动"等理念和方法的提出，学校作为浦东新区第一轮项目化实验校，将"LED点亮锦绣前程——锦绣小学职业生涯启蒙跨学科项目化学习的开发与实施"作为龙头课题，开展以"LED点亮锦绣前程"为主题的跨学科项目化学习实践，并作为上海市实验学校东校区级重点课题"跨学科项目化学习的设计与实践研究"的子课题进行科研和实践相结合的探索。

同时，学校还以教研组为单位，开展以该教研组为主学科的跨学科项目化学习，逐步形成相应子课题；在综合组探索跨学科教研活动的开展，德育条线进行活动项目化学习的实践。通过项目化学习的研究和实践，形成了一系列跨学科项目，并且基于实践探索孵化了项目化学习相关的优秀课程方案、教学案例、教学论文、课题研究等多样化的科研成果，实现科研促进学生核心素养发展和教师专业发展的服务功能，整体提升教师的教学理念、实践能力和教科研能力。

三、项目化学习改变教与学的方式

学校以教研组为条线，全面推进项目化工作，并形成项目化工作常态。自开展项目化学习以来，各教研组结合课标、结合学科竞赛和特色作业展示等活动，分别开展了多姿多彩的项目化学习活动，逐步改变教与学的方式。

如语文组的"小小演说家"项目，以"少年非常道"活动为载体，通过阅读、写作、演说、社会实践、学科融合等为一体的综合演说电视展示活动，提升学生在真实情境中发现问题、解决问题的能力。语文组还开展了"探秘二十四节气""感恩毕业季""植物观察日记""牛郎织女连环画创编"等项目化学习活动，引导学生在小组活动中体验、探究，增长知识、提升能力。

数学组的"健康管理师"项目，着眼于BMI健康指数的计算及健康、营养方面的知识，让学生运用数学的统计知识，制作完成一份"健康指南"。数学组还承担了"创客木工"跨学科项目，让学生从木工作品的设计、制作、修改完善到最终完成一篇小论文，在过程中提高综合运用所学知识解决实际问题的能力。

英语组抓住"基于英语课程标准开展学科/跨学科项目"的研究点，开展了一系列活动。如三年级的"Season Explorer 季节探索家"，孩子们搭伙结伴轰轰烈烈地去挖掘每个季节背后的信息，通过编著小书、制作PPT、搭建模型、制作立体贺卡、做标本等不同的形式，把其他学科学到的本领，完美地融合进来，展现了一件件令人惊喜的作品。孩子们分组合作，用小报、手工书、视频、PPT 等各种形式，展现他们的研究成果。

　　自然组的青年教师们各显神通，积极开展项目化学习实践，并将 Mini 博物馆藏品设计作为系列活动。谭建英老师在"火山与地震"项目之后，又设计了"生物的进化"项目，让学生以小组为单位，选择一种生物进行深入探究，以资料单和制作模型的方式，让学生探索生物进化的奥秘。

　　德育条线则与锦绣十年校庆紧密结合，开展了一系列的活动项目，包括感恩、文艺、文创、畅想等内容，为锦绣十周年校庆献礼。

四、项目化学习是对学科教学的解蔽

　　项目化学习既是教学策略，也是课程形态，与学科内的问题解决学习相比，其更为有弹性、多路径，且不确定。同样的任务，不同团队组合、不同的切入点，都可能有不同的学习过程、不同的学习内容及不同的学习体验。同时，项目化学习将社会创新实践提前到学生的学习阶段，是对未来社会实践的创新活动的模拟与雏形实验，弥补了传统学科课程教学远离真实社会生活的缺陷。它并不是要替代学科教学，而是要与系统的学科教学活动同时进行，相辅相成，相互促进，共同完成对学生的培养。在综合性的项目学习中，学生能够深切体会到各学科在整体项目完成中的独特价值以及它与其他学科不可分割的相互关联。正因如此，经由项目学习，学生更加能感受到系统学科学习的重要性，而且能够以一种整体的、相关的观点去学习它、运用它。

　　当前，世界已全面步入信息化、全球化时代，社会飞速发展，日新月异。但静态的知识本身并不具有生产力和竞争力，能运用知识去生活、工作、创造才更重要。因此，在这个急剧变化的时代，项目化学习是现代学校不可缺少的。

专题四

做得如何（How to evaluate）？
——学校项目化学习的评价与实践成效

评价是项目化学习开展过程中的一大难点，无法绕过，因为它起到了推动项目化学习更新迭代、持续提升和深入发展的作用。锦绣小学立足于每一位学生的发展，以"项目化学习中评价的设计与实施"为主要研究方向，并取得了初步的成效，有效地优化了项目化学习的实施路径，使得项目化学习愈加完善，对促进学生的全面发展、提升学生的核心素养有较大作用。

第一节　项目化学习中评价的设计与实施

一、项目化学习中评价研究的背景

（一）基于教育政策的要求

锦绣小学的项目化学习从2021年起步，以点带面，逐渐铺开，目前基本做到全学科推进、全员参与。在此基础上，我们要对项目化学习进行纵深研究。通过认真学习并综合了目前的教育政策，我们发现，对于项目化学习中的评价研究势在必行。

中华人民共和国教育部近两年发布了"双减政策""五项管理"等教育政策，2022年上半年又正式颁布了《义务教育课程方案（2022年版）》及各学科课程标准，提出"教—学—评"一体化、"改进结果评价，强化过程评价""强化素养导向，倡导以评促学""倡导基于证据的表现性评价"等关于评价的要求。从这些教育政策中可看出，要促进项目化学习的发展，就必须从"评价"的角度去做深入的实践和研究。

（二）基于学校教育理念

"生命、生活、生态"的"三生"是我们的办学思想，也是学校的育人文化。以人的属性为出发点，学校进一步提出了"三生"文化下的"与生命相连、与生活相通、与生态相融"的"三生"课程理念，以及培养"乐群、博雅、尚美、善思"的富有潜质的阳光少年的学生培养目标和课程目标。

基于以上的教学理念和课程目标，我们需要让学生在学习过程中获得及时有效的评价，从而及时完善自己的学习行为，让教学和项目化学习更加完美融合，让学生的学习过程更加"生态"。

（三）基于科研推动

上海市实验学校东校作为市级项目化实验校，申报了区级重点课题"以真实问题为导向的中小学跨学科项目化学习的实践研究"，锦绣小学"LED点亮锦绣前程"的项目作为其子课题，同步推进。在课题研究内容中，也有对项目化学习评价研究的具体要求,因此,我们将评价的研究作为项目化学习"纵深"研究的主要内容,为后续锦绣小学申报相关区级课题做好准备。

（四）基于评价在项目化学习中的作用

评价在项目推进过程中起到非常重要的作用。首先,即时性评价像开车时的导航一样,可以及时了解学生在项目化学习的实施过程中有没有偏航,如果偏航了,就要及时调整路线。也就是说即时性评价主要起提醒和修正作用,确保项目化学习的有序推进。其次,总结性评价不仅能让学生了解到自己和他人的项目完成情况,还能对学生一个阶段的学习进行肯定和鼓励。

因此,项目化学习的评价对于学生而言,有利于他们在学习过程中的自我学习、自我认知、自我修正,对提升学生的学习主动性、自觉性,完善学习方法、提高学习能力都有非常重要的作用。

从教师的角度而言,关注评价在项目化学习过程中的作用,探索评价的方法,总结评价的经验,也是其专业发展非常重要的经历和财富。

二、项目化学习中评价研究的过程

（一）学习理解

学校项目组认真学习了夏雪梅博士《项目化学习设计:学习素养视角下的国际与本土实践》中关于评价的论述,并在深入理解的基础上,结合学校"乐群、博雅、尚美、善思"的评价目标,绘制了评价框架(见图4-1)。

（二）尝试运用

根据评价框架,我们从简单的评价做起,努力将项目化学习的评价贯穿项目化学习全过程,即过程性评价和总结性评价。

评价的形式主要包括:学生自评、生生互评、教师评价、家长评价、团队内部评价、团队间评价等。通过全程化、多元化、多样化的评价,帮助学生及时发现问题,调整项目推进方式。

（三）补充完善

在进行了一个阶段的尝试后,我们召开了项目组分享会,让大家积极分享自己在项目化学习的实施过程中是如何进行评价的,互相取长补短,逐步将各种评价的做法进行补充、完善、优化,从而形成相对成熟的评价体系。

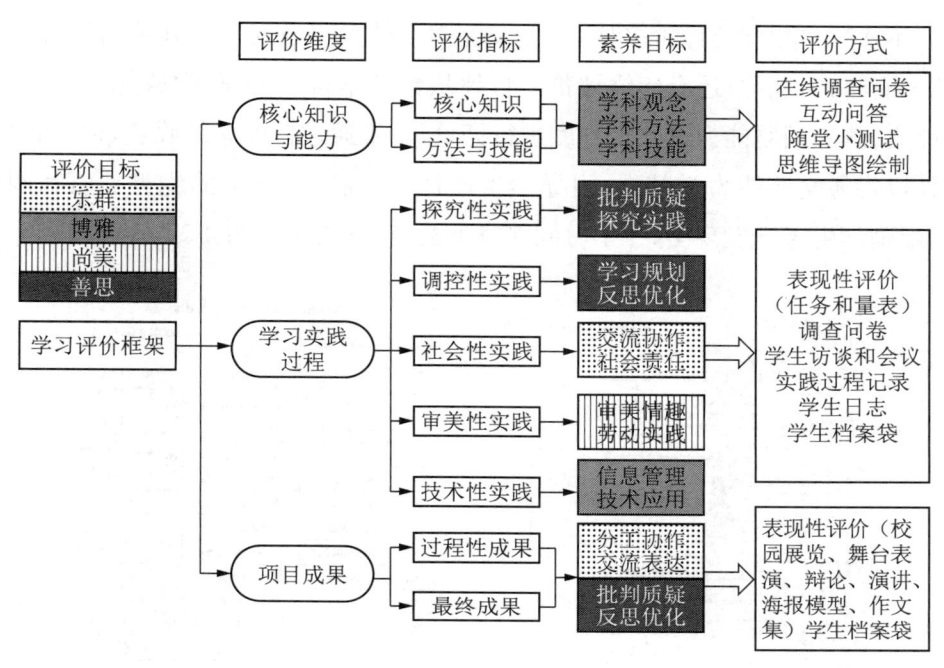

图 4-1 评价框架

三、项目化学习评价研究现阶段成果

（一）过程性评价成果案例——以三年级数学"与'乘法'一起桌游"为例

此项目基于沪教版数学三年级第一学期第四单元《用一位数乘》所学，应用于熟悉的游戏情境，通过前期讨论，中期的实施与修改，后期的展示与评价，引导学生感受数学的乐趣（见表 4-1）。

表 4-1 评价设计思考

数学核心素养	数感、运算能力、数据意识
侧重培养的能力	团队合作能力、绘画能力、审美能力
评价形式	自评、互评
评价维度	知识技能维度（计算能力、绘画能力） 学习过程维度（合作学习能力、沟通交流能力、探究思考能力、提出问题的能力） 情感与价值观维度（完成的喜悦）
评价主体	全体学生
呈现方式	评价表、为喜爱的游戏投票

本次项目化学习评价多样，重点关注学生的参与情况与实施项目过程中的收获，有自评、互评，还有年级评价。自评从数学学科能力、跨学科能力、合作学习能力、解决问题能力这几个维度进行评价，学生通过自评总结收获，树立自信。互评以沟通交流能力为基点，引导学生回忆、发现同伴身上的优秀品质和闪光点，鼓励学生善于发现美，并学习同伴身上的美（见图4-2、图4-3）。

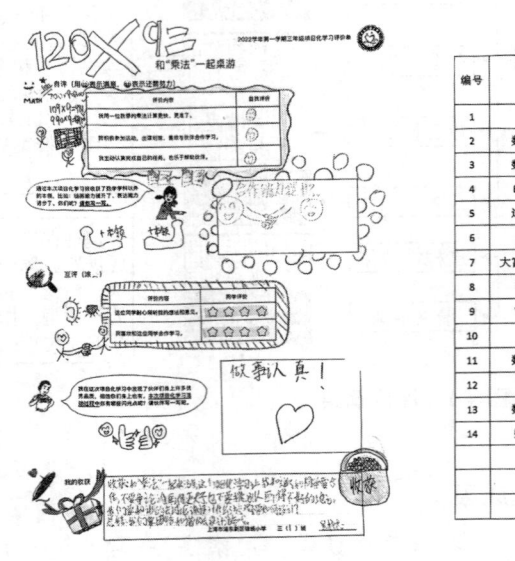

图 4-2　过程性评价单　　　　图 4-3　发布会评价表

（二）评价量规成果案例——以三年级英语"Season Explorer 季节探索者"为例

本项目基于 Season 的话题，让学生在生活中寻找各种季节的特点，并用不同的形式来进行表达和描述。

在项目化评价量规设计过程中，我们需要考虑项目所要体现的目标、参与情况、作品质量、展示情况等。作为英语学科，还要考虑到语言运用的正确性和丰富性。评价量规主要包括三个基本要素：评价维度、等级标准、评价说明。需要注意的是评价量规的评价标准需要一目了然，这样才能在项目化学习中广泛地运用。

评价量规的运用是基于证据的评价，有助于学生在项目化学习过程中及时自查改进，提高自主学习能力和合作能力（见表4-2）。

表 4-2 评价量表

项目	1分	2分	3分	4分	小计
内容信息	内容简单,表现形式单一,英语表达错误较多,无法体现作品内容。	内容比较简单,没有明显的特色;英语表达有些错误,语言表现力不够强。	内容基本符合主题,基本完整、有创意;英语表达基本正确,形式和语言较好。	内容符合主题、涉及面广、有创意;英语语言表达正确、形式多样、语言丰富。	4
作品质量	对作品没有设计,布局不合理,整体效果不美观。	能对作品稍作设计,但创意不够。	有设计感,有新意,整体布局较为合理,效果较好。	设计性强,有创意、有特色,形式新颖,布局合理,画面美观。	4
实施过程	没有分工,大部分成员在做与目标无关的活动,经提醒仍推卸责任,相互埋怨。	整个项目实施过程中,分工不明确,只有少数成员在参与活动,且有相互埋怨的现象。	整个项目实施过程中,有基本的分工,但是执行分工不彻底,或出现没有承担任务的成员。	整个项目实施过程中,分工明确,各司其职,及时补台、互相帮衬。	3
展示推介	没有制作迷你书/海报/PPT/视频或展示主体内容缺失;没有对项目实施过程进行介绍;英语语言表达不清晰、不连贯,声音很轻。	迷你书/海报/PPT/视频核心内容缺两项;项目实施过程介绍不清晰;现场展示时,英语语言表达不太清晰、有较多停顿,声音较轻。	迷你书/海报/PPT/视频等核心内容缺一项;项目实施过程能较为清晰地呈现;现场展示时,英语语言表达比较清晰、连贯,声音比较洪亮。	迷你书/海报/PPT/视频内容完整,能非常具体地介绍项目实施过程;英语语言表达清晰、连贯,声音洪亮,展示效果好。	3
小组名称	Super Stars		总计得分		14

（三）多元评价成果案例——以自然学科"校庆博物馆展品设计"为例

本项目的真实情境是以"生物的进化"单元为主题,为实验室空白展示区制作展品。在制作展品的过程中,提升学生获取信息、整合信息及团队协作的能力。在展品交流的过程中,让学生感受到不同生物的进化史,培养学生的环保意识。最终,学生的展品放在 Mini 博物馆展示区进行展示,培养学生主人翁以及服务学校的意识。

此项目对评价的设计贯穿于项目全过程,在资料单中设计评价表,包括自评、互评、过程性评价、总结性评价和大众评审,全程引导学习进行边学习边评价,从而达到"评价即学习"的高度(见图 4-4—图 4-7)。

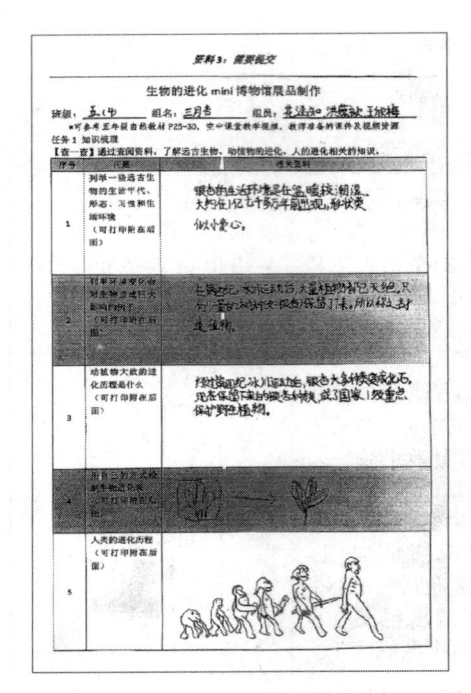

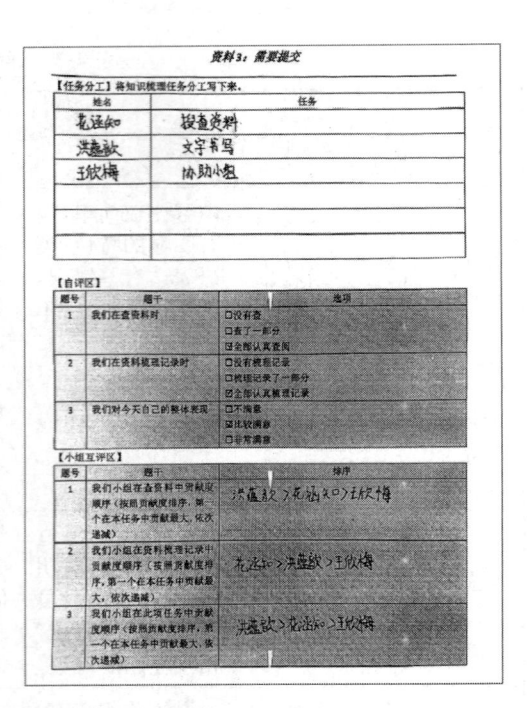

图 4-4　评价单引导学生科学性调查分析

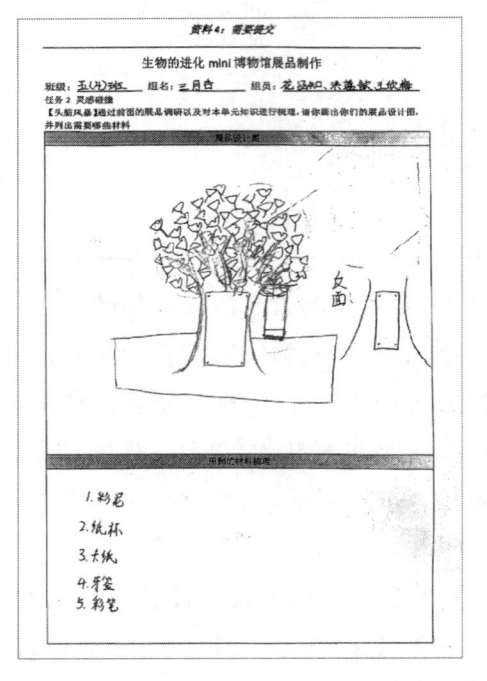

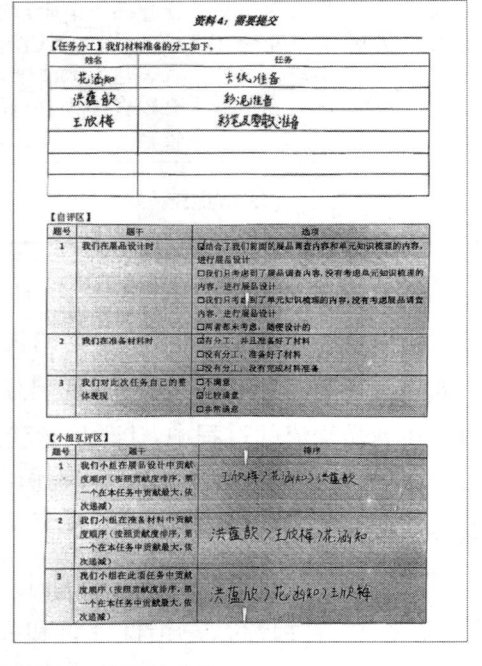

图 4-5　评价引导学生方案设计并不断优化

Mini 博物馆展品评价表

班级：_____ 组名：_____ 组员：_____

项目分数	1分	2分	3分	4分	5分
科学性	动物或植物的演化史和动物或植物未来演变方向知识点缺少，有知识性错误。	动物或植物的演化史和动物或植物未来演变方向知识点都有，有较多错误。	动物或植物的演化史和动物或植物未来演变方向知识点少，但无错误。	动物或植物的演化史和动物或植物未来演变方向知识点都有，知识点描述比较准确。	动物或植物的演化史和动物或植物未来演变方向知识点都有，且描述准确。
趣味性	展品凌乱，不美观，不吸引人。	展品有一定的结构，不美观，无趣。	展品美观，有趣。	展品比较美观，比较有趣。	展品非常美观，非常有趣味，非常吸引人。
互动性	展品和观众互动性差。	展品和观众互动性较差。	展品和观众互动性一般。	展品和观众互动性比较好。	展品和观众互动性非常好。
安全可靠性	展品不安全，不可靠，极易散架。	展品安全可靠性欠佳，形成一个整体。	展品安全可靠性一般，形成一个整体。	展品比较安全可靠，形成一个整体。	展品非常安全可靠，形成一个整体。
小组合作	没有分工，大部分成员在做与目标无关的活动，经提醒仍推卸责任，相互埋怨。	整个项目实施过程中，分工不明确，只有少数成员在参与活动，且有相互埋怨的现象。	整个项目实施过程中，有基本的任务分工，但是未执行分工，出现没有承担任务的成员。	整个项目实施过程中，有基本的任务分工，但执行分工不彻底，或出现少数没有承担任务的成员。	整个项目实施过程中，分工明确，各司其职，及时补台，互相帮衬。
展示推介	现场展示时，	现场展示时，	现场展示时，	现场展示时，	现场展示时，

填二栏信息可以得到一颗星，我可以得 ☆ ☆ ☆
根据填写内容得质量，我觉得我可以得 ☆ ☆ ☆
5."活化石"指的是什么样的生物？

根据填写内容得质量，我觉得我可以得 ☆ ☆ ☆
6.写出至少三种我国特有的"活化石"的名称

根据填写内容得质量，我觉得我可以得 ☆ ☆ ☆

展品自评：我对本小组的展品评价（涂色）
☆ ☆ ☆ ☆ ☆

小组合作自评：我在小组合作中的表现可以得到几颗星（涂色）
☆ ☆ ☆ ☆ ☆

总体表现自评：我在此次活动中，我认为自己可以获得几颗星（涂色）
☆ ☆ ☆ ☆ ☆

我一共得到了（　　　　　）颗星。

图 4-6　评价量表引导学生不断反思、优化作品

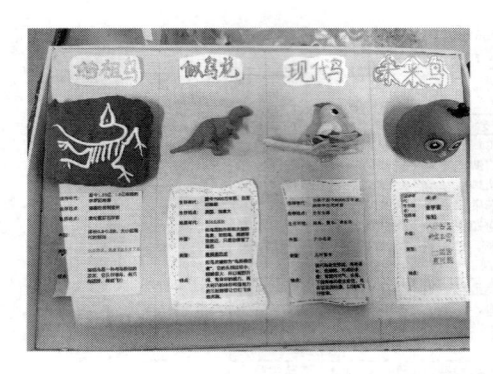

图 4-7 校园大众评审

四、未来评价方向

（一）对未来评价的要求

1. 结合新课标要求，落地课程评价

在实施国家课程教学内容及形式上，重视及增强评价部分，建立与完善一系列基于课程实施理念的评价体系，并在实践中根据学生成长反馈检验评价的合理性。

2. 注重跨学科教研中评价机制的形成

在跨学科课程教研、学科德育课程开发中稳步推进基于项目化学习的课程评价实施，以评价促跨学科教研、教学、学习的平稳发展，助力学生综合素养成长。

3. 重视信息技术对课程评价的结合与助力

充分利用信息技术、多媒体技术、人工智能技术等促进和改进各类课程学习的方式和教学手段。注重校本课程资源库的开发，注重智慧化校园的创设与应用等。

（二）对未来评价的愿景

我们期望通过对项目化学习过程中评价的研究，改变评价理念与方法，寻求多元化、多样化的评价模式，带动学校整体课程的评价变革，形成一套符合学生个性发展需要的评价标准，从而展现一幅彰显师生心智自由生长特点的生态景象。

1. 改变评价理念和方法

传统的教育评价往往过于注重学生的知识掌握程度，而忽视了学生的综合能力、情感、态度、价值观等方面的评价。项目化学习过程中的评价则更注重学生的实际表现和能力，因此，期望通过研究项目化学习过程中的评价，改变传统的评价理念和方法，以更全面、客观地评价学生的学习成果。

2. 寻求多元化、多样化的评价模式

传统的教育评价模式比较单一，缺乏多样性。而项目化学习过程中的评价则更注重多元化、多样化的评价模式，包括学生自评、互评、团队合作评价、项目成果评价等。期望通过研究项目化学习过程中的评价，探索出更加多元化、多样化的评价模式，以更准确地反映学生的实际水平和综合能力。

3. 推动学校整体课程的评价变革

项目化学习是一种以项目为载体，通过实际操作、团队合作等方式开展学习的模式。这种学习模式不仅注重学生的实际表现和能力，还关注学生的情感、态度、价值观等方面的评价。期望通过研究项目化学习过程中的评价，推动学校整体课程的评价变革，形成一套符合学生个性发展需要的评价标准，从而更好地促进学生的全面发展。

第二节　项目化学习的实践成效

一、阶段性成果

（一）实现了一批学生的个性成长

实施项目化学习的终极目标是在实现教学转型变革的过程中，受教育者即学生能够实现个性化成长，发展需求能得到满足。在学校实施项目化学习的这几年来，学生在科创、艺术方面的市区级获奖数量呈现爆发式增长，由原来的年均20—30项增长到50多项，在上海市"少年非常道"、浦东新区的科普诗词大会、上海市实验学校教育集团（以下简称"上实集团"）创客马拉松等活动中都荣获佳绩。除此以外，全校所有的学生均不同程度地参与到了各年级、各学科项目化学习活动中，呈现了深度学习的特征，表达出对学科学习的喜爱与向往。如五年级学生在参加"爱心爆米花义卖"的项目化学习时，变身调查员、设计师、推销员、营业员、出纳等职业角色，切实体验了校园与生活相互打通的乐趣。

（二）打造了一批能胜任项目化学习设计与教学的教师团队，成就了教师专业发展

对于项目化学习而言，最难的是培养一批能够执行项目化学习教学任务的教师团队。基于此，在实施项目化学习之初，学校多次邀约专家，如浦东教育发展研究院老院长顾志跃教授、华东师范大学张俊华教授等长期坐镇我校的项目化学习研究工作，同时多次邀请浦东新区教育发展研究院科研室俞莉丹、殷凤两位专家持续指导项目组的过程研究。在培训、教学、项目设计、案例撰写、案例研究等方法的多管齐下和交叉进行中，学校逐渐形成了一个能够承担小学语文、数学、英语、自然、美术等各学科项目化学习的执教队伍，打造了锦绣小学项目化学习的核心团队。

同时，在项目化学习的实施过程中，学校更多的教师也受到吸引加入进来，成为项目化学习教师团队力量的一分子。近几年，学校在项目化学习方面的成绩日益凸显。1位老师参加上海市义务教育三年行动计划种子教师培训并荣获

市级"种子教师"称号;多位教师的项目化案例、论文在区级及上实集团获奖、发表和交流;三年来教师们设计实施了 80 多个项目,其中比较完整的、大型的项目 50 多个,均以微推的形式进行推广。学校项目化学习的学科覆盖率、教师参与率、学生参与率均达到 100%。教师的教学理念已经发生了积极的变化,非常乐于运用项目化学习的理念和方法去组织教学活动。

(三)收获了一批基于校情学情、可复制推广的项目化学习案例

迄今为止,我校已开发、收获了一批基于校情需要与学生成长需求的中小学跨学科项目,并在各级各类平台上进行了分享与推广,形成了可复制、可推广的项目化学习案例资源库。

如小学语文的"少年非常道""民间故事连环画""轻叩诗歌的大门""小观察大发现";小学数学的"BMI 健康指数探究""失物招领柜设计""和乘法一起桌游""神奇动物在哪里";小学英语的"Season Explorer""A guide of Nanjing Road""Explore the Yangtze River""A guidebook of Century Park";小学自然的"Mini 博物馆系列项目""火山与地震""物种的起源""营养与健康""桑蚕要素";小学体育的"足球比赛我来办";美术、音乐、自然、信息相结合的跨学科项目"皮影艺术"等。每一个项目都包含严谨的项目设计、项目方案、项目实施、项目评价、出项等内容,充分满足素养时代的教育需求,初步形成了基于我校学情的项目化学习课程或活动的特色模块。

(四)初步探索并形成了学校项目化学习的评价框架

在新课程方案和新课标的影响下,基于深度学习的理念,学校在"评价"研究方面,结合学校育人目标——培养学生成为"乐群、博雅、尚美、善思"的少年儿童,围绕学校"三生"教育理念,初步形成了跨学科项目化学习的评价框架,包括评价维度、评价指标、素养目标、评价方式等内容。"评价维度"指的是我校在实施项目化学习过程中普遍遵循的评价内容,主要分为"核心知识与能力""学习实践过程"和"项目成果"三部分;"评价指标"指的是在实施项目化学习过程中,每一块内容具体的评价依据,如"核心知识与能力"分为"核心知识""方法与技能"两部分,具体情况由学科视情况决定;"素养目标"指的是不同的素养培育方向,指向学校育人目标"乐群、博雅、尚美、善思"的达成;"评价方式"是指为了实现上述目标,各维度分别采用较为合适的评价方式如问卷、测试、表现性评价等。这套评价框架指导着我校中小学各学科的项目化学习,在不同的结构、内容等领域

发挥着巨大作用,后阶段我们将通过实践继续丰富和完善这一评价框架。

(五)形成了良好的科学研究机制,塑造了校园学术氛围

学校在2020年底成为上海市浦东新区首批项目化学习素养实验校,从那时起,基于各个学科的积极尝试与实践,项目化学习对学生的影响已渐渐呈现积极的色彩。学生越来越热爱参与项目化学习课程与活动,越来越擅长在项目化学习中找到适合自己的角色与任务,并热情投入。基于此,学校教师越来越多地参与到项目化学习中来,除了项目核心成员之外,各教研组的青年教师们也纷纷加入项目化学习的队伍,积极探索项目化(式)的特色作业。许多学科教师不仅在教学上踊跃尝试,还在科研工作方面有较好的发展。整个学校在原来较好的科研基础上形成了更浓郁的科学研究氛围,积淀了具有学校特色的学术味道。

二、主要创新点

(一)完善了以科研课题为抓手的队伍建设模式

学校一直坚持科研立校推动全校工作。为此,在校长亲自领导下,学校坚持打造有力的科研管理队伍,保证市区级重点课题不间断研究,以此作为学校工作的得力锚点。

现阶段,学校已逐渐分化出见习教师、0—5年教龄的青年教师、35周岁以下"青椒"教师、骨干教师、特色教师等梯队。不同层次的教师,培养方式与培养实效不尽相同。为带动队伍的整体增长,学校以龙头课题为抓手,把见习教师和0—5年教龄教师划分为一个梯队,以"项目化学习工作坊""沉浸式学习"的形式推进课题研究,重在培养跨学科项目化学习的种子教师,孵化基于学校真实问题的年轻项目;把35周岁以下教师推荐给各子课题组,由子课题组长负责带队安排、计划子课题的具体研究进程,重在强化基层研究队伍,培养项目化学习设计与实施的教学人才;把骨干教师和特色教师划分为一个梯队,以课题为引领,促进孵化教师个人特色课题,重点是挖掘基于学校龙头课题的分支研究,拓宽课题的研究深度与广度。如小学自然的谭建英老师带领综合组一起成功申报了2023年区级规划课题"跨学科项目化学习设计与实施研究",首先尝试"皮影艺术"这一跨学科项目化学习,通过了解和制作皮影,以及在表演音乐课上创编的"小老鼠找朋友",让每位学生走进中国传统文化的世界,了解皮影艺术,感悟皮影魅力。谭建英老师的"单元视域下的小学科学项目化设计与实施"及丁爱华老

师"单元视角下小学英语项目化学习的实践研究"分别荣获2023浦东新区义务教育项目化学习论文评比一等奖。各学科教研组分别申报了以项目化学习为主题的校级课题作为高一级课题的前期孵化。2023学年,学校将项目化工作与教师专业发展、教研组建设紧密结合,制定了学校校本研修主题及各教研组研修主题:

- 学校研修主题:加强课程领导力建设,提升项目化学习内涵
- 各教研组研修主题:

语文组:以核心素养为导向,开展课堂教学转型探究

数学组:立足于大单元教学,探索项目化学习

英语组:依托项目化学习实践,探索课堂教学的有效转型

道德与法治组:探索跨学科项目化,提升媒体素养

综合组:把握单元主旨,探索项目化教学

由此,学校以龙头科研课题为抓手,打造教师队伍的特征与做法愈加清晰和明确,逐步完善了具有科研内涵特色的队伍建设模式。

(二) 开创了"以点带面"的学校课程与教学变革新格局

项目化学习作为一种新型的学习方式,目的是变革学生学的方法,进而影响教师教的方法,并由此打开一部分中小学课堂。然而,变革很容易让课程教学变革流于形式。因此,我们在实施项目化学习时即采取了"小而美"的精巧研究方式,即每个学段选择1—2个学科优先尝试探索,待初尝胜利果实后再推广到更多适宜进行项目化学习的学科。

比如,课题组经过商议,初始阶段在小学自然、初中科学、初中美术学科中尝试项目化学习探索,于2021年分别收获了"BMI健康管理师""Season Explorer""'营养与健康'桌游设计"三个相对成功的项目,出项成果以校内展览、海报宣传、展示发布会、竞技比赛等形式进行推广,收到了不错的反馈。其后,顺利推广到小学语文、小学体育两个学科。随后又陆续吸引了综合学科及德育团队的加入。

由于这种在某学科进行初体验的方式运营得当、成效明显,因此,在课题组项目管理加持下,核心组成员在每月一次的月例会上交流展示项目化学习的实践经验,加速形成了核心团队与项目化学习子团队的研究力量,逐渐实现了学校项目化学习的预计目标之一——"形成符合学校育人特色的插电式、模块化项目化学习框架"。

（三）发表了一批教师论文，推广了一批研究成果

由于目标明确、方法得当，学校项目化学习的研究收获了一批可视化研究成果，总结了部分教学经验，并在各级各类层面推广交流了研究成果。其中，项目化学习的课题核心团队成员还为上海市"十四五"教师教育课程提供了一套名为"中小学项目化学习课程设计与实施"的师培课程，共计 20 课时，涵盖了中小学各学科项目化实践研究的阶段成果。

（四）以项目化学习的形式解决校园真实问题

对学校来说，每天产生无数丰硕的教与学的成果，也存在着成百上千的各类问题。若是归类，无外乎两类：课堂上的问题和课堂外的问题。为此我们重点研究了与项目化学习和育人目标切实相关的、与学生个体和校园生活密切相连的校园真实问题库，包括七个种类：语言交往类问题、身体接触类问题、艺术审美类问题、逻辑探究类问题、社会实践类问题、人文哲学类问题、科技探索类问题。

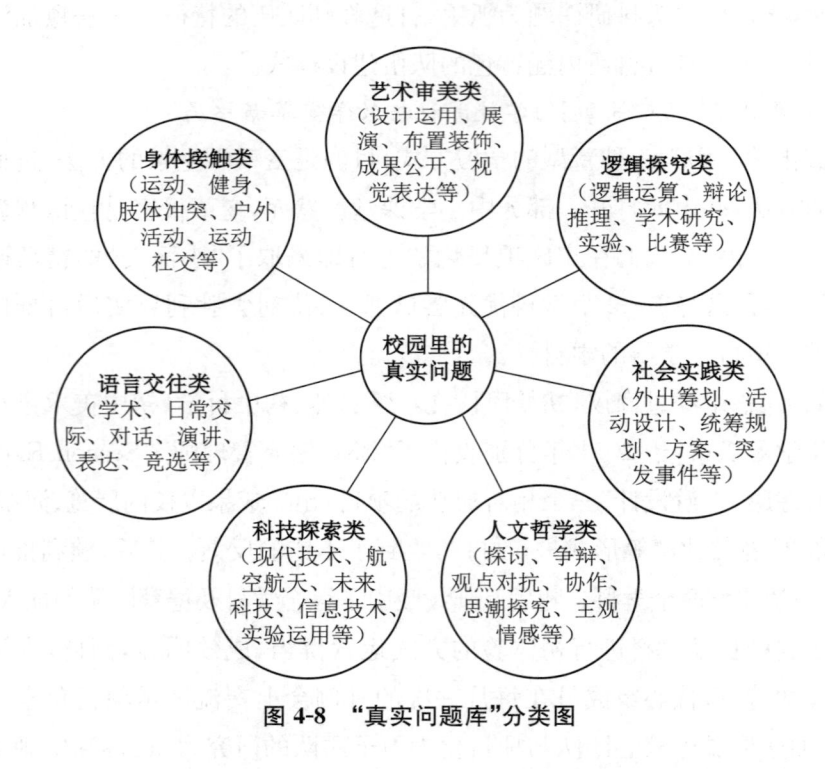

图 4-8　"真实问题库"分类图

基于此，我们前期进行了充分调研，在中小学各学段教研组分别收集了教学中的真实问题，课题组成员已通过各类丰富多彩的项目化学习活动，分别解决了

一些校园真实问题,局部实现了学习方式与教学方式的变革,实现了从知识到素养的迁移。如小学数学学科打造了"快乐活动日"和"全体学生"两个层面的项目化学习团队,针对不同难度的任务开展"分层项目化学习"。五年级的数学"快乐活动日"结合学校"爱心节",开展了"爱心爆米花义卖"的活动,三年级的数学"快乐活动日"根据校园中学生的失物随地乱扔的真实情境,开展了"失物招领柜设计"的活动,帮助学生将数学知识运用到生活中的营销、设计等真实情境中去,同时还培养了学生思考问题、解决问题的能力,合作交流的能力,共同推介的能力等。又如小学英语的"A guide of Nanjing Road"和"Explore the Yangtze River"项目,都结合生活实际,对身边的人文、历史、地理、文化等进行跨学科探究和多样化展示。体育组的"足球比赛我来办"项目,将本学期的校园足球比赛全部交给学生进行组织和参与,让学生分年级承担足球比赛中的不同角色分工,如教练员、裁判员、运动员、球衣设计师、宣传员等,最终完成一场全部由学生操办的足球比赛,在最真实的情境中学习和理解足球文化和相关规则。

教研论文

论文集

体验式活动提升疫情后小学四年级学生表达能力的行动研究

沈文洁

摘要：新冠疫情结束后，回归校园的小学生出现了表达能力退化的现象。本文以疫情后回归校园的小学四年级下学生为研究对象，采用实地观察、问卷调查和访谈等多种研究方法，揭示了体验式对小学四年级学生表达能力的积极影响。研究在扎实课堂，为学生语言表达的准确性提供支持的同时，通过游戏类体验式活动刺激学生的表达意愿，通过沉浸式劳动体验活动，丰富学生校园生活，拓展表达内容的广度，通过设计并推动公益类项目化活动，扩大学生的社会生活范围，为他们进一步观察自我、他人、家庭、社会制造机会，挖掘表达的深度。

研究表明：体验式活动为学生提供了一个培养和实践表达能力的平台，激发了学生的主动学习和探究精神，促进了学生的整体素质发展。教师可以结合教材，设计符合学生年龄和心理特点的、有针对性的体验式活动，创设鼓励表达和思考的环境来帮助学生做到言之有物、言之有理、言之有序、言之有情、言之有趣。

关键词：体验式活动；网课；表达能力；四年级学生；行动研究

1 引言

表达能力之于人在社会生活中的影响不言而喻。然而，目前小学生的表达能力普遍较为薄弱，在口头表达和书面表达方面皆存在诸多不足。学生的表达困难不仅会影响学习效果，还会给其个人发展带来一定程度的阻碍。因此，提升学生的表达能力已成为小学语文教师亟待解决的问题。

体验式活动作为一种新颖的教学手段，在提升学生表达能力方面呈现出独特的优势。与传统的教学模式相比，体验式活动以创造性和趣味性为特点，通过情境化的学习环境激发学生的主动性和积极性，培养学生的表达技巧和自信心。

通过参与各种体验式活动,学生可以在真实的情境中进行表达实践,进一步提高表达能力。

新冠疫情结束后(疫情后),学生的表达能力问题更加凸显。本文的研究对象为疫情网课后回归校园的四年级下学生。此时学生正处于知识、能力、情感价值观形成的关键时期。然而,四年级上学期因为疫情耽误在家,他们的社会生活几近停摆,这对他们了解社会、品德形成都有一定的阻碍。由于线上学习及社交活动时受限较多,学生的表达能力非但得不到应有的锻炼,还受长时间的线上输入而产生的思维惰性影响,产生了倒退现象。好在疫情吃紧的时期,学生见证了太多感人的付出,积累了太多对校园生活的渴望,这为本文的研究提供了有利条件。

本研究采用观察、问卷调查和访谈等多种研究方法,探索体验式活动对学生表达能力的影响。通过对数据和访谈的分析,本文将揭示体验式活动对学生表达能力的积极影响,并提供有效的教学方法和策略。本文的研究成果将为学生的学习和个人发展提供重要的指导,促进教育质量的提升和教育改革的推进。

2　体验式活动和表达能力

2.1　体验式活动的定义与意义

体验式活动是指通过亲身参与和实践,让学生深入体验和感受某一特定领域的活动。它强调学生的主体性,通过学生参与实际操作来促进学习和发展。体验式活动的意义在于可以使学生在真实的环境中进行学习,从而更好地理解和掌握所学知识。这种活动不仅可以提高学生的学习兴趣和积极性,还可以培养学生的动手能力、协作能力和创新能力。相比传统的课堂教学,体验式活动可以更好地激发学生的学习热情,增强他们的学习体验和记忆。

2.2　表达能力的重要性

表达能力是学生在语言、文字、表演等方面有效传递自己思想、情感和意见的能力。它在学生的学习和生活中起到至关重要的作用,是一个重要素养。首先,表达能力是学生交流与沟通的基础。学生通过表达能力可以将自己的想法传递给他人,与他人建立起良好的沟通关系。其次,表达能力对于学生的学习和思维发展也具有重要影响。通过充分发挥表达能力,学生可以更好地理解和消化所学知识,促进思维的活跃和思维方式的多元化。

3 疫情对小学生表达能力的影响

在疫情后,小学生的表达能力受到了一定程度的影响。由于长时间的线上学习和社交限制,学生们较少能够有面对面交流和实际体验的机会,这使得他们在表达自己的观点和情感时遇到了一些困难。

首先,线上学习的方式使得学生们与教师和同学之间的互动大大减少。在传统的教室环境中,学生们可以通过课堂讨论、小组活动和互动对话来锻炼自己的表达能力。然而,线上学习通常以教师为中心,学生们更多地处于被动接受的状态,缺乏主动表达的机会。这种学习模式的变化导致学生们在言语表达方面的能力有所下降。

其次,疫情期间的社交限制也导致学生们的人际交往减少,减少了他们与同龄人互动的机会。人际交往是培养表达能力的重要途径之一,通过与他人交流、讨论和分享,学生们可以锻炼自己的表达技巧和思维能力。然而,在疫情期间,学生们的社交圈子被限制在家庭和少数亲密的朋友之间,这使得他们较少能获得表达自己的观点和情感的机会,他们的观点也不太会面临他人挑战。

因此,疫情后,利用体验式活动提高小学生表达能力变得尤为必要。体验式活动可以为学生们提供与他人互动和实际体验的机会,使他们能够更好地锻炼和展示自己的表达能力。学生们可以与同学和教师共同参与,通过实际参与和交流来提高自己的表达技巧和沟通能力。

4 行动研究

4.1 行动研究的具体实施过程

4.1.1 第一阶段:游戏体验——表达意愿的提升(2023年2月—2023年3月)

学生返校恰逢春日,与四年级下册第一单元的人文主题"走进田园,热爱乡村"相当契合。这个单元由《古诗词三首》《乡下人家》《天窗》和《三月桃花水》四篇课文组成,以生动优美的语言,描绘了乡村的美景,目的是引导学生感受语言的魅力,激发美感,感受乡村的美妙。

然而,城市学生乡村生活本就鲜有,疫情在家,与自然接触的机会就更少了。在作业布置时,教师结合《古诗词三首》中"儿童急走追黄蝶,飞入菜花无处寻"

"大儿锄豆溪东,中儿正织鸡笼,最喜小儿亡赖,溪头卧剥莲蓬"等诗句,引导学生在双休日外出踏青时,寻一寻古诗中的景色。更利用看护课,围绕《清平乐·村居》开展了风筝主题活动,为学生进行适应性调整的同时,也让学生体会了一把"儿童散学归来早,忙趁东风放纸鸢"的快乐。

教师准备若干白色风筝材料,备足彩笔和颜料,请学生自行分为2—3人的小组,合作制作、设计风筝并合力放飞,借此感受乡村生活的乐趣。教室里,学生们讨论着设计的意图,推选着能工巧匠"扎风筝",擅长绘画的"画风筝",善书写的为风筝"题名"。蓝天下,草地上,学生们飞奔着放风筝、循着风的踪迹放风筝,不亦乐乎。

后续课堂里,学生们的表达意愿强烈。内容大致涉及如图1所示:

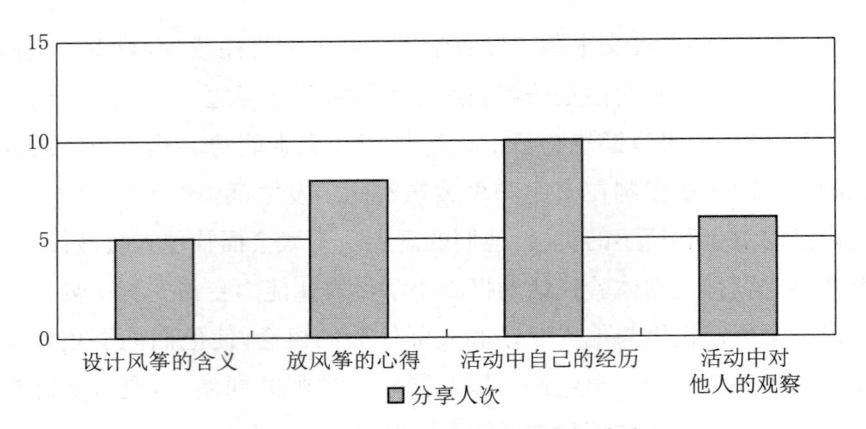

图1 风筝节学生分享内容分类与统计

其中最精彩的当数对因为无法把风筝放上天而着急的同学的观察:

可是唯独小贾的风筝一直放不上去,她都打算放弃了。泄气的她时不时望向旁边小姚他们那在极高的天空中展翅飞翔的风筝,回头看自己那个破破烂烂的风筝,陷入了深深的沉思。

好在队友小郭兴致尚浓,在小郭的鼓舞下,小贾决定再试一试。只见她拉着小郭来到草坪上,小郭心领神会,跑到后面托起风筝,她们嘴里喊着"3、2、1"的口令。话音刚落,两人在操场上飞奔起来,风筝也跟着"嗖"的一下蹿了出去。小贾一边撒腿跑,一边回头看风筝。小小的"飞机"即将升空,她的脸上浮现出期待。可是,小郭刚一放手,风筝就掉头向下。小贾使劲了力气冲刺,风筝像喝醉了酒,直往地上栽。

"这什么破风筝,一放就掉!"小贾一边愤怒地嚷道,一边烦躁地把风筝那绕在一起的线头松开,那劲道都能把百年老树劈开。

但是她仍然不甘心,还想再搏一搏,于是拎起风筝再次飞奔起来。她见风筝偏了便拉正,低了便拉高,但还是没能改变风筝坠落的命运,最终还是掉了下来。生气的小贾一屁股坐在地上,将线头愤怒地抛出三米远,那眼神恨不得把风筝给撕碎了。她一个起身扔下风筝,转头就走,还叫道:"这破风筝,谁爱放谁放!"说完,便头也不回地走了。

我说小贾啊,放风筝不能靠蛮力,还要不骄不躁啊!

通过后续课堂的观察和作业的分析可以发现,放风筝的体验活动让学生们在合作制作和放飞的过程中有了互动,摩擦出了火花。无论是合作愉快的、不愉快的,放飞成功的、不成功的,都有故事发生,有话可说。由于是切身体验,学生们特别爱说。有的是互相启发着把事情说完整、说精彩了;有的是互相辩驳着说,试图把事情说个明白。无论如何,孩子的思维被体验调动了,他们表达的意愿被点燃了。

4.1.2　第二阶段:劳动体验——表达内容的拓展(2023年3月—2023年4月)

表达意愿是基础,表达内容灵魂。体验式活动可以提供给学生表达的内容,但一样的体验,如何挖掘出不一样的、独属于自己的精彩也是需要教师引导的。

四年级下册第六单元围绕"儿童成长"展开。《小英雄雨来(节选)》《我们家的男子汉》《芦花鞋》讲述了不同年代的儿童成长故事,塑造了经典的儿童形象。学完这个单元,一个问题展现在学生的面前:新时代的学生又应该是怎样的形象呢?独立自主、团结友爱、自力更生、服务他人……学生们讨论着,教师们也策划着,"劳动小当家"体验活动应运而生。

全体学生轮流穿上围兜、戴上袖套,担任午饭小当家,为同学们发饭、盛汤、分水果。实习小当家要观察前辈们服务的步骤与细节并记录下来。结合吃饭的礼仪,大家整理出了食堂用餐的注意事项:

1. 小当家们洗手、消毒;

2. 小当家穿戴好围裙、帽子和口罩;

3. 互相进行健康检查;

4. 向食堂工作人员表示感谢;

5. 小当家发放午餐(按照每组自己讨论的方案);

6. 同学们进入食堂洗手;

7. 等待小当家的自我介绍并进行感谢;

8. 吃完午餐和点心将饭盒放回箱子里;

9. 拿纸擦嘴,擦完以后折过来擦桌子;

10. 捡起地上的垃圾;

11. 将椅子推进去;

12. 慢慢走回教室。(奶、水果不离食堂)

步骤是表达条理性的保证,细节是表达细腻的基础。这既是言之有序的训练,又是优秀品德养成的一次实践。学生在描述自己的小当家经历时,语言的准确、内容的完整基本不成问题。这时,教师便把观察的视角推向了更多元:

表 1 "劳动小当家"活动观察表

观察小当家
1. 请你观察一下小当家们服务的动作,用 8—10 个动词写下来。 2. 你觉得谁是最优秀的小当家?为什么?(可以分享具体事例或者细节) 3. 你想对小当家说什么?
身为小当家
1. 你觉得自己是一个合格的小当家吗? 2. 谈谈你的服务经历或心得(和谁合作了?怎样才能分得更快?身体感受、心情变化、心理……) 3. 说说你的收获。

学生们既是服务者,又是被服务者。表格引导学生从自己的不同身份出发,观察自己或他人的神态、动作、语言、细节,为表达提供细致的素材。不同的切入点让他们有话可说,有条理可依,能说清、能让别人产生共鸣。

除了按照教师引导的观察,真实发生的事件、细致入微的观察彰显了学生蓬勃的生命力和日益增长的表达能力。

中午,同学们高高兴兴来到食堂,享用起了午餐,只有小李开启了静坐模式。他弓着背,盘着脚,双手撑在身后,满不在乎的样子。原来,他正在为他昨天任性的行为买单。

昨天,老师重点提醒行规——安静吃饭。小李好像压根儿没把老师的话当回事,虽然旁边同学不断善意提醒他要注意纪律,可他依旧满脸毫不在乎。

最终受到了老师的惩罚——下次得一直静坐,直到第一个同学吃完才能开始吃饭。

此刻的他端坐着,眼睛不知往哪里放才好。既怕看见老师严厉的目光,又怕面对饭盒里美食的诱惑。他只能漫无目的地放空,把目光落在窗外的树叶间。可尽管如此,饭菜的香还是吸引着他时不时转向了一旁的同学。看到他们一个个吃得津津有味,狼吞虎咽,小李馋得不由得咽了咽口水。

同桌小顾看不下去了,劝小李去跟老师承认错误。小李倔强地摇了摇头,撑在背后的双手却摆到了桌子上。老师的目光好似一道扫描射线,投向了他。小李弓着的背挺直了,老师不言,却"此时无声胜有声"。几分钟后,小李摸摸自己饥肠辘辘的肚子,挪了挪身子,接着若有所思地走到老师面前,怯生生地说:"老师,我知道我昨天做错了,从现在开始我会遵守纪律的……"

老师没有为难他,把可口的饭菜递给他,摸摸他的头说:"知错能改就是好孩子,快吃饭吧!"

4.1.3 第三阶段:公益体验——表达深度的挖掘(2023年5月—2023年6月)

四年级的学生已经有了自我价值的追求、表达的意愿及表达的能力,教师需要为他们思考的深度提供探索的可能。教师以春季考察为契机设计了"点亮我的公益小事业"项目化体验学习,提出"儿童服务儿童"的设计理念,分全年级组大会和春季考察两部分,由学生自主推进,教师提供过程性指导。

以公益为主题的年级组大会由大队委员牵头,组织有意愿进行分享的学生进行资料收集、活动设计、考察学习单设计等前期准备。教师从旁进行资料整理、逻辑梳理、演讲肢体语言等指导。最后多名学生脱颖而出,获得在全年级组师生面前演讲的机会。

1) 年级组大会流程

开场视频:我是志愿者

驱动问题:如何成为一个有志愿者履历的二星队员?

分享一:志愿者入门　汇报人:队员1

(1) 什么是志愿者(视频);

(2) 如何成为志愿者;

(3) 志愿者标志的解读;

(4) 注册方法指导。

分享二：中国志愿者服务现状报告　　汇报人：队员2
(1) 全国志愿者数据分析；
(2) 志愿者服务类别介绍；
(3) 未来可努力的方向。

分享三：上海志愿者精神的传承——从"小白菜"到"小马达"　板块主持人：队员3
(1) 世博会小白菜工作视频；
(2) 采访：张薇老师和她的徽章；
(3) 新闻：小白菜招聘受欢迎；
(4) 当代大学生的志愿者进行时。

分享四：春季考察我能行——学习单介绍　　汇报人：队员4
分享五：五1中队生态推广活动计划　　分享汇报人：队员5
尾声：宣誓仪式
2) 春季考察活动设计与开展

年级组大会后，各班利用少先队活动课讨论与各班中队特色相关的公益活动，学生在过程中分析了各自的特长、服务对象的需求，表达自己的设想，整合设计了如"画春天""拓春叶""识春鸟""折一颗爱护环境的心"等体验活动。还演练了邀请儿童的场景与台词，琢磨语气和肢体动作，确保活动当天能顺利开展活动。

春季考察当日，摊位前起先门可罗雀，学生及时调整心态、克服恐惧，制定方案，分头行动，最终如愿指导儿童参与活动。既训练了自己的胆量，发挥了自己的所长，又为绿色生态理念的推广贡献了自己的力量。活动后，学生不仅感受到了公益的意义，憧憬再为公益事业出力，还在学习单的引导下，运用四下六、七单元所学到的"抓住人物神态、动作"展示了身边志愿者们的工作状态，体现人物品质。从学生的作业来看，他们思考问题的深度在无形中增加了。

学习单还以"延伸出一番大胆的设想"为主题，为学生进行新一轮的表达训练提供了可能性。

4.2 行动研究的结果与分析

在行动研究的过程中,研究者发现,体验式活动对提高学生的表达能力具有重要的作用。首先,体验式活动为学生提供了一个展示和实践表达能力的平台。参与体验式活动,学生需要与他人进行合作,分享和表达自己的观点和想法。这种实践中,学生可以不断锻炼和改进自己的表达能力,提高语言组织和表达的准确性。其次,体验式活动激发了学生的主动学习和探究精神。通过亲身体验和观察,学生积极思考和解决问题,并通过言语表达出来,从而提高了表达能力。最后,体验式活动促进了学生的整体素质发展。在体验式活动中,学生不仅需要表达自己的情感和思想,还需要倾听他人的意见并做出回应。这种互动交流的过程,可以培养学生的逻辑思维能力、批判思维能力和表达能力。

一旦学生们投入体验活动中,他们的表达意愿便会被激发,只要有表达的场合,便会展现出较高水平的表达能力。他们能够主动参与讨论,并清晰地表达自己的观点和想法。更重要的是,他们能够充分利用所学知识和经验进行思考和分析,在表达中展示出系统性和逻辑性。

研究表明,体验式活动对学生的口头和书面表达能力都有积极的影响。为将这样的影响最大化,可以从以下几方面入手:

1) 设计有针对性的活动

(1) 针对小学四年级学生的特点。四年级学生拥有一定的观察力,但尚显稚嫩。在活动设计时,可以以学习单的形式为他们提供观察的方向和观察的方法,为他们活动过程中的讨论搭建框架,为表达打下基础。

(2) 充分发挥体验式活动特点。既要注重培养学生的观察力、思考力和表达能力,又要与课程内容和学习目标相结合,确保学生能够在实践中得到全面的锻炼和提升。活动设计时,教师应注重激发学生的主动性和创造性,给予过程性辅助,但重点还是让学生在表达中碰撞火花,撷取他们自主生成的东西进行引导,以呵护学生的表达意愿,增强他们的表达自信。

2) 创设鼓励表达和思考的环境

通过为学生提供丰富的体验式活动,创造一个鼓励表达和思考的环境,提高学生的表达能力和自信心。在活动中,要注重培养学生的表达技巧,采用小组合作的方式,让学生们相互协作,充分发挥团队的力量。

既重视活动后的总结和反思,也重视过程中的观点表达。在每个活动结束后,组织学生们进行讨论和反馈,让他们分享自己的体验和感受,并对自己的表达能力进行自我评价。通过这样的反思过程,学生们可以深入思考和改进自己的表达方式,逐步提高自己的表达能力。学生在活动过程中更愿意加入表达,教师应注意观察记录,作为即时或总结反思阶段指导的依据。

5　结语

　　研究结果表明,体验式活动让学生言之有物,过程性观察的引导让学生言之有理,切身的体验让学生言之有序,深入的思考让学生言之有情,多元的表达让学生言之有趣。

　　在经历了一系列的活动后,学生们的表达能力得到了明显的提高,他们的自信心也得到了增强。这些积极的改变不仅在课堂中体现出来,也在日常生活中得到了充分的展示。

　　在疫情后,通过体验式活动提高小学生的表达能力具有重要意义。这不仅可以帮助他们克服疫情带来的交流障碍,还能培养他们的自信心和表达欲望,为他们未来的发展打下坚实的基础。

　　未来可以重点研究不同类型的体验式活动对不同年级和学科的学生表达能力的影响,以进一步细化和深化体验式活动在提升学生表达能力方面的应用。其次,可以通过纵向跟踪研究,探索体验式活动对学生表达能力的长期影响和持久效果。此外,可以对其他因素(如学生的性别、学习动机等)进行调查和研究,以全面了解影响学生表达能力的多个因素。

参考文献:

[1] Martini S, Nainggolan E. Application of think talk write model(TTW) to improve communication ability of grade XII students on biology learning [C]//Journal of Physics: Conference Series, IOP Publishing, 2019(2):22112.

[2] Jupri J. Using video recipe to improve the junior high school students' ability in writing procedure text[J]. Journal of Languages and language Teaching, 2019, 6(2):108—115.

[3] 黄蔚,曹榕,齐媛,等.人工智能时代批判性思维能力的提升策略:思维图示的应用对小学生批判性思维能力提升的实证研究[J].中国电化教育,2019,

40(10):102—108.

[4] 郭晓楠.英文绘本对小学生英语阅读兴趣影响的行动研究[D].北京:北京外国语大学,2019.

[5] 缪志欢,刘佳慧,王彩虹,等.后疫情时代小学生应激心理问题与干预研究[J].新一代(理论版),2021(7):14.

[6] 周月.运用绘画日记提升小学低段学生写话能力的行动研究[D].固原:宁夏师范学院,2020.

[7] 李东泉.依托绘本阅读,提高小学低年级学生语言表达能力的行动研究[J].教育界,2021(11):34—35.

[8] 李卫怡.生"动"课堂,提高学生个性化表达能力:体验式学习在小学数学中的运用[J].读与写,2020(16):156.

[9] 张璐.基于AR的小学英语体验式学习活动设计与应用研究:以听说课"How can I get there"为例[D].西安:陕西师范大学,2019.

[10] 慕彦瑾.后疫情时代小学生数学自主学习能力的现状审视及培养路径[J].教育科学论坛,2022(23):62—65.

[11] 刘冬梅.体验式教学在初中道德与法治课学生责任意识培养中的应用研究[D].石家庄:河北师范大学,2020.

[12] 黄璜,顾雅钰."疫情时期'高校'云端博物馆"教学模式对"后疫情时代"小学美术教学实践方式的启示[J].艺术评鉴,2021(16):73—75.

[13] 陶小娟.基于学习金字塔理论的小学数学问题解决教学模式研究[D].重庆:西南大学,2020.

[14] 文华玲.幼儿数学学习环境质量提升的策略探究:基于学前儿童数学学习与发展核心经验的行动研究[D].金华:浙江师范大学,2018.

[15] 马桂霞.探讨在小学数学体验式教学中如何培养学生数学的思维能力及提升其数学素养[J].新教育时代电子杂志(教师版),2018(29):69.

项目化视域下的小学语文习作教学的实践研究

张 薇

《义务教育语文课程标准(2022年版)》提出:"语文课程必须根据学生身心发展和语文学习的特点,充分激发学生的主动意识和进取精神,倡导自主、合作、探究的学习方式。语文综合性学习,有利于学生在感兴趣的自主活动中全面提高语文素养。"

项目化活动是语文综合性学习的重要组成部分。项目化学习作为一种探究型的学习模式,与我国基础教育课程改革所倡导的教学理念具有相通之处,目前已被广泛运用到语文课堂教学之中。项目化学习导向下的语文综合性学习课堂教学依托学生日常生活中真实的问题情境,引导学生在任务活动中创造性地解决问题,形成项目成果,能够有效提升学生的语文素养。项目化学习基于学生的亲身体验和实践,体验是学习的基础,是学生探索问题的动机和起点,它体现在学习过程的每个环节中。大教育家陶行知提出了著名的"教、学、做合一"以及"生活即教育"的教育理念。这些思想都深刻指出"亲身体验"的重要性,提倡要到生活中去观察、去发现、去经历。项目化学习就将这一目标渗透于学习的方方面面。

小学是写作的起步阶段,小学生年龄小,生活体验少,写作素材积累还不够丰富,写作思路也相对比较窄。他们常出现习作题材不够新,课内外阅读中接触的好词好句不会灵活运用,写完作文不会自己修改等问题。但他们乐于接受新奇的事物,充满好奇心和想象力,勇于尝试,对自己感兴趣的内容积极性很高。特别是在科技无处不在的时代,他们对新技术——微视频的接受能力大大提前,对深刻的文本阅读兴趣很高,对活泼清晰的评价方式参与度更高。而项目化学习就将这些内容紧密融合。

1 合理利用微视频资源,重视学生习作准备过程

项目化学习源自欧美劳动教育思想,随着美国合作教育出现而发展。随着

信息技术的发展,项目化学习可使学生通过自主活动参与到生活中,从而架构写作与生活的桥梁。利用微视频拍摄的资源,可以促使学生重视习作的准备过程,为开展项目化习作学习做好铺垫。

项目化学习是以具体问题来开展项目学习,将项目过程以任务驱动的形式推进。它包含项目的准备阶段、设计阶段、实施阶段、评价阶段。项目准备阶段是项目化开展的基础,它需要学生自主参与,在作文主题下,以习作准备过程来推进项目的实施。如统编教材三年级第二学期第四单元的习作《记一次科学小实验》,设计子问题:这次实验的名称是什么?实验准备工具有哪些?实验过程是怎样的?结果呢?如何用微视频的方式记录下你的实验过程呢?

表1 实验表格

记一次科学小实验	
实验名称	漂浮的鸡蛋
实验准备	一个盛有清水的透明杯子、一勺盐、一根搅拌棒、一只生鸡蛋
实验过程	第一步,把一只生鸡蛋放到盛有水的透明杯子中,观察现象。 第二步,往放有鸡蛋的杯中加一点盐,用搅拌棒快速搅拌。可持续加盐,观察现象。 第三步,鸡蛋浮上来了。 ……
实验结果 (实验后的发现)	水有浮力,向水中加盐是增加水的密度,水中的盐越多,水的密度就越大,当水的密度超过了鸡蛋的密度,鸡蛋就能浮上来了。

表2 微视频制作要求

《记一次科学小实验》微视频制作要求
1. 选择合适的微视频制作工具,如爱剪辑、快剪辑、美图秀秀等。
2. 在片头介绍自己的名字和本次实验的主题。
3. 整个视频都用中文来演绎,可适当插入关键实验步骤的字幕。
4. 视频的时长为3分钟以内。
5. 视频的选材:以《记一次科学小实验》中"漂浮的鸡蛋"这一实验为内容,准备好实验工具,拍摄清楚实验过程,讲解声音响亮清晰。
6. 建议先提前做好各项准备,然后再拍摄视频,最后做后期的技术处理。

"生活是创作的源泉,需要引导学生注重对生活的观察,提高对生活的理解与感悟。生活中具有较多的情景,在教学过程中,教师需要提高学生的整体和局部的观察能力。"教师要学会引导学生善于发现生活中的事物,从中获得一定的感悟,完成写作素材的积累。在微视频拍摄之后,学生可利用微视频来仔细观察本次实验,为习作做好充分准备。

在微视频中,教师可以引导学生对实验中盐的变化、盐水在搅拌棒下的变化、鸡蛋在水中的变化等进行细致观察。这时候就需要学生着眼于事物的特点,从事物的特征出发。通过微视频,学生还能观察到自己在做实验中的表情、神态、动作的变化……这样,在对人物进行描写时,就能从肖像、语言、动作等细节描写出发,使人物看起来更加真实。

同时,通过微视频的回顾,学生可以回忆起当时做实验时的具体步骤,自己是如何一步步完成实验的,并将过程记录在表格中。还可以回顾自己当时的心理活动等,使在写作时人物描写更具有立体感。

2　充分利用文本资源,培养学生习作主体意识

习作的完成离不开本单元的教学目标和单元文本的阅读。教师引导学生在课堂上深入课文文本的阅读和学习,掌握文本的写作方法和技巧,从而将这些知识自主灵活运用到项目化学习中。比如:统编教材四年级第二学期第三单元的单元目标是"了解现代诗歌的特点,创编一首现代诗歌",在这一单元的"综合性学习"中也提出了"汇编诗集"的要求。在这一单元的教学中,教师带领学生深入阅读文本资源,在学习了《短诗三首》《绿》《白桦》和《在天晴了的时候》这四首现代诗歌之后,学生能自主提炼出现代诗歌的特点,然后小组成员进行讨论确定小组诗歌主题,并确定"主编、美编、文字、修改定稿、排编"的个人任务分工,自主实施"我是小诗人"的小组诗歌集汇编项目化学习。

基于项目化学习的习作教学实施过程中,教师以单元目标为抓手,注重以课内文本为资源,将文本深入解读,指导学生归纳提炼写作方法,以读促写,引导学生将课内所学灵活运用到项目化学习中,逐步培养学生习作的主体意识。

3　有效借助评价清单,展示学生互评修改成果

"项目化学习的评价需要指向核心素养,以此提升项目化学习设计和实施的质量,评估和促进学生真实的学业成长。"在新课程标准的背景下,要明确每次习作教学的目标,将核心素养转化为可评可测的项目化学习的教学和评价。

一篇好的作文离不开反复的修改。我国唐代诗人贾岛、韩愈著名的"推敲"故事,教育家叶圣陶的"自能作文""自改作文"理论,都提出了修改作文的重要性。教师可以借助"表达评价清单"来进行作文集体批改、小组互改、同桌互改、以批倒改等多种形式,引导学生对自己不正确的地方进行修改,并逐步提高修改作文的水平和技巧。这一形式往往比普通的教师直接批改更活泼,学生的参与度会更高。以统编教材四年级第二学期第六单元的一篇习作《我学会了……》为例。

教师在作文评价时,往往过多地关注学生写作中出现的错误,忽视学生的闪光点,学生的写作价值得不到充分的肯定,因而写作的积极性也不高。而"评价清单"有内容活泼、主题鲜明、条理清晰、对照性强等特点,非常适合小学生的年龄特点。因此,在项目化写作学习的评价环节,教师可引导学生从《我学会了……》的素材选择、谋篇布局、语言表达等多个角度出发,多角度地开展自评、互评,发现习作中的闪光点,以此来肯定和表扬。同时,让学生发现自己在某一方面存在的不足,及时进行改正。让学生听取来自不同角度的评价意见有利于帮助学生全面地认识到自己在创作中出现的问题,更好地对自己的写作进行修改。

借助活泼的"习作评价清单",既能激发学生修改习作的兴趣,又能帮助学生有针对性地发现习作中的不足,从而有效提升写作修改的体验,展示学生互评修改的成果,从而提高作文的写作表达能力。

项目化的评价最终目的是提升教师和学生的内驱力。教师如何给学生更好的支持?如何促进学生主动学习?学生如何通过评价结果反思之前学习中存在的问题?其中,在评价清单中展示学习成果是一个好的做法。人生不是百米赛跑,而是马拉松,因此要培养学生的终身学习,需要让他们体会到学习的乐趣,帮助他们学会自己提出问题,掌握一些符合他们年龄认知特点的学习方法并学会不断反思,不断改进,不断提高。

参考文献:

[1] 王海燕.关于小学语文体验式作文教学的策略研究[J].天津教育.2021(31):138—139.

[2] 张国彦.让习作因体验而精彩:浅谈体验教学在小学语文作文教学中的

应用[J].语文新读写.2021(17):51—53.

　　[3]马正春.在小学语文作文尝试教学中有效应用现代信息技术的策略[J].天天爱科学(教学前沿).2022(9):123—125.

　　[4]马静.巧用信息技术创新体验式作文教学[J].语文教学与研究.2017(26):59.

　　[5]夏雪梅.项目化学习设计:学习素养视角下的国际与本土实践[M].北京:教育科学出版社,2018:27,105.

　　[6]连亚平.小学语文综合性学习项目化教学的现状及策略研究.上海:上海师范大学,2023.

　　[7]陈莺月.基于项目化学习的小学第二学段习作教学策略研究.福州:福建师范大学,2022.

项目化学习在语文学科中的实践
——以三年级语文项目化活动"童话故事创编"为例

施 益

上海教育学会会长尹后庆在上海市学习素养研究成果发布会暨第一届项目化学习峰会的演讲中提出,项目化学习是一个改变学习的生动实践。他表示在以落实立德树人为根本任务,进一步深化课程改革的今天,我们的课堂要把"知识为本"的教学转变为"核心素养为本"的教学,把以讲授为中心的课堂转变为学习为中心的课堂,必须大力推进学习方式和教学模式的改变。而项目化学习就是一个改变学习的生动实践。

1 项目化学习的内涵

项目化学习是一种以学生为中心的教学方法,通过让学生解决真实情境中的问题来促进他们的学习。与传统教学方法相比,项目化学习更注重学生的主动性和实践能力,能够更好地激发学生的学习兴趣和动力,也更能培养他们的创新思维和解决问题的能力。

在这样的大环境下,很多学校开始学科以及跨学科项目化学习的研究探索。笔者的学校也是如此,项目化学习活动在各学科已经如火如荼开展了几年,也取得了一定的成果。我们语文学科也一直在进行探索,通过创设真实的情境,以自主、合作探究为主要学习方式形成项目化学习成果,使学生的听、说、读、写等各项基本能力以及合作、批判性思维和创新等高阶能力得到提升和发展。

2 项目简述

2.1 项目背景

统编版语文三年级上册第三单元是童话故事单元,选取了四篇不同风格的中外童话。《卖火柴的小女孩》中小女孩悲惨的遭遇,《那一定会很好》的主人公不断产生愿望并努力实现的执着,《在牛肚子里旅行》中小蟋蟀经历的一次惊险旅行,《一块奶酪》中蚂蚁队长内心因为一块奶酪产生的激烈的思想斗争,无不充满丰富而奇特的想象,引人入胜,又发人深思。

本单元的语文要素是感受童话丰富的想象。四篇课文运用多种形式引导学生感受童话丰富的想象。本单元的习作要求是试着自己编童话,写童话。

本单元的课文内容丰富,要求层层递进,如若进行常规教学,实践的深度与广度会不够。因此结合本单元的语文要素和习作要求,我们设计了本次项目化学习活动。以"怎么样在真实的情境中,运用规范的语言进行书面表达?"为本质性问题,以"如何创编出吸引人的童话故事?"为驱动性问题,鼓励学生成为小小童话作家,激发其创造性实践。本项目化活动通过创设真实情境下的挑战性问题,鼓励学生进行跨学科自主探究和小组合作,形成最终项目成果,并在展示学习成果的过程中深度学习。

图1 统编版语文三年级上册第三单元导语

2.2 项目目标

1) 能培养学生语文学习中语言运用的能力,落实单元语文要素,实现语文学科核心素养的提升。

2) 能形成以语文学科素养为主,体现多学科的项目综合成果。

3) 能以项目为载体,以趣味调动学生的广泛参与,培养学生在主动学习中寻求问题的解决方法,提高创新能力,养成与同伴合作交流的习惯和方法。

2.3 挑战性问题

本质性问题:怎么样在真实的情境中,运用规范的语言进行书面表达?

驱动性问题:学校即将出版一本童话故事集,现向大家征集最吸引人的自编童话故事,请你们成为童话小作家,积极投稿吧!

2.4 项目实施

首先,在展开单元教学前进行情景式导入:学校即将出版一本童话故事集,现向大家征集最吸引人的自编童话故事,请你们成为童话小作家,积极投稿吧!不会编童话?不着急,第三单元有好几篇童话故事等着我们,我们先学一学作家们创编童话的本领。

接着,在单篇教学中我们有针对性地讨论了几个要点问题:(1)这篇童话故事中的人物有哪些?故事大概讲了一件什么事?(2)这篇童话故事最吸引我们的是什么地方?讲讲故事最精彩的部分。(3)这篇童话故事给了我们什么启示?(4)你发现童话故事一般有什么共同点和不同点?希望在日积月累中帮助学生搭建童话故事创编的基本框架。

再者,本单元的单元习作与我们的项目化成果要求是十分契合的,因此我们十分重视本次的习作指导。

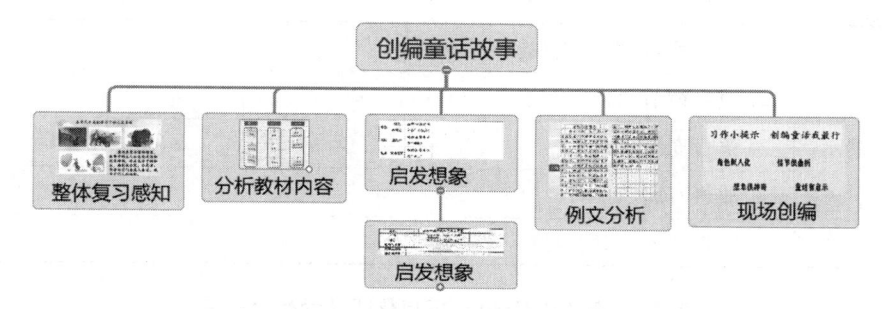

图 2　创编童话故事基本框架

我们从本次学生习作中以可塑造性强为要求挑选出 6 篇最优作品,请 6 位作者担任项目化学习活动的组长,填写好童话故事大纲,在班级中宣讲并招募组员,最终形成 6 个活动小组。

第一阶段为小组讨论,各自发挥想象为该组长的故事添砖加瓦,形成小组童话故事草稿。

第二阶段为小组分工,各自负责封面、美图、誊抄、素材积累等任务;之后完成草稿设计。

表 1　童话故事创编项目化分工表

小组及分工	A组	B组	C组	D组	E组	F组
封面						
插图						
排版						
文字誊抄						
素材积累						
……						

第三阶段为小组讨论,修改,最终定稿,完成成品。

第四阶段为作品交流,班级内作品交流(讲故事)、展示、评比,产生成功入选童话故事集的作品。我们设计了成果评价量表,给予学生评价参考,也是对童话这一体裁的要点进行再建构、再学习的过程。同时学生也完成了项目化活动自评表,对自己的表现进行评价,为以后更好地参与项目化活动总结经验,评价的过程也是学生批判性思维的提升。

表 2 "童话故事创编"项目化活动学生成果评价表

成果展示	1. 作品完整,设计美观	
	2. 故事情节曲折	
	3. 语言充满想象	
	4. 故事有启示	
	5. 汇报清晰,态度自然	

表 3 "童话故事创编"项目化活动学生自评表

评价项目	具体内容	评价等级			
		A	B	C	D
情感态度	1. 积极参与活动				
	2. 主动提出设想建议				
	3. 不怕困难和辛苦				
合作交流	1. 主动和同学配合				
	2. 乐于帮助同学				
	3. 认真倾听同学的观点和意见				
	4. 对小组的学习作出贡献				
学习技能	1. 会用多种方法搜集信息				
	2. 实践方法、方式多样				

3 项目成果

3.1 落实单元语文要素与写作要求,语文核心素养得到提升

本次项目化活动依托于童话故事单元,本单元的语文要素是"感受童话丰富的想象",学生在学习、分析优秀童话故事的过程中不断得到想象力的熏陶,增进

对童话故事这一体裁的了解,感受到了童话故事的魅力;在创编故事的过程中启迪自身想象,获得写作能力的提升,自然达成单元写作要求。在与同伴的思维碰撞、成果展示过程中,倾听、口头表达、书面表达等方面的能力都能得到提升。本次项目化活动形式新颖有趣,极大地激发了学生的兴趣。笔者发现相比常规教学,在项目化学习中学生更能以轻松的状态投入任务之中,所以在最后的成果中看到了学生极高的效率和天马行空的想象。本次项目化活动更有效地落实了语文要素,学生语文核心素养得到提升。

3.2 形成以语文学科为主,体现多学科的项目综合成果

本次项目化活动中,学生分工合作,运用多种方法收集、整合资料。最常用的方法就是借助网络,通过网络学生接触到了更多童话故事和素材,有利于学生想象面的扩展。最后的成果是图文并茂的纸质口袋书,学生自主设计、排版、配图使得其动手能力得到锻炼,提升了艺术审美和逻辑思维能力。

3.3 实现高阶能力的提升

1) 项目化活动中学生的独立思考和批判性思考的能力得到提升。在讨论并落实最终方案之前,小组成员需要独立思考、分析问题、提出解决方案,并不断优化和调整,之后才能在与同伴的交流中顺利表达自己的想法。

2) 在项目化活动中学生的团队合作和交流能力得到提升。学生在与同伴的协作和沟通中分享知识和经验,一步步充盈或调整自己的设想,为了达成一份完美的成果共同努力。也提高了团队合作能力和解决问题的能力,激发了创新思维。

3) 项目化活动使学生进行自我反思和改进。组内交流、分组交流、班级汇报、参与评价等,这些环节之中都充满了思维的碰撞。互相提出意见建议、自我反思改进能够帮助学生更好地理解自己的学习进程,发现自己的不足之处,并逐步提高自己解决问题的能力。

4 项目反思

每一次实践,教师和学生对于项目化活动都有了更深的理解。项目确立之前是教师的主场,需要确定一个真实情境中的问题或挑战。这个问题的解决需要学生运用创新思维和解决问题的能力,同时也能够激发学生的兴趣和动力。项目开始后,教师的角色开始转变,成为一个辅助者,学生尽情发挥自己的思维

和创新能力。

　　项目化强调学生的独立思考和批判性思考。写一篇想象作文对小学生来说是相对容易的，但是要从无到有创编出一份满足童话故事体裁要求的较完整的童话故事是比较有难度的，并且充满了很多未知，学生很容易偏离目标。教师需要及时和学生沟通项目进程，给予指导。

　　在项目化活动进程中，大部分学生都能积极发表自己的见解，但是也有个别学生存在人云亦云的情况。同时学生较容易受到学过、读过的童话故事的影响，存在模仿或套用故事情节的情况，教师需要在项目化推进过程中思考该如何调动学生的积极性和思维发散性，比如唤起他们的生活经验。

　　在项目化活动中需要学生组成团队进行合作和交流。有的小组中组长起到了很好的带头作用，能良好地协调组员之间的分工，也能井井有条地安排任务。组员之间配合良好，时间、工序等安排合理，这也是一开始让学生自由分组的好处。在这样的有序中无不体现学生的合作意识。也有个别小组尚有欠缺，在评价环节总结了经验，也能为下次的活动吸取教训、打好基础。

　　评价环节是学生进行反思和改进的过程。在完成项目后，学生更需要总结经验教训，评估解决方案的可行性和效果，并提出改进意见，为下次活动做好准备。

　　总之，项目化学习是一种有效的教学方法，能促进学生的全面发展。本次探究的结果虽然也存在不足，但学生丰富的想象和创造还是能在一本本故事册中体现。通过一次次的生生讨论、师生交流，一部部作品从无到有，从内容单一到丰富多彩，学生的各项能力都得到了锻炼，学生也收获了很多经验，这些能力和经验将使学生在今后的学习、生活中受益无穷。

聚焦项目化，探索小学语文跨学科学习
——以《牛郎织女》连环画创作项目为例

吕慧瑛

摘要：跨学科学习是基于问题的学习，聚焦项目化学习，能让学生在探究问题的过程中，形成学科间的关联和融合，培养学生解决复杂问题的能力。本文以《牛郎织女》连环画创作项目为例，从项目化学习的内容设计、情境创设、过程设计、成果展示等方面进行分析，认为小学语文跨学科学习应聚焦核心素养，以项目为载体，激发学生的探究兴趣和创新精神。在教学过程中，教师要基于课程标准与教材内容，从学生实际出发设计主题；应创设适宜的学习情境，引发学生的深度学习；注重成果展示，鼓励学生大胆创新；应重视过程评价与多元评价相结合。

关键词：小学语文；项目化；跨学科；情境创设；民间故事

引言

跨学科学习是近几年兴起的一种教学模式，是指在综合考虑学科知识之间联系的基础上，由多个学科教师合作设计和实施学习任务的一种教学模式。它强调以真实情境中的问题为导向，以问题解决为核心，从跨学科视角出发，整合多学科知识来设计学习项目和评价方案。项目化学习是基于问题的学习，是一种新型的学习方式，在当前教育改革背景下受到越来越多教师的关注。它能够让学生在探究问题的过程中，形成学科间的关联和融合，培养学生解决复杂问题的能力。在小学语文跨学科学习中，项目化学习也是一种非常有效的学习方式，它能够帮助学生将学科知识与生活实际紧密结合起来，培养学生发现问题、解决问题的能力，从而促进学生思维能力和创新意识的发展。

1 语文要素编排分析，立足跨学科项目探究

1.1 教材编排，明晰单元学习任务

统编版教材在每一个单元都设计了人文主题和语文要素两个部分。人文主题的编排是基于课程标准，围绕一个或几个语文要素展开的；语文要素是课程标准中关于听说读写各项能力培养的要求。

例如统编版语文教材五年级上册第三单元的人文主题是"民间故事，口耳相传的经典，老百姓智慧的结晶"。本单元围绕"民间故事"编写了《猎人海力布》《牛郎织女（一）（二）》三篇课文，以故事的形式引导学生感受民间文化，丰富语言积累。这一单元的语文要素是"创造性地复述故事"。这一单元所选课文都是民间故事，课文内容生动有趣，蕴含着丰富的人文内涵和民族精神。根据语文要素设计的学习任务就是"讲述故事"，要求学生口头讲述或编写民间故事，在讲故事中感受传统文化，体会民间智慧。

1.2 项目探究，挖掘项目核心要素

语文要素是语文学习的出发点，也是语文学习的落脚点。因此，在教学中，教师应从语文要素出发，对具体的项目进行分析与设计。基于此，本文以《牛郎织女》连环画创作项目为例，从项目探究的角度来分析如何落实语文要素。《牛郎织女》连环画创作项目的核心内容如下所示：

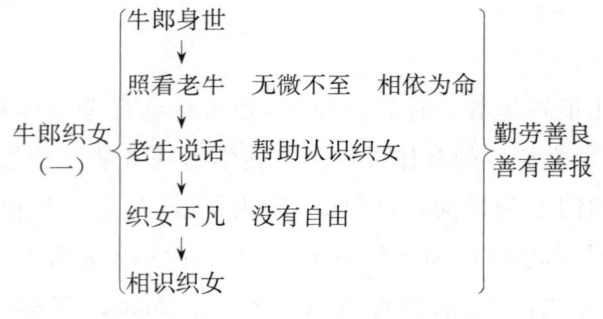

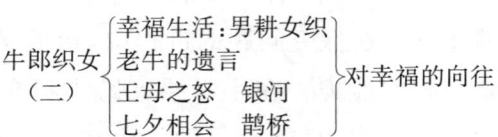

图1 《牛郎织女》连环画创作项目核心内容

在项目探究中，教师应以单元学习任务为载体，明确教学目标；以教材中单元学习任务为导向，明确学习重点；以学生的学习情况和能力基础为依托，明确

项目内容。如《牛郎织女》中的语文要素是"借助情境和资料说出牛郎织女的故事"。在教学目标方面，教师可根据学生情况来确定重点：(1)理解故事内容；(2)体会故事中的人物形象。

2 基于语文核心素养，设计跨学科项目目标

2.1 结合文本特点，进行目标细化

跨学科项目的学习，既要符合学生的学习规律，又要结合学科特点，还要体现学生的语文素养。因此，在跨学科项目设计时，首先需要深入研读教材，明确目标，根据学生的知识、能力、情感等因素设计具体可操作的教学目标。

以《牛郎织女》连环画创作项目为例，其间需要根据本单元的语文要素，确定本节课要让学生掌握的重点内容，即了解故事发生的时代背景、主要人物、故事梗概和故事情节，初步理解故事中的生字、新词。然后，结合学生已有的生活经验、阅读经验和生活体验，对单元的教学目标进行细化，如《牛郎织女（一）》的教学目标：(1)了解课文讲述了一个怎样的故事；(2)了解课文所写人物和事件，体会他们身上发生的感人故事；(3)学习用恰当的方式介绍自己熟悉或喜欢的人或物；(4)对《牛郎织女》有初步的阅读体验。

2.2 落实学习过程，培养跨学科能力

基于语文要素，确定语文学习项目是跨学科学习的基础。而跨学科学习，则是从更多学科中吸取知识，并将其融合到具体的学习任务中。"跨学科"是相对于单一学科而言的，即相对于某一学科而言，在教学过程中，多学科之间可以相互融合、相互渗透和交叉。基于语文要素和学生语文核心素养的要求，在教学过程中我们要积极引导学生挖掘语文要素与其他学科之间的联系，让学生在跨学科项目学习中理解知识的内在逻辑，感受知识、技能、情感的价值，从而培养学生在解决问题过程中运用多种学科知识进行思考和推理，并能运用跨学科知识去解决实际问题的能力。

例如在《牛郎织女》连环画创作项目化学习案例中，主要融合的学科为语文、美术、信息技术。根据语文要素，我们确定了《牛郎织女》连环画创作项目主要探究内容包括：(1)学习《牛郎织女》故事，感受作品的创作背景与创作方法；(2)运用线条、色彩、构图等表现技法，画出故事里的人物，并在此基础上进行创作；(3)学习运用信息技术将连环画进行画面布局，并运用简单的软件对画面进行上

色;(4)结合作品创作的过程,讨论作品的整体风格、内容布局等。

3 创设跨学科项目情境,任务驱动深化体验

3.1 基于学生经验,创设真实情境

在跨学科项目化学习中,要依据学生的认知水平、思维方式、探究经验等,创设真实情境,让学生在学习中感受真实的问题解决过程。

例如在《牛郎织女》连环画创作项目化学习案例中,教师利用了网络资源,如"中国国家博物馆""中国非物质文化遗产网""中国文化艺术网"等,让学生以"中国传统文化的传播与弘扬"为主题,选择一则民间故事进行创作,并在网络上进行分享。通过网络,学生可以看到来自全国各地的民间故事,了解到不同地域、不同民族的传统文化,丰富了自己的知识储备,拓宽了视野。

教师在选择教学内容时,要考虑到学生已有的生活经验与知识水平,选择与其相匹配的学习内容。如在教学《牛郎织女》时,可以通过多媒体、故事录音等方式创设情境,让学生在故事中感受到人物情感、思想观念。同时,教师还可以通过多种途径,如在课前或课后让学生自主观看相关的资料、视频等,丰富学生的知识储备;在教学过程中通过分组合作、班级互动、小组竞赛等方式,调动学生的学习积极性。

3.2 基于项目驱动,设计探究任务

在《牛郎织女》连环画创作项目中,基于项目的学习与学生已有的经验,从学生熟悉的领域入手,选择跨学科的学习任务,把学生需要掌握的语文知识、美术技能结合起来,设计出符合学生年龄特点和认知规律的跨学科学习任务:

任务一:阅读民间故事,感受人物形象

在这一单元中,学生已经学习了《牛郎织女》这篇民间故事,对主人公的形象有了初步的了解。

项目化学习是一种整合学科知识的学习方法,教师可以将不同学科的知识和方法进行整合,寻找共同之处。

在本项目中,教师首先明确了项目目标:一是通过阅读民间故事《牛郎织女》,感受主人公坚贞的爱情、不畏艰难困苦的品质;二是在阅读中感受民间故事和现代文学作品中人物形象的差异,学会从不同角度进行分析;三是通过阅读民间故事《牛郎织女》,理解作者对美好爱情的向往。

任务二：声情并茂，讲民间故事

为了更好地理解人物形象，了解民间故事，小组同学在网上搜集了许多关于牛郎、织女的民间故事。经过筛选，小组同学们对这个项目进行了细致的分工：有人负责收集民间故事；有人负责讲民间故事；有人负责整理。

通过小组讨论，小组成员对收集到的民间故事进行了加工、整理，并确定了《牛郎织女》连环画创作项目的主题和主要内容。经过组内合作、班级交流，学生们开始尝试着用自己喜欢的方式声情并茂地讲述故事。

任务三：妙笔生花，绘制连环画

学生完成了民间故事的预习，并且了解了牛郎织女的故事情节，对于牛郎织女的故事有了一定的了解，且能够抓住文中的重点语句来概括情节。接下来就是绘制连环画了，这个过程中需要学生将课内学习到的民间故事情节、语言、人物形象等进行有效整合，并能够熟练运用到自己的连环画中。学生通过这个过程不仅掌握了民间故事的特点，还培养了提取信息和概括语言的能力。

本环节中，教师让学生结合课内所学民间故事的情节、语言、人物形象等，提取文章中的精彩段落形成连环画的关键信息，并绘制相关画面。对于这一环节，学生能够通过阅读文章掌握民间故事中精彩部分和重点语句，并对民间故事有了初步了解。

任务四：简洁明了，缩写故事

在《牛郎织女》连环画创作项目中，学生学会了如何从故事的主要情节出发，选择最重要的情节进行精简，以达到对故事的概括。而缩写就是把一个故事经过筛选后浓缩为一个故事，以精简的方式来表达更丰富的内容。这一环节有助于培养学生语言表达能力和信息提取与概括能力。

缩写故事的方法有很多，如删减、改写、摘录、概括等，教师可以根据学生实际情况选择合适的方法。我们可以带领学生了解民间故事，也可以引导学生从民间故事中学习写作方法，进而学会缩写。在这一环节中，教师要让学生选择自己喜欢的民间故事进行创造性复述，并和同伴进行交流。这种形式有助于学生在复述过程中学习到更多的写作方法，增强其语言表达能力。

任务五：民间故事，我推荐

教师把学生分成若干小组，每组选出一个小组长，小组内每一位学生都有推荐好书的权利。学生在小组内讨论后，投票选出自己喜欢的图书，小组长汇总确定本组的推荐书目,并推荐给其他同学。教师针对每组的推荐卡进行评价,选出优秀的推荐卡,在班级中展示出来。这是一个小型的"书单设计"活动,是项目化学习的延伸与拓展。

"我推荐"好书活动是跨学科学习的拓展与延伸。在项目化学习中,学生主动选择阅读书目、自主阅读、合作探究阅读、评价分享等都是体现其自主性与合作性的表现方式。

4 注重项目成果展示,强化过程评价与多元评价

项目成果展示是项目化学习中的重要环节,学生通过学习过程中的亲身实践、分享交流、探究创新,展示成果。既锻炼了学生的综合能力,又有效激发了其学习兴趣和创造潜能。学生的连环画作品如下:

图 2 学生连环画作品展示

如在《牛郎织女》连环画创作项目成果展示环节,教师可设置"组内互评""组间互评"两个环节。具体评价方法如下:

(1) 组内互评:小组内成员就作品的整体进行评价,对于整体效果好的小组进行加分或奖励;对于作品中存在的不足之处,由小组成员分别提出修改建议并进行讨论,最终达成共识。

（2）组间互评：各小组在组员互评的基础上，对其他小组的作品进行评价。

在"牛郎织女"项目化学习中，学生需要在收集资料、查阅文献、构思设计、绘画创作等多个环节，运用到多个学科知识，探究并解决现实生活中的问题。《牛郎织女》连环画创作项目从选题到实施再到创作完成，学生们都参与其中，并且最终完成了一幅完整的作品。学生在探究学习的过程中不断发展综合能力，提高语文素养。

5　结束语

总而言之，在语文学科教学中开展跨学科学习，有助于学生通过运用多种知识，掌握相关技能，丰富知识储备，增强综合素养。跨学科学习是基于真实情境的一种综合性学习活动，需要学生自主探究、合作交流、实践创新。教师要基于课程标准和教材内容，从学生实际出发设计主题，创设适宜的学习情境，激发学生的探究兴趣和创新精神。同时注重成果展示，鼓励学生大胆创新，形成具有一定深度的学习成果。在项目化学习中，要重视过程评价与多元评价相结合，及时了解学生的学习情况，及时给予鼓励和指导。只有这样才能让学生在项目化学习中获得更多成长和发展。

参考文献：

[1] 齐燕平.基于项目化学习的小学语文古典名著教学策略研究：以统编语文五年级（下册）第二单元为例[J].名师在线，2023（17）：41—43.

[2] 陈贤彬.基于学习任务群的单元统整学习：以统编版小学语文五年级上册第三单元教学例谈[J].考试周刊，2023（18）：61—64.

[3] 郑仕贤.小学语文进阶式学习活动中学生思维能力的培养研究：以人教版小学语文教材五年级上册第三单元为例[J].教师，2023（6）：24—26.

[4] 陈燕.践行"学科实践"理念的小学语文单元项目化学习：以《语文》（统编版）三年级上册第二单元为例[J].山东教育 2022（41）：41—43.

[5] 孙忠心.小学语文单元教学项目化重组策略：以三年级上册第六单元为例[J].语文教学通讯，2022（18）：65—66.

核心素养背景下的小学数学项目化学习设计研究
——以"设计上海野生动物园游玩攻略"为例

钱 晶

1 核心素养背景下小学数学项目化学习的重要意义

随着新课标的落地实施，培养学生的"核心素养"已成了教育教学的重中之重。《义务教育数学课程标准（2022年版）》中用"会用数学的眼光观察现实世界，会用数学的思维思考现实世界，会用数学的语言表达现实世界"对核心素养的内涵进行了详细的描述。在当下的学生教育中以培养"全面发展的人"为核心，是指学生应具备的、能够适应终身发展和社会发展需要的必备品格和关键能力，是关于学生知识、技能、情感、态度和价值观等多方面的要求的综合表现，是每一名学生获得成功生活、适应个体终身发展和社会发展都需要的、不可或缺的共同素养，其发展是一个持续终身的过程。

核心素养背景下，小学数学教学更关注学生的创新能力、思维能力的培养。项目化学习比起日常教学，给予了学生更多自主探索的时间和空间，激发学生的兴趣，促进学生能力的提升。同时还能够更好地引导学生开展观察、操作、猜想、推理、交流等学习活动，学生在经历问题、发现问题、分析问题、解决问题等环节中，培养了数学核心素养，提升了数学综合能力。

2 核心素养背景下小学数学项目化学习的有效策略

2.1 巧用真实情境，转化教学内容

项目化学习中的问题源自现实生活，但生活情境在引入教学时需进行调整和优化，使之与教学内容更好地融合。学生对于真实情境中的数学问题有更深入的体验与发现，也会有更全面的思考。

以"设计上海野生动物园游玩攻略"为例。在本学期，我们迎来了睽违三年的春季实践活动。四年级学生来到了上海野生动物园进行社会实践，大家都兴致勃勃，但是回顾本次春季考察，学生都感到颇有遗憾。

课堂上教师放出春季实践时的照片，引导学生回忆游览过程，询问大家的体验感受，立刻激起了学生的倾诉欲。经过一节课的头脑风暴，学生总结了本次野生动物园之行中的问题：(1)游览项目少；(2)排队时间久；(3)步行路程长。

于是"设计一份更充实的上海野生动物园游玩攻略"被学生提上日程。结合沪教版小学数学四年级教材中的内容，师生共同明确要把"绘制折线统计图""用坐标表示位置"这两部分内容提前学习，将所学内容转化为解决此次问题的知识点。对教学内容进行有效的调整，让项目化学习的推进更顺畅，也需要教师对教材有深度的理解和解读。

2.2 抓住关键问题，聚焦概念实质

问题驱动法能很好地引导学生在小学数学项目化学习中的探究方向。在和学生的头脑风暴中，教师要以核心问题为切入点来设计问题，而起着导向性作用的核心问题，也就是本质问题。有了本质问题的引领，还需要设计一级又一级的驱动性问题激发学生的探究兴趣，引导学生如同抽丝剥茧般解决问题，牢牢掌握知识的本质，领悟概念的实质，帮助学生将已有知识、实践体验和所学新知识连接起来。

在此次项目化活动设计中，教师设计的本质问题为：如何运用已经学习的知识解决实际问题？驱动性问题为：如何设计一份更充实的上海野生动物园的游玩攻略？在问题的驱动下，学生展开思考：需要哪些数据？如何获取数据？用什么方法可以一目了然汇总统计数据的变化情况？

在吸引学生的驱动性问题的引领下教师进行导入。数据收集、信息搜寻、数据分析、路线规划、时间安排等问题的学习，让学生切实感受到解决实际问题的乐趣。这些问题学习的目标的实现，也使学生一步步加深对核心问题的研究领悟。最后，学生充分掌握折线统计图的画法，归纳总结步骤和要点，并进行实际应用。

2.3 促进学习实践，助推核心素养

在小学数学项目化学习实践活动中，学生的认知能力、行动能力、思维能力和合作能力都得到了很好的发展。从项目化学习的推进过程中可以发现，从驱动性问题的提出，到一个个子问题的发现、理解、探究，再到问题的解决与应用，学生始终是项目化学习中的主体。

在该项目中，由驱动性问题展开的三个子问题：

1) 时间——出行日的选择。学生通过收集一周内每一小时内动物园人流量的数据，自主学习并绘制游客数量变化折线统计图，得出周二的人流量更少，更适宜出游的结论。

2) 地点——游览项目的选择。尽可能多的展馆游览是大家共同的目标。学生们先分别利用官网、App等多种渠道搜集信息，调查并记录了上海野生动物园约70个游览项目，以及它们的开放时间、演出时间等公开信息。然后经过投票，选出了最受本班同学喜爱的游览项目前十名，作为游览地点的选择范围。

3) 路线——游览顺序和时间安排。根据此前春季考察时的亲身经历，学生们确定了"不走回头路"的路线规划标准。根据组内讨论，也从十个受喜爱的项目中初步选择了自己组中意的若干景点。根据路程和时间的测算和部分展馆动物行为展示的表演时间，每个小组又将初步选定的景点进行了增减，最终确定了本组的游览项目，并进行记录。

所有的子问题都由学生结合自己的生活经验一一解决，学生在项目化学习实践中，亲身经历了目标设定、数据搜索、问题解决等，在自主探索的过程中锻炼了小组合作能力，提升了数学知识的应用能力，更把数学思维带入了实际生活中，强化了对知识的理解和记忆，增加了对数学的喜爱，培养了核心素养。

2.4 展示学习成果，加深概念理解

项目化学习中学生生成的学习成果通常以多样化、可视化的成果呈现，如实物、图表、报告等，可以结合成果的具体内容选择相应的呈现形式。

本次的项目化学习最后整理汇总的零碎数据不适合展示和介绍，于是各个小组各自绘制了游览路线图。其中，部分小组结合本学期"数学广场——位置的表示方法"的知识，将野生动物园地图进行了网格状分割，用坐标表示小组确定的游览地点。之后，再在纸上绘制同样的坐标系，根据坐标标出各个游览项目，并按顺序连结，最后标注它们之间的距离和所需时间。至此，一份比较完整的游览路线图就大功告成了。

在项目化学习中较多以小组为单位展开活动，在小组的学习过程中，每位学生都有着自己的分工，带着各自认领的感兴趣的问题参与项目的解决，在教师的引导下深入思考；经过讨论、交流、分享的过程后，更加深了对数学概念的理解，在短时间内大大提升了学习的有效性。

2.5 关注环节评价,全面能力提升

学习的每一个阶段都需要有及时的评价,才能沿着正确的方向走得更远。项目化学习也需要设立一个科学、合理的评价标准,在每一个环节和每一个维度给予学生全面的评价。学生需要对学习的每一环节形成整体的认知,以及对所实现的目标状况有一定的把握,才能更好地完成自己的任务,同时在小组内展现更全面的能力。

表 1　个人完成度评价

成员姓名	1	收集动物园资料	2	制作展馆介绍卡	3	组内能友好交流	4	为小组添砖加瓦
		☆☆☆☆☆		☆☆☆☆☆		☆☆☆☆☆		☆☆☆☆☆
		☆☆☆☆☆		☆☆☆☆☆		☆☆☆☆☆		☆☆☆☆☆
		☆☆☆☆☆		☆☆☆☆☆		☆☆☆☆☆		☆☆☆☆☆
		☆☆☆☆☆		☆☆☆☆☆		☆☆☆☆☆		☆☆☆☆☆
		☆☆☆☆☆		☆☆☆☆☆		☆☆☆☆☆		☆☆☆☆☆

表 2　小组完成度评价

序号	环节	名称	完成度
5	自主探究折线统计图画法	尝试绘制折线统计图	♡♡♡♡♡
6		归纳折线统计图的画法	♡♡♡♡♡
7		合理美观地绘制统计图	♡♡♡♡♡
8	地图绘制	绘制游览路线	♡♡♡♡♡
9		在坐标系中标出游览项目	♡♡♡♡♡
10	制定日程表	制定游览时间表	♡♡♡♡♡
11	美化加工	制作和美化小书	♡♡♡♡♡
12	出项	讲解游览攻略	♡♡♡♡♡
13		游览路线受欢迎程度	♡♡♡♡♡

第 2、3、4 项为组内评价,第 13 项为全班投票。

这次的项目化成果除了一份完整的游览攻略行程之外,还要有每个景点的简单介绍。因此,组内还分配任务,绘制了本组游览项目的简介卡,完善了攻略。最后,组织了学生进行成果交流,每组一位讲解员介绍自己小组的游览攻略。尔后进行投票,选出了最受欢迎的游览攻略,作为班内集体评价。在项目过程中,

根据每位组员所做的工作，记录了分工表，并据此制定了评价表，分别进行个人评价和小组评价，并将总得星数最高者评为本次项目化学习优秀者。

3　核心素养背景下小学数学项目化学习的收获反思

核心素养背景下小学数学项目化学习，是以培养学生的数学学科核心素养为中心，从理论到实践的过程，更是把已学过的知识用于解决生活实际问题的过程，是让学习真正落地开花的过程。以"设计上海野生动物园游玩攻略"为主题的项目化学习，融合了信息、美术、语文、数学等学科知识，学生运用信息技术，辅以数学中的计算、统计、数据分析、位置表示方法解决现实问题，促进数学高阶思维的发展。通过此次项目化学习，学生们都已经是出游"攻略小能手"，在今后的生活中也会发挥习得的本领，真正把所学的知识运用到生活中。

学生最后呈现的作品和介绍远远不能代表他们在项目化学习中的全过程，因此教师在收集记录和展示项目成果上还需要不断积累。要让出项反映成长，就要让学生不仅展现结果，也要展现问题解决的过程；不仅展现固化的成果，还要让学生进行解释，有机会说明自己观点或能力的前后变化。研究过程中的一切有价值的发现、学生合作中的感悟和试错的过程都值得被展示。在今后的项目化学习推进中我们将再接再厉，让数学走进每一个孩子的心里。

参考文献：

[1] 曹一鸣.新版课程标准解析与教学指导：小学数学[M].北京：北京师范大学出版社，2022.

[2] 桑国元.叶碧欣.王翔.项目式学习：教师手册[M].北京：北京师范大学出版社，2023.

[3] 夏雪梅.项目化学习的实施：学习素养视角下的中国建构[M].北京：教育科学出版社，2020.

基于单元视角的小学数学学科项目化学习的实践探索
——以"小小设计师之如何设计更符合校园需求的失物招领柜"为例

曹 迎

摘要：本文以"小小设计师之如何设计更符合校园需求的失物招领柜"为例，阐述了在新课程标准指导下，基于大单元视角开展小学数学学科项目化学习的过程。研究结论表明，采用单元视角的教学方法，通过项目化的实践活动，将零散的数学知识和技能整合到一个有意义的整体中，学生能够将所学知识与实际应用相结合，从而促进学生对数学的综合理解和应用能力的提升，有助于学生建立更为深入的数学理解，增强他们的解决问题的能力和自信心，培养出更全面的数学素养。

关键词：单元视角；小学数学；学科项目化

《义务教育课程方案和课程标准（2022年版）》提倡通过整合大概念和采用大单元视角的教学方法，基于真实情境培养学生综合运用知识解决问题的能力。该标准进一步提出推进综合学习，探索大单元教学，积极开展主题化、项目式学习等综合性教学活动，旨在促进学生举一反三、融会贯通，加强知识间的内在关联，从而促进知识结构的形成。[1]

相较于传统的课时教学，单元教学更具有综合性、深度和跨学科性，旨在为学生提供更全面和深入的学习体验，促进他们的综合素养和认知发展，更倾向于整合多个学科或学科领域的内容，提供更为综合和全面的学习体验。在这一背景下，学科项目化学习成为实现这些目标的重要方式。该学习方式以深度理解和持续建构教材中的学科知识体系为目标，主要通过实践活动作为学习载体，并通过问题解决的方式将学习与实际应用相结合，以培养学生的学科核心素养。

在实践与探究中,我们的团队注重依据教学教材内容,结合新课程标准的要求对教学内容进行梳理和提炼。我们致力于挖掘真实的生活问题,设计并实施有价值的学习任务,以增强学生的数学意识并培养他们在日常生活中观察和应用数学的能力。通过鼓励不同个体和不同层次的学生进行合作学习,我们提升了学生的数学学科核心素养和综合能力。在一段时间的实践探索中,结合具体案例,我们总结了以下实践步骤和收获。

1 把握核心素养,确定项目目标

在教学实践中,基于单元视角的教学设计不仅关注学科知识的传授,更注重培养学生的素养能力,即学科核心素养。素养能力包括综合运用知识解决问题的能力、创新思维、团队合作能力等,这些能力的培养对于学生的综合发展至关重要。在教学实践中,采用单元视角意味着将教学内容组织为更广泛、更深入的主题或概念,以便为学生提供更全面、更深刻的学习体验。在这样的教学框架下,把握核心素养,确定项目目标至关重要。

首先,把握核心素养意味着教师需要深入理解课程标准中所强调的学科核心概念和能力,并将其作为教学的重点。通过分析课程标准,确定学生需要掌握的核心知识、技能和情感态度,可以帮助教师更准确地制定项目目标,确保项目设计与学科核心素养的培养目标一致。

其次,确定项目目标需要考虑学生的实际学习情况和兴趣特点。教师可以通过观察学生的学习表现、倾听他们的想法和建议,了解学生的学习需求和兴趣爱好,从而确定与学生实际情况相适应的项目目标。这样可以提高学生的学习积极性和主动参与度,促进他们的全面发展。

最后,确定项目目标需要充分考虑现实情境和教学资源。教师可以结合教学场景和可用资源,设计具体可行的项目目标,确保项目的实施顺利进行。同时,项目目标应该具有一定的挑战性和可操作性,能够激发学生的学习热情,培养他们解决问题的能力和创新思维。

笔者及其所在团队结合上海教育出版社小学数学三年级第二学期所学的测量和统计知识,将失物招领柜的设计过程作为一个整体,涵盖多个数学概念和技能。旨在帮助学生更深入地感知长度单位的意义和应用,并通过将数学知识应用于解决实际生活问题,培养学生用数学思维解决问题的能力,以提高学科学习效果和培养数学核心素养。我们结合新课标的要求和学生的学习情况,对相关内容进行整体分析,着重挖掘核心知识,把握核心素养,并据此确定了以下项目化学习的目标。

【测量概念的应用】

在失物招领柜项目中,通过进行实地测量,包括测量柜子的尺寸、设计制作材料的尺寸等,学生将学会如何正确使用长度单位,并理解测量在实际生活中的重要性和应用价值。

【统计知识的运用】

在设计失物招领柜的过程中,通过统计校园中常见的失物种类及其数量,以确定失物招领柜的设计方案。在这一过程中,帮助学生巩固统计知识,并培养数据分析和问题解决能力。

【数学思维的培养】

通过将数学知识应用于实际设计过程中,引导学生运用数学思维解决各种问题,例如如何合理地利用空间、如何优化柜子的设计等。提升学生解决具体问题的能力,培养逻辑思维和创新能力等数学思维。

【其他能力的提高】

在采访活动中,提升了采访能力和人际交往能力。

在宣传视频制作过程中,尝试剧本设计以及表演。

综上所述,基于单元视角,把握核心素养,确定项目目标是教学设计的重要环节。通过准确把握核心素养,结合学生实际需求和教学资源,制定具体可行的项目目标,可以有效地引导学生实现教学目的,全面提升学生的综合素质和能力,通过实际的项目实践,将数学知识与实际生活场景相结合,激发学生的学习兴趣,培养他们的实践能力和解决问题的能力。

2 聚焦学科本质,设计驱动问题

在单元视角下,学习活动通常以问题或挑战为中心,学生通过解决问题来探索和理解数学概念。这样的学习方式更符合人类的自然学习过程,能够激发学生的思维和探索欲望。在项目化学习中,强调的是问题驱动而非任务驱动的教学方式。通过引导学生解决一个核心问题,这个核心问题下会衍生出多个相关的子问题。这个核心问题必须紧密围绕学科的本质问题。设计与学科本质问题相符的驱动问题，能有效地指引学生朝着正确的探究方向进行学习。这不仅能激发学生的学习兴趣，还能确保他们准确地掌握学科的核心素养。通过这样的学习实践，学生能够更深入地理解数学概念，进而找到解决问题的有效方法，实现知识、实践和新知识的有机结合。

在设计驱动性问题时，通常应具备以下特点：

开放性：问题应具有一定的开放性，能够引导学生进行探索和独立思考。这样可以激发学生的好奇心和求知欲，促进他们主动学习。

复杂性：问题可以是复杂的，需要学生动用多种知识和技能进行解决。这有助于培养学生的综合能力和解决问题的能力。

现实性：问题应与学生的实际生活或社会现实相关，能够引起学生的兴趣和共鸣。这样可以增强学生的学习动机和情感投入。

探究性：问题应能够引导学生进行深入的探究和研究，促进他们积极参与学科学习。这有助于培养学生的科学精神和探究意识。

笔者及其团队在教学实践中，采用单元视角，设计驱动性问题，以激发学生的思维，引导他们深入探究学科知识，并将知识应用到实际解决问题中。我们采用了将教材中具有关联性的零散知识点进行系统整合的方法，再围绕单元学科的本质问题设计驱动性问题。这种方法有助于引导学生主动发展学科素养，培养他们的动手、动脑能力，使其更主动地参与问题解决，从而提高他们的思维能力。

示例：

小小设计师之如何设计更符合校园需求的失物招领柜？

【本质问题】如何运用测量和统计的学科知识，解决生活中的实际问题？

【驱动性问题】鉴于校园中经常出现物品丢失的情况，而现有的失物招领柜空间狭小且组织混乱，我们是否能设计一个更符合校园需求的失物招领柜？

【子问题】

如何确定失物招领柜的最佳位置？

如何设计失物招领柜以适应校园日常需求？

如何有效地宣传失物招领柜,以提高学生的使用率和回收率?

在这个驱动性问题中涉及了数学中的面积、周长等概念,同时也需要考虑到学生对环境保护的认识和实际情况。可以引导学生运用数学知识进行计算和分析,同时也鼓励他们思考环保意识和可持续发展的问题。通过设计这样的驱动性问题,可以激发学生的学习兴趣,促进他们全面发展,并培养他们解决现实问题的能力。

3　引导学生探究,实施项目活动

在教学实践中,采用单元视角可以将学科内容组织为更广泛、更深入的主题或概念,以便为学生提供更全面、更深刻的学习体验。在这样的教学框架下,教师可以通过设计引人入胜的项目活动,引导学生深入探究学科内容,并将知识应用到实际情境中去解决问题。

夏雪梅教授在项目化学习培训中指出:"项目化学习是一种新型的教学方法,它不仅仅是一系列的活动,而是一种针对学生解决真实问题、培育综合素养的系统性教学设计。该方法通过激发学生对真实问题的兴趣,引导他们在不同项目之间实现知识的迁移,使高阶学习与低阶学习相辅相成,从而实现项目逻辑与知识逻辑的和谐统一。"[2]这一观点凸显了项目化学习在教学实践中的重要性,特别是在项目化学习中,该方法强调学生在探究过程中的主体地位,有助于他们在知识、技能、思维和情感等多个方面得到全面发展。

笔者及其所在团队在实施本项目活动的步骤主要有以下几个部分:

入项环节:

教学初始,教师首先展示现有校园失物柜的照片,引导学生观察并发现柜子的设计存在的问题,然后带领学生实地考察了解目前使用的混乱现状。接着回到课堂,进行小组合作,头脑风暴,大家畅所欲言,最后梳理汇总要解决的问题有以下三个:

(1) 原失物招领柜太小,分类不明确,结构布局不够合理等,需要重新设计;

(2) 失物堆放杂乱,有的长时间无人认领,有必要进行宣传;

(3) 失物招领柜摆放位置是否可以满足全校师生的需求,有待考证。

图1 原失物招领柜的状态

探索环节：

子问题1：校园失物柜的选址

项目组的同学在一开始讨论时，就对失物招领柜的摆放位置产生了意见分歧，是放在原处？还是另寻他处？为了让失物柜的选址更合理，同学们分组采访了校园的全部师生。采访单经过同学们的商讨由两个问题组成：①你知道校园失物招领柜在哪里吗？②你认为校园失物招领柜设置在哪里更好？（A. 原处 B. 二楼饮水机对面　C. 其他）最后根据采访数据，进行整合统计，由此得到了符合校园需求的结论：超过半数以上的师生认为校园失物柜放置在原来的位置较好。

图2　统计数据　　　　　　　　图3　梳理结论

子问题2：校园失物柜的设计

第一步：实地测量

同学们利用了米尺、软尺、三角尺等工具进行实地测量，进一步对正确使用长度单位进行练习，并理解测量在实际生活中的重要性和应用价值。

第二步：每组完成一份设计稿

在设计过程中，同学们细致考虑柜体高度，结构布局，分类认领的需求，衣服从叠放调整为挂放，还对周边环境美化进行了思考，比如用日光灯和装饰盆栽进行点缀。

第三步：召开项目招标会，邀请总务老师进行评价

在项目招标会上同学们分组展示设计稿，并阐述这样设计的理由。总务处吴老师对每个设计图提出了自己的看法和建议，最终确定了学校失物招领柜设计的确定方案。

在吴老师引导下，同学们对原有失物招领柜的存放也提出合理化建议：可以放在音乐教室或阶梯教室做置物柜继续发挥作用。

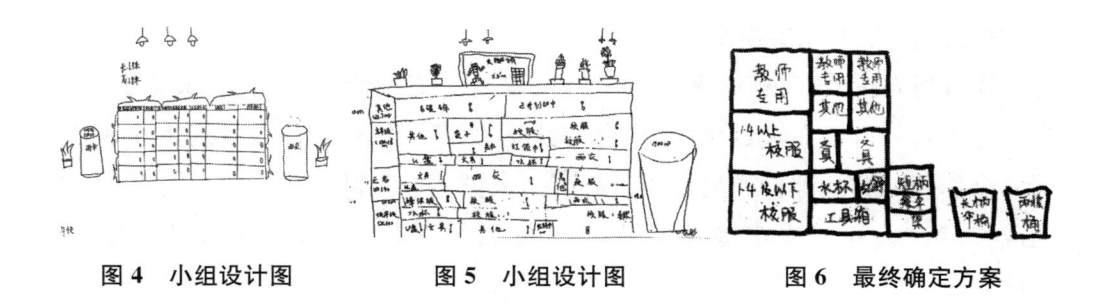

图4 小组设计图　　图5 小组设计图　　图6 最终确定方案

子问题3：校园实物招领柜的宣传

校总务处在两个星期内就将同学们设计的新失物招领柜制作完成。

每位成员在老师的指导下完成了失物招领海报的制作、塑封、张贴等各项工作。接着又进行视频的脚本设计、分角色扮演、录制视频等工作。在视频中有丢了东西怎么找、捡到东西怎么放、失物招领处的注意事项、各区域布局介绍等环节。该视频在校会课上，进行了全校的宣传推广，并在学校微信公众号上进行播放。

图7 新的失物招领柜　　图8 宣传海报　　图9 宣传视频

从这个项目化学习的活动实践过程可以看出,从研究问题到知识的链接、探究再到实际应用,产生迁移等活动,学生始终是学习的主体,在学习活动中要让学生自觉主动参与、体验多种形式的学习实践,并像一个真正的研究者一样去决策、去思考、去解决问题。在实践过程中,不断有新的问题出现,无法按照既定的计划进行下去时,学生们慢慢地学会遇到新问题及时想办法调整方案,取得更科学合理的实践结果。

4　关注素养能力,落实项目评价

夏雪梅教授曾在《核心素养导向下教育教学实践研究专题》一文中提出:学生是否真的可以在项目化学习中发展核心素养?评价在这个问题上至少起到两个作用:第一,评价产生了可靠的证据来描述和刻画学生在项目化学习中的成长;第二,评价本身就是促进学生反思与深化学习,优化教师教学的载体。[2]

笔者在项目化学习推进过程中,结合教材的学科要求,基于单元视角,重点关注学生的素养能力,并通过项目评价来全面评价学生的学习成果和素养水平。

基于单元视角,关注素养能力,落实项目评价有以下几个方面的心得:

明确评价标准:教师首先需要明确项目评价的标准和指标,包括对学科知识掌握程度、素养能力的发展情况等方面的评价标准。这些评价标准应该与项目的学习目标和任务相一致,能够全面反映学生的学习成果。

多元化评价手段:在项目评价中,教师可以采用多种评价手段,包括书面报告、口头展示、实际操作、作品展示等。这样可以全面评价学生的学习情况,从不同角度了解学生的学习水平和素养能力的发展情况。

注重过程评价:除了对项目成果进行评价外,教师还应该注重对学生学习过程的评价。通过观察学生的学习态度、合作精神、解决问题的能力等方面的表现,了解学生的学习过程,发现问题并及时进行指导和调整。

鼓励自我评价和同伴评价:在项目评价中,教师可以鼓励学生进行自我评价和同伴评价。通过学生自我反思和互相交流,可以促进他们对学习过程和成果的深入理解,增强学生的学习主动性和自我管理能力。

及时反馈和指导:在项目评价过程中,教师应该及时给予学生反馈和指导。

通过针对性的反馈和指导,帮助学生及时发现和纠正问题,促进他们的持续进步和发展。

通过基于单元视角,关注素养能力,落实项目评价,可以全面评价学生的学习成果和素养水平,促进学生的综合发展和全面提高。同时,这种评价方式也有助于激发学生的学习兴趣和主动性,提高他们的学习动机和参与度。

在项目化学习推进过程中,教师要始终关注学生的参与情况与过程中的收获,有自评,有互评。从数学学科能力、跨学科能力、合作学习能力、解决问题能力这几个维度进行评价,学生通过自评总结收获、促进反思、树立自信。互评以沟通交流能力为基点,引导学生回忆、发现同伴身上的优秀品质和闪光点,鼓励学生善于发现"美",试着向同伴学习。

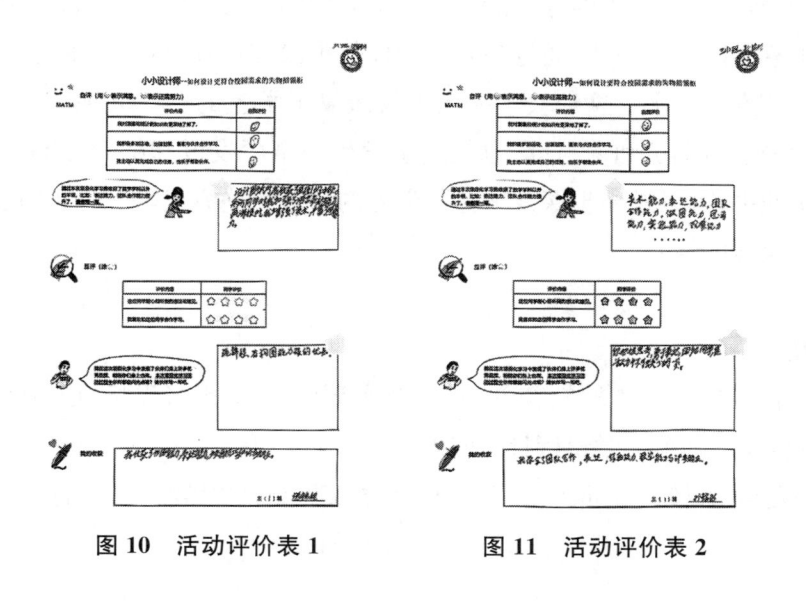

图 10　活动评价表 1　　　　图 11　活动评价表 2

项目化学习是提出真实问题、分析问题、解决问题、形成项目成果的过程。项目化学习的评价不是与项目过程割裂的,而是伴随着项目的进程而展开的,两者之间不可分割。从上面的例子可以看出,指向素养的评价与学生深度学习和探索的过程具有一致性,通过对项目学习研究实践总结,引领学生参与项目学习的每一个环节。在小学数学项目化学习中,我们始终没有忽视在关注学生的素养能力的基础上,落实项目评价,让学生感受到评价是真实的、公平的,能够真实地检测到自己的能力并促进自己成长。

项目结束后,我们组织了一个反思与总结的活动,让学生分享他们在项目中的收获和体会。这不仅加深了学生对项目的理解,也为我们提供了宝贵的反馈,帮助我们不断改进和完善项目化学习的实施方式。

作为教师,我们也进行了深入的反思。我们审视了项目的设计、实施和评价过程,识别了成功的因素和需要改进的地方。这些反思不仅帮助我们提高了教学质量,也加深了我们对项目化学习的理解和认识。

基于单元视角的小学数学学科项目化学习实践探索,强调了教学设计的创新与实践。通过整合大概念和采用单元教学方法,学生在项目化学习中不仅仅是接受知识,更是通过解决真实情境中的问题,培养了综合运用知识解决问题的能力。在教学设计中,着重关注了学科本质,以设计驱动性问题引导学生探究学科核心素养,培养了学生的综合能力和解决问题的能力。同时,项目评价也突出了对学生素养能力的关注,通过多元化的评价手段和过程评价,全面评价学生的学习成果和素养水平。这种教学模式不仅激发了学生的学习兴趣和主动性,提高了他们的学习动机和参与度,也促进了学生的全面发展和综合提高。在今后的教学实践中,可以进一步探索项目化学习的有效实施方式,促进学生的素质教育和综合素养的培养。

参考文献:

[1] 中华人民共和国教育部.义务教育课程方案和课程标准(2022年版)[M].北京:北京师范大学出版社,2022.

[2] 夏雪梅.核心素养导向下教育教学实践研究专题[J].教育教学论坛,2022(1):12—16.

让学习真正发生在项目化学习中

赵佳倩

1 研究背景

随着信息技术和全球互联网的蓬勃发展,学习的方式和机会变得前所未有的多样化。在此背景下,项目化学习作为一种强调实践和综合能力培养的教育方法备受关注,不仅强调学生的参与和主动性,还鼓励学生在实际项目中应用知识和技能,培养解决问题和团队合作的能力。然而,尽管项目化学习具有巨大的潜力,让学习真正发生在其中,但实践中存在一些挑战和障碍。

传统的教育体系通常侧重于知识传授和考试评估,而项目化学习要求更多的学生参与和自主学习。首先,这种转变可能需要教育者和学生适应新的教学和学习方式。其次,项目化学习可能需要更多的资源,包括时间、设备和支持,这在一些教育环境下可能受到限制。同时,项目化学习的成功也依赖教育者的教育设计和指导能力,以确保学生在项目中达到学术目标。

尽管存在这些挑战,项目化学习仍然在全球范围内取得了积极的成果。研究表明,通过实践和参与项目可以更深刻地理解和应用知识,增强学生的学习动机和学习成就。项目化学习也有助于培养学生的批判性思维、创造性解决问题的能力和团队合作技能,这些技能在现代社会至关重要。

2 研究现状

各地的学校和教育机构积极探索在项目化学习中如何让学习真正发生,以促进学生的深度学习和实际能力的培养。研究表明,项目化学习在提高学生学术成绩、创造性思维和团队合作能力方面取得了显著的成果。Smith(2019)对一所小学的学生进行了一年的项目化学习实验。实验组的学生参与了跨学科项目,涵盖了科学、数学、文学和社会科学等多个学科领域。实验结果显示,实验组的学生在学术成绩上表现出了显著的提高,尤其是在解决复杂问题和综合各种知识的能力上。与传统教学方法相比，项目化学习显著提高了学生的学科跨足球能力。除了学术成绩的提高，项目化学习还在培养学生的创造性思维和团队合作能力方面取得了积极成果。Brown(2020)研究项目化学习对小学生的影响。研究发现，参与项目化学习的学生更倾向于提出创新性的解决方案，而不仅仅是背诵知识。此外，他们在团队合作和沟通技能方面也表现出了明显的改善。这些技能对学生的未来职业发展至关重要，因为现实世界中需要解决复杂问题的能力和协作技能。

综合而言，项目化学习已经在提高学生学术成绩、创造性思维和团队合作方面取得了令人鼓舞的研究成果。这些成果强调了项目化学习在满足现代教育需求、培养综合素质和实际能力方面的潜力。

3 项目化学习如何支持学生参与的理论探讨

随着《义务教育课程方案和课程标准（2022 年版）》的出台，项目化学习越来越受到关注，多地多校开展了项目化学习。新课标将"变革育人方式，突出实践"作为基本原则，强调"加强课程与生成劳动、社会实际的结合，充分发展实践的独特育人功能"。课程学习不再是简单、直觉、常规的日常学习，而是超越生活世界的学科学习。新课标提出"学科实践"，这是运用学科的概念、思想与工具，解决真实情境中的问题学习方式。项目化学习正是"学科实践"的一种形式，学生以实践的方式进行学习，架起了科学世界和生活世界之间的桥梁。学生自发学习、自主解决问题，使身体与心理、感性与理性、直接经验与间接经验得到有机统一，其核心素养伴随形成。

项目化学习是一项兼具学科性、趣味性、社会性的学习。经过多次教学实践，笔者发现开展项目化学习的难点在于，在实施的过程中如何让学习真正发生。

在项目化学习中，学生扮演着主动学习者的角色，而教师起到协助的作用。一个成功的项目化学习好比一部精彩的话剧，每一步进程都有明确的目标，每一个问题都有相应的解决方案，每一个迸发出的想法均是思维的火花，学生可以是舞台上的演员、场务、编剧，教师是导演。该如何演好这部戏？要看导演怎么导。

3.1 设计有趣的驱动性问题：深入学生生活，倾听学生声音

3.1.1 做好"知识—生活"双向互通

项目化学习的第一步是确立明确的学习目标。教育者应该明确定义项目的

目的和预期结果,以便学生知道他们要达到什么标准。这不仅有助于学生的导向,也有助于在项目的不同阶段进行评估和反馈,以确保学习真正发生。项目应该与学术标准和实际问题解决有关,以便培养学生的综合素质和实际能力。

项目化学习较传统学习方式的突破在于让学生真正感受到学科学习是有用的,学生在项目活动中用学科知识解决生活中的问题,同时又在生活中发现并提出问题。从"知识"到"生活"意味着我们要从单元核心知识或概念出发,发现其运用到生活中的实践情境,即从分析单元核心知识及指向的核心素养出发,去发现运用该单元核心知识与概念的现实场域。从"生活"到"知识"则强调从现实生活场域出发,去发现可利用的现实事件或问题,并在此基础上检视其是否蕴含相关单元知识的运用过程,由此确立符合目标要求的项目原型,并以指向核心素养生成的"学以致用"为依据,进而转化为适合学生参与的项目。

驱动性问题的产生是项目的起点,产生于学生的校园生活、社区活动等熟悉的场景,来自学生的生活经验、生活思考。此时教师应对学科教材和知识构架有整体把握,明确项目目标,确立本质问题。开展三年级项目化学习"和'乘法'一起桌游"时,在驱动性问题的设计上花了不少工夫。首先,知识层面上明确该项目的核心知识,即复习"用一位数乘"的知识;其次,生活层面上说明项目的主要内容,即设计一个桌游;再其次,驱动性问题要结合知识、生活,即用所学的乘法知识设计一个桌面游戏;最后,润色语言,使得驱动性问题快速吸引学生的注意力,最终驱动问题是:如何设计一个风靡锦绣的与"一位数乘"有关的数学桌面游戏?实践发现,这样一个有趣的驱动问题能在短时间内激发学生的学习热情,学生们当堂就展开了讨论,能力较强的小组自主开展了后续的学习活动。同时,项目名称设计不可马虎,再三斟酌后,确定为"和'乘法'一起桌游"。学生把"乘法"视作一位学习伙伴,他们彼此了解,一同玩桌游,悄然间知识与生活联系了起来。

3.1.2 走到学生中,倾听他们

项目化学习强调学生的积极参与和自主学习。学生不仅是知识的接收者,还是问题解决者和项目参与者。教育者的角色是引导和支持学生,而不是传授知识。学生应该有机会选择项目主题、制定解决方案,以及在项目中负责不同任务。这种参与度可以提高学生的动机和责任感,有助于学习的深入发展。

有趣的探究问题从哪来?经过多次项目化学习的实践,笔者发现必须来自学生。驱动性问题关键在"驱动",要满足持续地"驱动",这个问题必须是有趣

的、贴近学生生活的,并能让学生感兴趣且不怕困难去研究的,由此学习才能自主发生。以下有几个例子:"锦绣城堡我来建""我是出卷人""和'乘法'一起桌游""合理收纳防疫物资"。通过阅读这些问题,我们可以发现,"和'乘法'一起桌游""我是出卷人"在表述上比较吸引学生,因为既生动,又贴近学生生活;而"锦绣城堡我来建"虽然听着童趣,不过离学生生活过远,并不能一下子吸引学生;"合理收纳防疫物资"虽然来源于学生的生活,但表述不够吸引人。

综上所述,要找到有趣的探究问题,教师要走到学生当中,跨越代沟,了解他们的爱好,倾听他们的发现和思考。

3.2 帮助学生顺利开展项目:重视项目启动,参与项目过程

小学生知识积累、合作能力、解决问题的能力都是有限的,教师的帮助至关重要。为了项目顺利开展,如果帮太多,为学生全部设计好,并安排每一个环节的活动,那仅仅是完成了一个项目,学习并没有发生,就不是项目化学习了。教师可以从以下两个方面帮助学生。

3.2.1 项目启动,引导学生自主思考

项目启动不是随意的,根据小学生的年龄特点和学习能力,项目启动应该是正式的,需要一定的仪式感,这样才能激发小学生探究的欲望。经过实践发现,在项目启动的时候,教师可以引导学生天马行空地思考,也可以组织学生进行讨论,切记不能想着掌控全场,那样就与项目化学习的初衷背道而驰了。项目化学习打破了这种先指导再探究的模式,其典型特征是将指导和支持转化成学习支架,伴随在驱动性问题的解决进程中。如 Hmelo-Silver et al.(2006;2007)所言,PBL 秉持了科学探究的传统,注重理性思辨和合作支持性的探索,通过广泛使用脚手架和教师支持,减轻学生的认知负担,从而支持学生在复杂领域中的学习。项目化学习区别于传统学习,教师给予学生的不是结论,而是得到结论的学习支架。

在五年级项目化学习"合理收纳防疫物资"中,项目启动后笔者并未直接给予学生具体的研究步骤,而是鼓励学生观察、思考,在下次课上分享自己的想法。课堂实践证明这种做法是有效的,在驱动问题"疫情期间囤积较多物资,如何科学合理收纳?"引导下,学生们自主思考、研究,并能说明需要解决的问题以及对应的解决方案,同时提出困惑。于是,第二节课上学生归纳总结出了三个子问题:(1)家里需要收纳哪些物资?有多少量的物资?(2)在收纳时,要考虑哪些方面?从哪些方面做规划?(3)根据家里具体情况,预计会遇到什么问题?就以上

问题思考解决方案。子问题都是学生经历观察记录、尝试操作后提出的。这时结合子问题,教师就可顺水推舟进行指导并提供学习支架。

3.2.2 关注过程,适当、适时给予帮助

1) 遇到困难时的帮助建议

为了让学习真正发生,项目化学习应该与实际问题和现实世界相关。项目主题应该具有实际价值,让学生看到他们的工作如何影响社会和环境。学生应该有机会与真实世界的利益相关者互动,如行业专业人士、社区成员或政府机构。这不仅让学习更有意义,也激发了学生的学习兴趣和动机。

在教学实践中,笔者发现有时候学生面对失败无从下手,但为了让学生避免失败而由教师设计得井井有条反而抹杀了学习的萌芽。项目化学习除了培养学科核心素养之外,也是对学生的人格培养,其中遇到的"困难"好比成功的垫脚石,可以让学生在失败中成就更好的自己。得益于小组合作的形式,学生之间的鼓励和帮助将是突破困难的金钥匙。项目化学习的本质目的是促进学生的长期学习,实现学校所学与真实情境之间的"远迁移"。为了这样的目的,项目化学习要在一定程度上摆脱"有效成功"中过早给予高支架的方式,走向有效失败。融入了"有效失败"的项目化学习的典型特征就是教师在驱动性问题、子问题的破解上,在核心知识上的支持和指导时机是相对推迟的。

五年级项目化学习"合理收纳防疫物资"过程中,学生经历了多种多样的困难。困难发生后,教师不用着急,先倾听学生的困难与初步解决方案,对应地给出学习支架;如遇到学生束手无策的问题,也不用急着给答案,可以先组织学生小组讨论,经过讨论得出学习支架。该项目化学习中,学生先提出问题,再分组讨论;尝试解决,反馈结果,再次讨论。经历了三次课堂讨论,笔者将学生的学习过程做了记录,如表1所示。

表1 防疫物资储存收纳方案

防疫物资名称	量	考虑方面	预计会遇到的问题	初步解决方案
口罩	2—3个无纺布袋	(箱子)顺序、类型、拿取方便	纸箱大小与桌子不匹配	重新制作合适的纸箱测量长、宽、高(考虑箱子内物品不倒)
防护服	3套	(盒子)储藏室	选择哪个盒子?	考虑盒子容积与物资总体积相同与否?

（续表）

防疫物资名称	量	考虑方面	预计会遇到的问题	初步解决方案
抗原试剂	30多个	量、家人自测方便	量多、根据家庭人数3人一盒	用密封袋收纳 一个盒子装多少袋？ 考虑盒子的容积与物品的体积
蔬菜	3大盒，根据每日购买需要	（冰箱）新鲜程度、食用顺序	冰箱不够用	用保温冰袋暂时储存
意面、披萨	意面2盒 披萨2盒（扇形）	（冰箱、桌下收纳）人员、存储条件	储存条件不同	意面从盒装变进收纳盒，放桌下（容积） 披萨放冰箱（考虑占有空间）
各种吃的、物资等	几大箱 取舍，留急需、重要物资	需求	空间不够 急需、重要物资另用应急柜子储藏	暂时不用的物资转移 购置新柜子进行收纳，收纳过程需考虑物资体积与柜子的容积、物品的摆放次序、拿取的便利性……

学生先在"失败"中总结问题所在，再通过查阅资料、操作探究、合作讨论获得解决方案并实施，一步步解决子问题，最终获得成功。教师在项目活动中要有颗容错心，应该让学生经历困难，并观察他们如何克服困难。只有学生经历解决问题的过程后，教师再给予指导和鼓励，学习效果才会显著。经历项目化学习，学生收获的不仅是知识，更多是解决问题、人际交往、承受挫折的能力，从而实现项目化学习的育人目标。

2）项目进行中的帮助建议

支持学生"像专家一样思考与实践"是高质量项目化学习的典型特征。而如何支持学生经历这一过程，包含一般性探究和领域性探究两个维度。从一般性探究角度看，项目化学习的本质是问题解决。从领域性探究角度看，领域专家解决问题的思路和方法是有差异的。为此，这一部分的支持至少有三层含义：首先，要"创建各种条件使得学生能够像专家一样掌握并精通学科知识"，尤其是结构化、网络化的知识支持。其次，支持还应聚焦将这一学科的思想方法、学科实践转化到项目的子问题和实施过程中。教师应该从促进探究、评估知识习得、深化概念理解这三个方面进行帮助。同时由于学生出现的困难多种多样，教师的指导也应是多元化的。经过实践总结,首先,教师要从心理上鼓励学生完成探究,这是最基本的;其次,认真地进行前期、中期、末期反馈,营造轻松的探究环境,全面了解各组的进度;再其次,针对能力较强的组单独指导,引导产生高阶思维。

3.3 记录正在发生的学习:关注项目评价,构建评价体系

3.3.1 看整体,定好评价目标

及时的反馈和评估是确保学习真正发生的关键。教育者应该为学生提供机会在项目中反思和调整他们的工作。定期的评估可以帮助学生了解他们的进展,并确定需要改进的领域。教育者还应该采用多种评估方法,如自我评价、同伴评价和教师评价,以获取全面的反馈。结合《义务教育课程方案和课程标准(2022年版)》提出的小学数学核心素养"会用数学的眼光观察现实世界、会用数学的思维思考现实世界、会用数学的语言表达现实世界",项目化学习的评价可以把核心素养融入,将核心素养转化为项目化学习的评价目标。这里要提出的是项目化学习目标与评价应是相辅相成的。在具体转化中,项目化学习的评价目标有两种表述方式:一种是分散型的表述,对每一种重要目标分别阐述;另一种是整合型的表述,将大概念、核心知识等整合成统整的表述。两种表述方式均可,无论评价形式如何,都得保证评价目标是清晰可测的。在三年级的项目化学习"和'乘法'一起桌游"中,笔者设计了一份评价目标,分散型、整合型的表述均可,如表 2 所示。

表 2 "和'乘法'一起桌游"项目中分散与整合的评价目标

分散型的目标表述:				
跨学科大概念	学科核心概念	知识与技能	科学实践	学习实践
学与玩:趣味且系统地梳理"多位数与一位数乘"的知识要点	算与理:理解两位数乘法的算理并梳理该单元知识点	能正确计算两位数的乘法;有一定的绘画审美能力;能制定较为合理的游戏规则	测试与修正:游戏测试中修正、提升	公开报告:清晰表述观点;让自己的游戏拥有更多的玩家
整合型的目标表述: 系统地梳理"多位数与一位数"相乘的知识要点,设计一个公平且有趣的桌面游戏,并争取获得更多的玩家				

以上评价目标中,系统地梳理知识要点对应"会用数学的眼光观察现实世界",即将所学知识与现实情境连接,评价能否从数学的角度审视和分析现实问题;制定合理的游戏规则并完成桌游对应"会用数学的思维思考现实世界",即运用数学思维解决问题,评价是否能从多个角度思考并合理规划游戏;通过演讲让自己的游戏拥有更多玩家对应"会用数学的语言表达现实世界",即数学语言的表达,评价是否能将复杂的数学概念用简洁明了的方式传达给大家。

3.3.2 看局部,确定评价维度

项目化学习是一个充满变化与惊喜的学习过程,教师无法从单一的知识角度,也不能独断地用结果来评价,更合理的是给予表现性评价。表现性评价的前提是目标清晰并且可测、可评。因此,项目化学习中的目标定位要十分明确,不能过于笼统,也不能面面俱到,建议以核心素养为导向,结合本项目涉及的学科课程标准或者着重培养的关键技能和高阶思维,撰写3—6条可测、可评的目标,将知识、技能与情感、态度整合起来叙写,强调"做"的方面。

以目标为导向,一个符合课标的表现性评价能有效评估学生在该项目化学习中的成长。就三年级的项目化学习"和'乘法'一起桌游",笔者根据目标制定了评价的维度,如表3所示。

表3 "和'乘法'一起桌游"项目评价维度

知识技能维度	学习过程维度	情感与价值观维度
计算能力、绘画能力	合作学习能力、沟通交流能力、探究思考能力、提出问题的能力	完成的喜悦、学习兴趣

从不同的维度评价学生的表现,不只聚焦知识层面,经过实践证明,学生更容易通过表现性评价了解自己在团队中的表现。

3.3.3 看学情,做好评价量表

针对小学生的喜好与兴趣点,让评价作为项目化学习中的重要一环,让学生真切总结自身成长,教师反思教学点滴。学生是否真的可以在项目化学习中发展核心素养?评价在这个问题上至少起到两个作用:第一,评价产生了可靠的证据来描述和刻画学生在项目化学习中的成长;第二,评价本身就是促进学生反思与深化学习,优化教师教学的载体。指向素养的评价与学生深度学习和探索的过程具有一致性。笔者在三年级的项目化学习"和'乘法'一起桌游"中,设计了一份评价学习单,如图 1 所示。

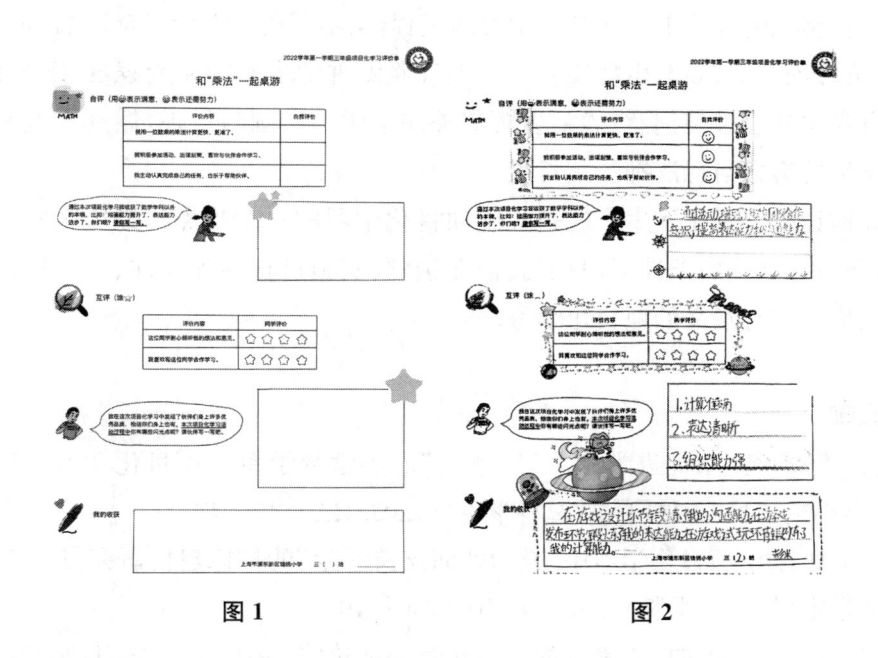

图 1　　　　　　　　　　图 2

该评价学习单评价主体是学生,评价形式为自评和互评。在自评中着重评价学生知识的掌握与合作学习的能力,并要求学生回顾整个项目化学习过程,总结自己不同方面的进步。在互评中注重团队合作能力的评价,并要求学生发现同伴身上的闪光点,用发展的眼光观察同伴。在设计上融入卡通的元素、课本里的学习小伙伴,试着用漫画的表达形式营造轻松的评价环境。同时,课堂实践说明,自评更能促进学生自我反思,互评有助于学生之间的团结和共同进步。此项目化评价单学生完成得既积极,内容又充实,能够清楚地看到他们的收获。如图 2 所示。

3.4　肯定每一次学习的发生:尊重学生想法,鼓励学生思考

项目化学习是一个不断发展的领域,教育者应该持续改进和创新教学方法。借助教育技术和数字工具,可以更好地支持项目的设计和管理。教育者还应该积极参与教育研究,以了解最新的最佳实践和教育趋势,并将其应用到项目化学习中。人们常说,静待花开。的确,项目化学习需要教师耐心、细心地呵护项目的开展。尊重学生的每一个想法,引导他们进一步思考;鼓励学生努力思考,肯定他们的每一点进步,让学习真正地发生在每一个项目化学习中。项目化学习

"和'乘法'一起桌游"评价环节除了自评与互评,还有年级的投票活动以及颁奖活动。在奖项的设置上关注学生学习的过程,从不同角度设计了奖项名:最佳人气奖、缤纷创意奖、妙笔生辉奖。最佳人气奖侧重学生间的喜爱程度,缤纷创意奖注重学生的思维与创意,妙笔生辉奖关注学生的绘画与呈现,做到人人有奖,每位学生的努力与想法都受到肯定。

如何让学习真正发生?这是实施项目化学习的一个难点。经历多次实践、反思,在目标准确的条件下,只要我们在选题、实施过程多加关注、注重评价等,就能完成一个有意义的项目化学习。

参考文献:

[1] 熊姿,李茜.促进学生"学以致用"的小学数学单元项目化学习设计:以"我是小小预算员"为例[J].教育科学论坛,2023(22):45—47.

[2] 夏雪梅.项目化学习中"教师如何支持学生"的指标建构研究[J].华东师范大学学报(教育科学版),2023,41(08):90—102.

[3] 夏雪梅.指向核心素养的项目化学习评价[J].中国教育学刊,2022(09):50—57.

[4] 蔡文艺.项目化学习中表现性评价的运用研究[J].上海教育科研,2022(12):62—66.

[5] 中华人民共和国教育部.义务教育课程方案和课程标准(2022年版)[M].北京:北京师范大学出版社,2022.

To be a clothes designer 成为一名服装设计师
——3BM2U3 Clothes 跨学科项目化学习案例

袁怡婷

1 项目背景

《义务教育英语课程标准(2022年版)》要求英语教学应着力提升学生的思维品质,使学生能够在语言学习中发展思维,在思维发展中推进语言学习。我们经常说要通过英语教学提高学生的思维能力,但是学生的思维能力是否真的提高了?学生的语言学习是否真的发生了?这是值得反思的问题。李会民、代建军指出,项目化学习的开展能够促进学生深度参与教学,发展学生的高阶思维能力。因此,作为教师,我们可以尝试通过项目化教学,以驱动性问题为抓手,促进学生思维品质的提升,让学生敢说、愿意说,真正在英语课堂中做到"善"思而"厚"言。

而本项目实施期间适逢线上教学期间,师生在线上进行学习虽然不能碰面,但同学们对于项目化学习的兴趣却丝毫不减。那么在这样的环境下,教师及时调整驱动性问题,除了大环境下的环保主题,加入容易适合疫情初期的服装设计的理念。

2 知识内容

2.1 相关学科所涉及的主要知识点

3BM2的模块教学主题是My favourite things(我最喜欢的事物),分别围绕Animals(动物)、Toys(玩具)、Clothes(服饰)这三个互有联系又相对独立的单元而展开,涉及的都是学生相对熟悉的动物、玩具与服饰名称等。

第3单元的学习主题是Clothes(服饰)。通过本单元学习,学生能学习、感知与运用常见的秋冬季服饰,如:hat, scarf, jacket, a pair of gloves, a pair of socks, a pair of shoes 等,能运用What are these/those? They're…问答与描述服饰;在此过程中,注意服饰的多样、服饰的季节特征与性别特征。本模块从学生的实际生活出发,关注其喜欢看的动物、喜欢玩的玩具以及喜欢穿的衣物;在此过程中，帮助学生学会观察、学会描述，能逐步感受生活中的点滴、感受对于周遭事物的喜好、感受生活中的快乐，从而感受生活元素的丰富与多样。

美术：艺术设计、色彩基础知识等

科学：防疫相关科学知识等

道法：防疫隔离生活

2.2　跨学科若干关键概念

1）学生居家隔离生活的意义（居家舒适度）。

2）环保的概念以及艺术设计审美等。

3）科学防疫需要哪些必要的服饰？服饰的安全性以及其主要意义。

3　学习目标

3.1　核心知识

基于牛津英语 3B Module 2 My favourite things 模块内容中 Clothes 单元

3.2　核心能力

调查能力：在参与项目的过程中，通过对现在生活的思考和感悟设计和整理出所需要调查的问题，比如在居家时间观看新闻以及观察周遭生活收集信息。

资料收集能力：在过程中，能对一些客观问题进行深入的理解和研究，通过不同渠道（如书本，上网等）收集和搜索资料。

分析问题能力：在过程中，对搜集的资料进行科学的分析，并且提出改善和优化的能力。

思维逻辑能力：在过程中，能对事物进行观察、比较、分析、综合、抽象、概括、判断、推理的能力，采用科学的逻辑方法，准确而有条理地表达自己思维过程。

3.3　核心价值

1）在项目化学习的过程中，培养学生清晰的逻辑思维能力，准确并且清晰地表达自己的思考过程以及思考结果。

2）在制作过程中，同时锻炼了学生的艺术审美以及动手能力。

4　项目推进

4.1　基本要素

项目名称：To be a clothes designer 成为一名服装设计师

本质问题：

What is the best clothes for nowadays?

如今最好的衣服什么？

驱动性问题：

Can you be a clothes designer to make the clothes for people during the beginning of the Covid-19?

处在新冠初期，你能成为服装设计师为大家设计合适的出门服装吗？

预习核检单：

因为同学们通常是消费者的角度，那么如果作为一名服装设计师，首先当然要了解服装的材质材料，以及不同材料的功能性和适合的场景。那么让同学们自行进行预习这些基础信息就非常必要了，详见图1。

About the materials of clothes

Name：_____ Class：_____ No.：_____

Materials' list		
the materials of clothes	Function（功能）	Suitable scenarios（合适的场景）
		environmental protection
		epidemic prevention
		coldness
		hotness
		sports

图 1　预习核检单

4.2 实施过程

4.2.1 项目进程

入项活动（创设情境、梳理问题、找准症结）→阅读交流（理解、时间、反思、重构）→活动策划（海报设计、资料收集、调查分析）→形成结果（设计衣服、制作海报、制作幻灯片）→总结展示（班级展示）

4.2.2 情境创设

如今我们都居家学习，也需要配合进行核酸检测。学习了 Module 2 之后我们也了解了不同的服装，知道如何表达自己所喜爱的服饰。

4.2.3 集体讨论

你觉得现在的居家生活如何？对于防疫或居家服饰有什么想法？了解了防疫所需要的必备服饰（mask 等），同时提出如今物资是需要珍惜的，提出环保概念，可以设计适合核酸检测的既环保又美观的服饰吗？或者思考适合居家的服饰（从舒适度，运动性，安全性等多方面考虑）。

4.2.4 讨论交流

教师启发学生，指导学生把握主题的科学性和可行性、判断项目的价值，针对学生收集的资料提出建设性意见。

每位同学在充分思考的基础上确定拟选择的研究项目并明确需要完成的任务；学生思考项目研究的途径、方法，教师进行指导。

4.2.5 制定过程内容、汇总收集资料设计海报

1) 学生在思考以及教师的指导下完成海报的设计。

2) 教师指导学生对于收集的数据或资料如何进行可视化的呈现。

3) 初步在班级内讨论服饰设计方案以及后续问题的跟进和修改。

4.2.6 形成总结、设计海报或其他成品以及文字

运用美术学科的知识，完成海报的设计（或其他成品）以及观点的说明。

展示交流：班级内进行成品——海报、设计服装（自己的或娃娃的）、vlog 等展示交流并进行评价和评选。

Period1：学习服饰的季节性（通过学习不同季节的不同服饰，感受服饰不同的季节性，并且能够表达）

作业：自编一首季节服饰歌曲并且查阅资料完成学习单（服装材料）

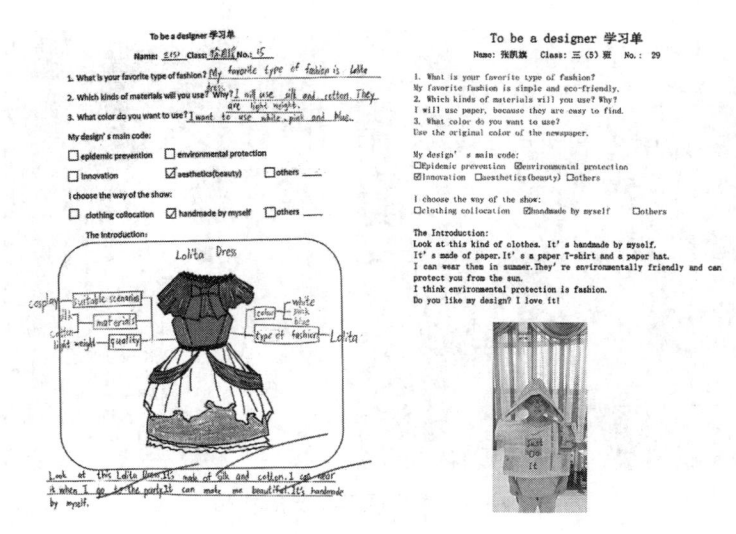

图 2、图 3　学生的学习单展示

Period2：材料以及其场景

分享前一天的预习作业单并学习服饰材料以及其所适合的场景条件

作业：完成第二份学习单（确定自己的设计方向）

Period3：制定过程内容、汇总收集资料设计海报

作业：动手制作自己的作品（形式不限）

Period4：形成总结、设计海报或其他成品以及文字。

运用美术学科的知识，完成海报的设计（或其他成品）以及观点的说明。

4.2.7　展示交流

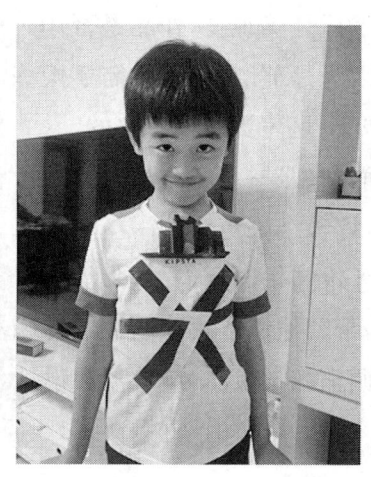

图 4—8　学生展示自己的作品

4.2.8　评价理念

采用多元化评价对项目化学习进行评价是一种全面且深入的方法，能够充分反映学生在项目化学习过程中的表现和能力发展。

首先，要考察学生的能力发展，将是否可以解决问题作为考察内容，聚焦应用、关注能力、把握学生运用知识的过程。

其次，对于学生作品的评价从理念性、美观度，介绍时间以及学生展示时的语音呈现几个角度出发。

从理念性出发，考察学生在设计时是否考虑到了一些环保创新的理念，或者根据疫情初期的特殊因素，结合防疫要求进行设计。

然后是美观度，作品是否让人喜欢，精致抓人眼球也是其中一个考虑因素。

因为是英语学科，也需要操练学生的口头表达能力，表达是否自然，是否简明扼要也是需要进行考察的。

而学生进行互评投票点评，让整体评价更为多元且可以有与老师所不同的观点，评价结果更为公平。

评价结果的反馈是多元化评价的关键环节。教师应及时将评价结果反馈给学生，帮助他们了解自己的学习情况，明确改进方向。同时，教师还应根据评价结果调整教学策略，优化项目设计，提高教学效果。

表 1　学生互评表

评价项 展示者	理念性(环保性、防疫安全性、创新性)	美观度(作品精致度、成品丰富性、抓人眼球)	时间把控(控制在 3 分钟内呈现,简明扼要)	表达呈现(语言顺畅自然,让人印象深刻)
以上均为(A—D等地评价)				

5　项目反思

在居家学习期间,英语项目化的实施面临了前所未有的挑战。由于线上教学的限制,传统的面对面交流和合作变得困难,学生的参与度和学习动力也受到影响。然而,这种困境也为我们带来了机遇。我们不得不寻找新的教学方法和工具,以适应线上教学的环境。通过探索和实践,我们逐渐掌握了线上项目化学习的特点和规律,为今后的教学积累了宝贵的经验。

学生的学习效果是我们最为关注的问题之一。通过项目化学习,我们试图让学生在实践中提高英语应用能力,但在实际操作中,我们发现学生的学习效果参差不齐。有的学生能够积极参与项目,取得显著进步;而有的学生则因为各种原因无法跟上进度。这让我们认识到,在项目化学习中,我们需要更加关注学生的学习需求和个体差异,提供个性化的指导和支持。同时,我们还需要完善评价方式,确保评价能够真实反映学生的学习成果。

居家学习期间,教师的角色发生了显著的变化。我们不再只是知识的传授者,而是成了学生学习过程中的引导者和合作者。在项目化学习中,我们需要引导学生发现问题、解决问题,帮助他们建立自主学习的意识和能力。这种角色的转变对我们来说是一个挑战,但也是一个成长的机会。通过不断学习和实践,我们逐渐适应了这种新的角色定位,为学生的学习提供了更好的支持。

技术成了我们教学的重要支撑。通过线上教学平台、协作工具等技术的应用,我们实现了远程教学和合作学习。然而,在实际运用中,我们也发现了一些问题。例如,技术的稳定性和安全性需要得到更好的保障;学生的学习习惯和能力也需要得到培养和提高。因此,我们需要进一步反思和改进技术的运用方式,使其更好地服务于教学和学习。

  而如今,我们已经回归了课堂,可以面对面和学生进行交流,相信这一次特殊的项目化学习经历也是教师与学生宝贵的经验!

核心素养导向下的小学科学项目化学习评价实践与反思

谭建英

摘要：项目化学习评价指向核心素养，目的是提升项目化学习实施的质量，促进学生的成长。小学科学学科项目化学习评价的依据、评价的内容、评价的主体是什么？小学科学学科项目化学习评价的框架如何？本文在小学科学项目化实践的基础上，围绕这两个问题进行阐述，对小学科学项目化学习评价依据、评价内容、评价主体进行梳理，形成了3个维度，8个一级指标和27个二级指标的评价框架。

关键词：核心素养；项目化学习；小学科学；学习评价

《义务教育科学课程标准（2022年版）》强调："以课程目标和学业质量标准为依据，构建素养导向的综合评价体系，发挥评价与考试的导向功能、诊断功能和教学改进功能。"项目化学习作为培养素养的一种手段，强调在真实的环境中解决复杂的问题，超越了学科之间的界限，突出项目成员之间的探究与合作，设计对学生具有挑战的学习任务，关注项目学习成果与学习评价。

学生的核心素养是否在项目化学习中得到了发展？项目化学习评价就显得尤为重要。一是在项目化学习的评价过程中，评价可以作为证据描述学生在项目化学习中成长；二是项目化学习评价的目的就是促进学生的学习，优化教师的教学。核心素养导向下的项目化学习评价和学生的深度学习、探索具有一致的指向性。但是，现有的文献中，从核心素养的角度对项目化学习评价进行探讨的文献非常少。

新版课程标准提出，每一个学科要有10%的时间组织学生进行项目化学习实践。基于此，项目化学习在中小学课堂得到推进。但对于项目化学习应该评价什么，如何进行评价，谁来评价等还如雾里看花水中望月，不甚明晰。本文以笔者四次小学科学学科项目化学习评价的实践为例,并基于此勾勒出核心素养导向下的小学科学学科项目化学习评价的框架。

1 核心素养导向下的小学科学项目化学习评价依据

素养目标是面向未来的育人目标,指向学生的综合素质和综合能力。项目化学习将指向核心素养的目标落实到一个个项目中,在设计项目化学习评价时要以核心素养为导向。因此,要厘清新课程背景下的核心素养是什么,才能够将抽象的核心素养目标具化为项目化学习的评价目标。

1.1 小学科学课程标准中的核心素养

义务教育课程主导立德树人,遵循教育规律和学生身心发展规律,突出全纳性、全面性和基础性,发展素质教育,培养时代新人,为全面建成社会主义现代化强国,实现中华民族伟大复兴奠定人才基础。《义务教育科学课程标准(2022年版)》"聚焦核心素养,面向未来""坚持素养导向,体现育人为本",将核心素养凝练为科学观念、科学思维、探究实践和态度责任四个维度。这四个维度相互依存,共同构成完整的体系,体现科学课程的育人价值。

小学科学课程标准中的核心素养有以下几个关键特征:第一,统整性。科学观念、科学思维、探究实践和态度责任四个维度的素养是学生在科学实践活动中积累、建构并通过真实的情境表现出来的。第二,迁移性。科学观念、科学思维、探究实践和态度责任指向的是知识世界向真实世界持续长久的迁移。第三,进阶性。不同的年段,学生的科学观念、科学思维、探究实践和态度责任要求不一样,而前一个学段是后一个学段的基础。表1体现了科学素养的统整性、迁移性和进阶性。

表 1 "科学观念"维度核心素养特征

学段	核心素养特征
1—2年级	知道自然界的事物有一定的外在特征,能在教师指导下,观察和描述日常生活中的常见现象。
3—4年级	知道自然现象是有规律的,能在教师引导下,使用所学的科学知识描述并解释常见现象的外在特征。
5—6年级	知道自然规律是可以被认识的,能利用所学知识描述现象的变化过程,并初步解释现象发生的原因;能利用所学知识解决简单的科学问题。

1.2 小学科学学科核心素养的基本结构

核心素养培养学生逐步形成适应个人终身发展和社会发展需求的必备品格和关键能力。核心素养指向学生的发展过程，是学生知识技能、人生观、世界观、价值观等多方面需求的综合体。它兼备稳定性与发展性，伴随终身可持续发展。核心素养以大概念为指引，整合学科概念、知识能力去探究真实的世界，形成可以迁移的能力和理解的本质。夏雪梅博士澄清了核心素养的基本结构，包括大概念、知识与技能、学科实践、21世纪技能和态度与价值观，每类学科课程至少包括2—3个维度，有些课程甚至包含了所有的维度。

小学科学课程从科学课程角度将核心素养凝练为科学观念、科学思维、探究实践和态度责任四个维度，要培养的学生核心素养四个维度之间的关系如图1所示。科学观念是核心素养的基础；科学思维是关键能力，是素养核心；探究实践是关键能力，是主要途径；态度责任是必备品格，体现素养的方向性。核心素养的四个维度相互依存，有发展性和阶段性。《义务教育科学课程标准（2022年版）》将理论层面的核心素养落到实践层面。

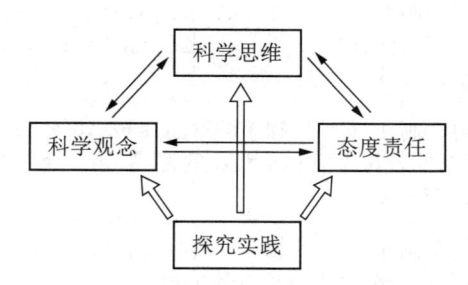

图1 核心素养的四个维度之间的关系

1.3 核心素养目标到项目化学习目标

项目化学习从1557年诞生开始，学习目标一直在发生改变。刚开始的项目化学习是一种实践样态，目标仅仅是作为理论知识的补充。进入到21世纪，项目化学习注重合作、交流、沟通等21世纪必备的技能。随着核心素养的提出，项目化学习开始关注学科核心知识。我国在项目化学习本土化的过程中，是基于课程标准，依托教材，在项目设计中引入本质问题，通过提取课程标准到单元的核心概念，建构围绕概念的知识网络，形成学科核心素养。这体现了项目化学习作为提升学生技能的教学方法到素养导向的整体转变。科学核心素养蕴含在项目化学习的目标设计中，如表2所示。

表2　小学科学核心素养与项目化学习目标的关系

科学核心素养	项目化学习目标	项目化学习设计中对应的内容
科学观念	科学核心概念	本质问题；驱动性问题/子问题中蕴含的核心概念
科学思维	科学关键能力	驱动性问题和子问题中蕴含的关键能力
探究实践	科学实践	像科学家一样思考和解决驱动性问题中的子问题、子成果和学习支架
态度责任	科学核心概念 科学实践	项目化学习课堂文化规则；驱动性问题/子问题中蕴含的态度责任价值导向

将核心素养转化为项目化学习目标，有了目标，就有了评价的依据。以下是四次项目化学习实践中的目标表述。

表3　项目化学习目标表述

项目名称	目标表述
《营养与消化》mini博物馆项目	用材料制作mini博物馆的展品，向公众展示；向公众阐述食物的营养成分与人体健康的关系，消化系统的组成及功能，引导公众及自己形成良好的饮食卫生习惯，珍爱生命，关爱他人
《地震与火山》mini博物馆项目	用材料制作mini博物馆的展品，向公众展示；向公众阐述地球的内部结构、地震与火山的成因及危害，引导公众了解发生地震与火山的自我保护方法
《生物的进化》mini博物馆项目	用材料制作mini博物馆的展品，向公众展示；向公众阐述生物的进化历程，引导公众了解远古的生物
《健康与安全》mini博物馆项目	用材料制作mini博物馆的展品，向公众展示；向公众阐述常见疾病、传染病的预防方法，疾病的治疗，吸烟、酗酒及吸毒的危害，引导公众识别常见的危险及教室发生火灾的逃生方法，形成良好的健康与安全习惯，形成社会责任感

2　核心素养导向下的小学科学项目化学习评价设计

项目化学习是在尝试与实践中不断优化的，本文所设计的项目化学习的真实情境是：在实验室有一块空白的展示区，通过和学生的沟通，想将这块空白的展示区打造成为mini博物馆。学生作为展品设计师依据不同的主题设计展品，制作展品，来参与mini博物馆的展品竞选。以下是笔者从第一次项目化学习到第四次项目化学习评价设计的迭代与变迁。项目化学习评价在迭代变迁过程不断创新,逐渐符合素养取向。

2.1 《营养与消化》项目化学习评价设计

《营养与消化》是五年级第二学期的内容,这是笔者第一次实施项目化学习。为了促进学生完成任务,教师将整个过程的评价分为四个部分:小组分工合作、知识梳理、问题解决和资料查阅。学生每完成一项任务就可以给对应任务下面的图标涂色,并在后面附上佐证材料。最后,统计小组涂色的图标数量,数量越多,表示分数越高。这是项目化评价的 1.0 版本,具体内容见图 2。

项目结束之后,教师对整个评价过程进行反思,发现这种评价方式虽然受到学生喜欢,在一定程度上促进了学生任务的完成,但是还存在以下问题:一是项目化学习过程是一个复杂的过程,教师仅将这个过程分为小组分工合作、知识梳理、问题解决和资料查阅,太过笼统单一。二是不同的小组对任务理解存在偏差,比如有的小组梳理了一个知识点,对应的评价表涂了一个图标;有的小组将这个知识点细化,分为了三个知识点,对应的评价表涂了三个图标。他们所对应的内容是差不多的,但出现了涂色图标数量的偏差,就会导致最后总分数的偏差。三是评价的主体单一。在整个过程中,是以学生自己的评价为主,自己给自己评,就会出现为了涂更多的图标得到更高的分数而虚报完成的任务,将一个任务从多个维度上报的情况。总的来说,此次评价没有达到理想的效果,是一次失败的尝试。

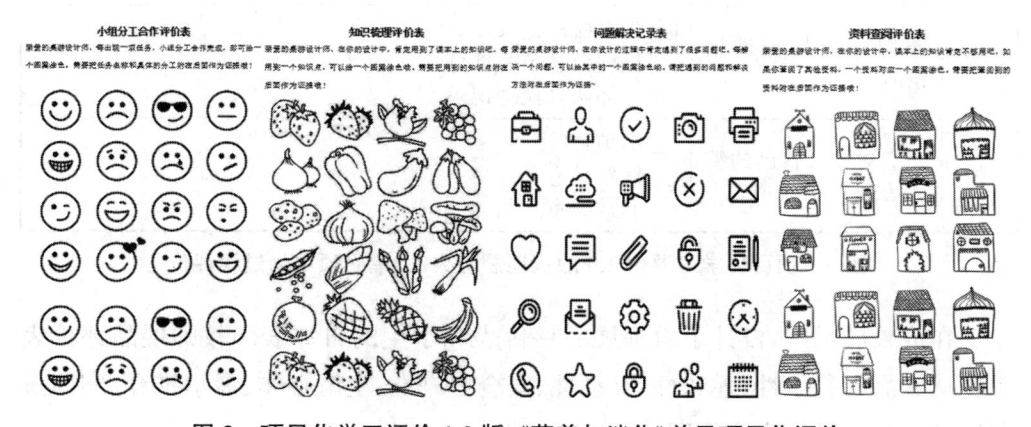

图 2 项目化学习评价 1.0 版:《营养与消化》单元项目化评价

2.2 《地震与火山》项目化学习评价设计

在第一次的基础上,开启了第二次项目化实践。这一次的主题是四年级第一学期《地震与火山》,教师将此次的项目化学习分为团队组建、展品调查、单元知识梳理、展品设计、展品制作、展品答辩几个环节。在项目实施过程中,对展品调查、单元知识梳理、展品设计设计了小组自评,部分自评图片见图3。

【小组自评区】

题号	题干	选项
1	我们在完成任务时	□ 明确此次的任务 □ 不知道要做什么
2	我们在调查过程中	□ 有明确的小组成员分工,并按照分工完成任务 □ 有小组成员分工,但是未按照分工完成任务 □ 没有明确的小组成员分工
3	我们在填写调查报告时	□ 没有记录 □ 记录了一部分 □ 全部认真记录
4	我们对小组此次任务完成的整体表现	□ 不满意 □ 比较满意 □ 非常满意

【自评区】

题号	题干	选项
1	我们在查资料时	□ 没有查 □ 查了一部分 □ 全部认真查阅
2	我们在资料梳理记录时	□ 没有梳理记录 □ 梳理记录了一部分 □ 全部认真梳理记录
3	我们对今天自己的整体表现	□ 不满意 □ 比较满意 □ 非常满意

图3 项目化学习评价2.0版:《地震与火山》单元项目化过程评价

在成果展示中,设计了教师展品评价表和学生的自评表。教师展品评价表主要从展品的科学性、趣味性、互动性、安全可靠性、小组合作、展示推介、实施过程进行评价。具体内容见图4。

mini 博物馆展品评价表

班级：_____ 组名：_____ 组员：_____

项目分数	1分	2分	3分	4分	5分
科学性	地球的内部构造和地震/火山知识点缺少，有知识性错误。	地球的内部构造和地震/火山知识点都有，有较多错误。	地球的内部构造和地震/火山知识点缺少，但无错误。	地球的内部构造和地震/火山知识点都有，知识点描述比较准确。	地球的内部构造和地震/火山知识点都有，且描述准确。
趣味性	展品凌乱，不美观，不吸引人。	展品有一定的结构，不美观，无趣。	展品美观，有趣。	展品比较美观，比较有趣。	展品非常美观，非常有趣味，非常吸引人。
互动性	展品和观众互动性差。	展品和观众互动性较差。	展品和观众互动性一般。	展品和观众互动性比较好。	展品和观众互动性非常好。
安全可靠性	展品不安全，不可靠，极易散架。	展品安全可靠性欠佳，可能会散架。	展品安全可靠性一般，形成一个整体。	展品比较安全可靠，形成一个整体。	展品非常安全可靠，形成一个整体。
小组合作	没有分工，大部分成员在做与目标无关的活动，经提醒仍推卸责任，相互埋怨。	整个项目实施过程中，分工不明确，只有少数成员在参与活动，且有相互埋怨的现象。	整个项目实施过程中，有基本的任务分工，但是未执行分工，出现没有承担任务的成员。	整个项目实施过程中，有基本的任务分工，但是执行分工不彻底，或出现少数没有承担任务的成员。	整个项目实施过程中，分工明确，各司其职，及时补台，互相帮衬。
展示推介	现场展示时，语言表达不清晰、不连贯，声音很轻。	现场展示时，语言表达不太清晰、有较多停顿，声音较轻。	现场展示时，语言表达一般，声音较轻。	现场展示时，语言表达比较清晰、连贯，声音比较洪亮。	现场展示时，语言表达清晰、连贯，声音洪亮，展示效果好。
实施过程	没有介绍项目实施过程，且过程性材料不齐全，完全没有认真记录。	没有介绍项目实施过程，且过程性材料不齐全，记录一般。	能具体地介绍项目实施过程，且过程性材料齐全，记录一般。	能比较具体地介绍项目实施过程，且过程性材料齐全，记录比较认真。	能非常具体地介绍项目实施过程，且过程性材料齐全，记录认真。
小组名称			得分		

图4 项目化学习评价2.0版：《地震与火山》单元项目化学习教师评价

以学科单元为主题的项目化学习实施的过程中,学生有没有掌握本单元的内容,达到课程标准的要求呢？在第二次项目化学习的过程中,教师加入了学生的自评部分,形成了学生的自评表。自评表主要是学习成果自评,其设计的依据是《义务教育科学课程标准(2022年版)》要求学生在本单元所掌握的内容；其次是学生对自己在整个项目化学习过程中的小组合作和总体表现的自评；最后是学生对此次项目化学习的收获和建议。具体内容见图5。

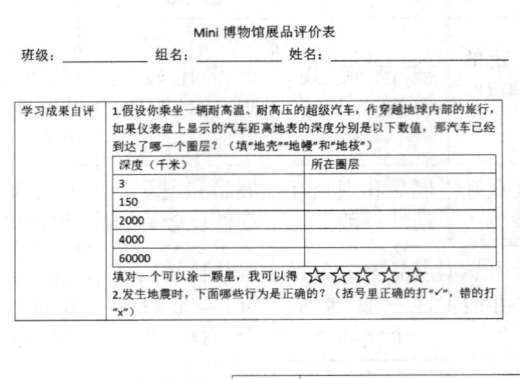

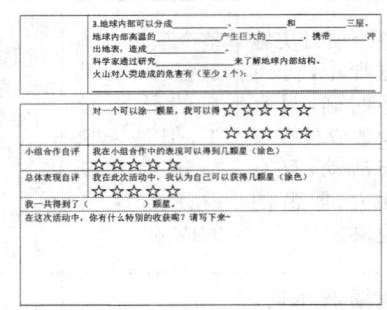

图5 项目化学习评价2.0版:《地震与火山》单元项目化学习学生评价

相比于1.0版本的项目化学习评价设计,2.0版本的更加具体。在项目实施过程中,针对每一项任务设计了小组自评表；在总结性评价中,分为教师评价和学生评价,丰富了评价方式,对评价进行了细化；评价主体由以学生为主,变为教师加学生作为评价主体。2.0版的评价方式在一定程度上激励了学生。

项目结束之后,教师就整个过程进行了反思,发现了一些问题:一是过程性评价单一,只有小组自评,并且这个自评结果是面向整个小组学生的,这就出现了有些小组成员完成任务时不太积极,组长分配的任务不配合完成,任务总是集中在某几位学生身上；二是展品的投票范围太小，mini博物馆的展品是面向全校师生的，只在班级内展示投票范围太小，如果有更大的平台，学生可能兴趣会更大。

2.3 《生物的进化》项目化学习评价设计

在前两次项目化学习评价方式的基础上，开始了第三次项目化尝试。这一次选择的单元是五年级第一学期的《生物的进化》。项目化学习环节在团队组建、展品调查、单元知识梳理、展品设计、展品制作、展品答辩的基础上，增加了大众评审的环节，展品最后面向全校师生，邀请全校师生进行投票。在过程性评价中，除了小组自评以外，增加了小组互评环节，小组成员在任务完成中按照贡献程度排序。部分过程性评价表见图6。

【自评区】

题号	题干	选项
1	我们在查资料时	□没有查 □查了一部分 □全部认真查阅
2	我们在资料梳理记录时	□没有梳理记录 □梳理记录了一部分 □全部认真梳理记录
3	我们对今天自己的整体表现	□不满意 □比较满意 □非常满意

【小组互评区】

题号	题干	排序
1	我们小组在查资料中贡献度顺序（按照贡献度排序，第一个在本任务中贡献最大，依次递减）	
2	我们小组在资料梳理记录中贡献度顺序（按照贡献度排序，第一个在本任务中贡献最大，依次递减）	
3	我们小组在此项任务中贡献度顺序（按照贡献度排序，第一个在本任务中贡献最大，依次递减）	

图6 项目化学习评价3.0版:《生物的进化》单元项目化过程评价

3.0版本的项目化学习评价包括过程性评价+总结性评价+大众评审三部分。在过程性评价中，有小组自评区和小组互评区，并且对团队组建、展品调查、单元知识梳理、展品设计、展品制作等都进行了评价。在总结性评价中，有教师评价和学生评价。教师评价聚焦于展品的科学性、趣味性、互动性、安全可靠性、小组合作、展示推介、实施过程几个维度。学生评价主要是学习成果评价，其次是小组合作和总体表现的自评，最后是学生对此次项目化学习的收获和建议。

大众评审则将展品在校园进行展示，让全校师生给这些展品投票。多维度、细化的评价方式促进了学生的学习。

项目结束之后，教师就整个过程进行了反思，也发现了一些问题：一是过程性评价中，虽然加了小组互评，但是评价的主体依旧是学生，教师在过程性评价中的作用弱化了，缺少对过程的监督，可以将教师总结性评价中的实施过程评价落实到每一个环节；二是大众评审的宣传力度不够，不是所有的班级所有的教师都参与了投票。

2.4 《健康与安全》项目化学习评价设计

在前三次的基础上，开始了第四次项目化学习的尝试。本次选择的主题是五年级第二学期《健康与安全》。项目化学习环节是团队组建、展品调查、单元知识梳理、展品设计、展品制作、展品答辩和大众评审这几个环节。4.0版本的项目化学习评价包括过程性评价＋总结性评价＋大众评审三部分。在过程性评价中，有小组自评区、小组互评区和教师评价区，并且对团队组建、展品调查、单元知识梳理、展品设计、展品制作等都进行了评价。在总结性评价中，有教师评价和学生评价。教师评价聚焦于展品的科学性、趣味性、互动性、安全可靠性、小组合作、展示推介几个维度。学生评价主要是学习成果评价，其次是小组合作和总体表现的自评，最后是学生对此次项目化学习的收获和建议。大众评审则将展品在校园进行展示，让全校师生给这些展品进行投票。在投票前，教师在科学课上对学生进行动员。

经过4次的项目化学习实践，4.0版本的项目化学习评价体系已经比较完善，形成了过程性评价＋总结性评价＋大众评审三维度的评价模式。但是也还存在一些问题，比如过程性评价和总结性评价内容还存在优化与细化的空间，评价的方式也还有丰富的空间。

3 核心素养导向下的小学科学项目化学习评价主体

项目化学习基于真实的情境，让学生作为主体解决复杂的问题，提升学生的核心素养。在项目化学习实施的过程中，多主体、多维度的评价方式促进学生的成长，让学生成为对自己的学习负责，有能力、有责任、有担当、有反思精神、有创新能力的学习者和研究者。素养视角下的项目化学习评价主体有学生、教师和社会公众，下面从三个角度对项目化学习的评价进行论述。

资料3：需要提交

【自评区】

题号	题干	选项
1	我们在查资料时	□没有查 □查了一部分 □全部认真查阅
2	我们在资料梳理记录时	□没有梳理记录 □梳理记录了一部分 □全部认真梳理记录
3	我们对今天自己的整体表现	□不满意 □比较满意 □非常满意

【小组互评区】

题号	题干	排序
1	我们小组在查资料中贡献度顺序（按照贡献度排序，第一个在本任务中贡献最大，依次递减）	
2	我们小组在资料梳理记录中贡献度顺序（按照贡献度排序，第一个在本任务中贡献最大，依次递减）	
3	我们小组在此项任务中贡献度顺序（按照贡献度排序，第一个在本任务中贡献最大，依次递减）	

【教师评价区】

题号	题干	选项
1	小组在查资料时	□没有查 □查了一部分 □全部认真查阅
2	小组在资料梳理记录时	□没有梳理记录 □梳理记录了一部分 □全部认真梳理记录
3	小组团结协作能力	□没有协作，少数人在完成任务 □有一定的协作，但是完成效率不高 □小组分工明确，协作完成任务，效率高
4	小组成员的整体表现	□不好 □比较好 □非常好

图7 项目化学习评价4.0版：《健康与安全》单元项目化过程评价

3.1 小学科学项目化学习评价学生角度

在一轮轮课程改革的浪潮中，学生从教学的参与者变成了教学的主体。近几十年来，随着评价受到越来越多的重视，学生参与的评价也受到了关注。有学者还提出评价对学生的学习心态和人格塑造很重要。在小学科学学科传统的教学中,采取的主要评价方式是给定评分规则,让学生对自己的学习情况以及同伴的学习情况评星。在实践中发现,传统的评价方式对学生学习的促进是不够的。在项目化学习实践中,核心素养视角下的项目化学习学生评价也在不断完善,具有下述特征。

其一是学生作为评价主体。在项目化学习评价中,学生不是作为被动的被评价者,而是积极主动参与到评价过程中。作为主体的评价应该是学生作为评价信息的用户,运用自定的评价语言,用学到的概念对自己和他人进行评价。笔者的项目化学习实践中,还集中在运用教师定义的语言让学生对自己和他人进行评价,随着项目化学习的开展,笔者也在思考如何优化评价内容,逐步提升学生评价主体意识。

其二是学生参与全部过程。项目化学习评价不能只是集中在某一个阶段,而要对整个过程进行评价。第一次项目化学习评价,集中在过程性评价,随着项目化学习的不断开展,形成了过程性评价、总结性评价和大众评审三个维度的评价,学生的评价贯穿在项目化学习的始终,在一定程度上促进了学生的学习。

其三是评价轻结果而重过程。传统的学习评价注重学生的学习结果,而项目化学习评价注重过程,指向学生的核心素养。笔者在项目化学习的过程性评价中,引导学生与同伴讨论完成任务,促进学生对内容的理解、新知识的建构,提升其核心素养。

3.2 小学科学项目化学习评价教师角度

一直以来,教师在学生学习中扮演的角色受到广泛关注——知识的传播者和创造者、学习的促进者、教学的设计者、家长的代言人、社会规范的象征者以及人际关系的协调者等。达尔格伦等学者认为教师在项目化学习中扮演的角色区别于传统教学中扮演的角色,教师在项目化学习中扮演支持者和指导者角色。素养导向下的项目化学习评价目的是促进学生的学习以及以学生为主题,评价的是整个过程。在这个过程中,教师的评价具有如下特征。

其一是教师评价的过程性。在项目化学习评价中,教师评价跟随项目的整个过程,笔者将项目化学习的教师评价,融合在团队组建、展品调查、单元知识梳理、展品设计、展品制作、展品答辩和大众评审的过程中,对学生完成的任务进行质量监督,促进学生的成长。

其二是教学评价的综合性。教师的评价是综合性的，不是只对一个维度进行评价，而是从多个维度进行综合评价。比如在资料查阅的时候，对任务目标、资料查阅的质量、查阅资料的梳理、资料材料的书写、小组成员的合作等多个维度进行综合性的评价，评价的维度涉及项目化学习过程的方方面面，提升项目化学习的质量。

其三是教师评价的示范性。教师在项目化学习评价的过程中，通过为学生提供各类的示范案例，引导学生关注评价规则，让学生能够使用评价规则以及好的作品案例来评价自己或者同伴的作品，促进学生成为更深层次的思考者。

3.3 小学科学项目化学习评价社会角度

本文的项目化学习选取的真实情境是将实验室的展示区打造为 mini 博物馆。既然是 mini 博物馆，学生所设计与制作的展品必定是面向社会公众的。所以，在不断优化和完善项目化学习的过程中，加入了大众评审的环节，也就是让全校师生对 mini 博物馆展品进行投票。这就是此次项目化学习评价的社会角度，具有以下特征。

一是评价的真实性。引入学校的教师和其他年级的学生作为评价的共同体。让学生明白 mini 博物馆展品不是给教师一个人看，而是会对周围的同伴产生影响，从而促进学生的项目化学习，提升学生的核心素养。

二是评价的公开性。项目化学习的成果，第一次公开评价是在班级内部的公开展示，在公开展示的过程中，会经历学生提问、最终完善展品。在班级公开展示之后，最后在全校范围内投票。公开的评价方式，促进项目化学习成果的优化，给学生完善作品提供动力。

4 核心素养导向下的小学科学项目化学习评价框架

项目化学习作为提升学生素养的途径之一，评价方式和评价标准要符合素养的总体指向。在素养评价领域，一些学者也提出了一些评价标准。比如巴特曼提出了 10 种评价框架。但是也只是从内容效度、评价真实性、复杂性等维度进行宏观的描述。

本文在核心素养的视角下，基于小学自然学科开展项目化学习实践。在实践的过程中，不断优化项目化学习评价的方式，形成了项目化学习评价的框架（见表 4）。

表 4　指向素养的小学科学项目化学习评价框架

维度	一级指标	二级指标
评价依据	素养目标	1.1　现实社会生活和工作中需要的能力 1.2　持久迁移能力 1.3　综合性，至少包括两个维度的目标
	课程目标	2.1　科学核心概念 2.2　科学思维能力 2.3　科学实践 2.4　态度和责任
评价内容	过程性评价	3.1　团队组建 3.2　展品调查 3.3　知识梳理 3.4　展品设计 3.5　展品制作
	结果性评价	4.1　科学性 4.2　趣味性 4.3　互动性 4.4　安全可靠性 4.5　展示推介
	大众评价	5.1　科学性 5.2　趣味性 5.3　互动性
评价主体	学生参与	6.1　根据评价标准进行自我评价和同伴评价 6.2　根据评价进行反思或改进
	教师支持	7.1　评价方式及内容的制定 7.2　对学生的项目化学习及时反馈 7.3　引导学生依据评价内容进行讨论和学习
	社会评审	8.1　公众参与评价 8.2　公众促进学生的学习

　　表 4 中的评价框架包含三个维度，8 个一级指标，27 个二级指标。这些评价的指标，是从多次项目化学习实践中总结与提炼而来的，刻画了小学科学素养角度下的项目化学习评价，为提升小学科学学科项目化学习的整体质量提供了参考。这一评价框架为小学科学学科的项目化学习实践者从评价依据、评价内容、评价主体 3 个维度提供依据，有助于改变小学科学学科项目化学习"无评价、乱评价"的现象，提升项目化学习的质量。当然，受限于实践案例数量，本文所陈述

的评价内容还有完善的空间,还有打磨的余地。以此抛砖引玉,稍作总结,笔者在以后的项目化学习实践中,还会不断对项目化学习评价进行探索和实践。

参考文献：

[1][5] 中华人民共和国教育部.义务教育科学课程标准[M].北京:北京师范大学出版社,2022.

[2] 于海波,毕华林,吕世虎等.新课标新在哪:义务教育课程标准(2022年版)深度解读[J].中国电化教育,2022(10):1—19.

[3] 王亚琼.以核心素养为导向的小学科学课程创新思维教育研究[C]//广东教育学会.广东教育学会2022年度学术讨论会暨第十八届广东省中小学校长论坛论文选(二).出版地不详:[出版者不详],2022:2531—2541.

[4] 夏雪梅.指向核心素养的项目化学习评价[J].中国教育学刊,2022(9):50—57.

[6] 夏雪梅.项目化学习设计:学习素养视角下的国际与本土实践[M].北京:教育科学出版社,2018:34—122.

[7] Dahlgren M A, Castensson R, Dahlgren L O. PBL from teachers' perspective[J]. Higher Education, 1998, 36(4):437—447.

[8] Baartman L K J, Bastiaens T J, Kirschner P A, et al., Evaluating assessment quality in competence-based education: A qualitative comparison of two frameworks. Educational Research Review, 2007. 2(2):114—129.

项目化学习在校园足球文化建设项目中的实践
——以足球队服设计为例

凌晓霜

1 项目简述

锦绣小学是足球特色学校,学校领导也重视足球项目,自办学以来每个年级都有自己的足球队。学校曾和可可维奇足球学校进行合作,邀请足球外教进课堂开展活动,项目合作深受喜爱足球的学生们的喜爱。对于一些运动能力薄弱的、不爱运动和不喜欢对抗性项目的学生而言,他们对足球项目就不是那么喜欢。让非足球爱好者的学生也能积极参与、体验感受足球的快乐,推动校园足球的全面发展,是本次体育学科项目化研究的愿景。

2 项目目标

2.1 校园足球文化建设的意义

在校园足球文化建设项目中,学生通过掌握的足球知识或技能去推广足球文化。学生通过组织足球相关的活动,理解或掌握足球的各种规则,能积极参加或看懂比赛,提高对足球的兴趣和参与度;通过组织足球联赛,制定科学的足球训练计划,养成积极参与足球运动的意识与习惯;通过队服设计,宣扬团队精神,提高情绪调控;通过比赛理解积极进取、奋勇拼搏、尊重他人、遵守规则、文明礼貌和正确对待胜负的重要性。在团队中,学生可以学习到如何与队友合作,如何分工协作以及有效沟通等团队能力,这将有助于培养学生的合作精神和团队意识,培养校园足球文化氛围。

2.2 跨学科核心知识与能力

1) 体育:能够身体力行地坚持练习足球的单个技术动作,掌握简单的组合动作,并能踢一场简单的比赛。

2) 美术:能结合我校特色运用所学设计出属于自己团队的足球队服,并进行展示,要求布局合理、画面美观。

　　3) 语文:在队服设计时配以设计理念稿,以及在足球联赛中啦啦队的宣传稿,要求语句通顺、富有新意、贴合我校特色。

3　挑战性问题

　　本质问题:如何丰富校园足球文化?

　　驱动性问题:2022世界杯结束了,足球的盛宴并没有结束,作为足球特色学校,我们如果举办一场"锦绣世界杯",该如何举办?

　　子问题:属于锦绣的足球队服在设计时要考虑哪些要素?

4　实施过程

4.1　在真实问题中导入

1) 唤醒学生的世界杯经历

让学生回顾刚刚结束的卡塔尔世界杯,简单说一说自己是如何知道世界杯的,印象深刻的是什么。

2) 打造"锦绣世界杯",明确任务

介绍活动背景:打造锦绣世界杯。明确学生的角色:队服设计师、球队队员、教练、裁判。项目成果:设计并让球队队员评选出最喜爱的队服,以及举办一场"锦绣世界杯"。

3) 队服设计要素

明确设计必须有独特性、舒适性。

因为此次的队服是为锦绣小学足球队队员设计,所以要结合他们球队的特色进行创作。设计团队可以陪着足球队队员训练,多了解足球队队员的特点,以及他们平时训练时的状态。在训练过程中,也可以观察、分析运动员穿着什么样的服装会更适合运动,在设计时也能充分考虑服装的舒适性问题。

4) 组建小组

组建小组,确定小组成员。

4.2　在实践中丰富知识

1) 队服设计要素

各小组成员通过课余时间,上网查阅各大足球俱乐部的球衣样式以及设计理念,并对锦绣足球队队员进行实际调查,对锦绣足球队的队服有一定的想法,完成队服设计调查报告。

在此次任务完成之后,小组成员也就本次活动进行了自我评价。

2) 水平二足球项目的知识点

运动能力:在各种游戏和比赛情境中知道足球运动的基础知识、基本技能,能说出足球的3—4个动作术语,能在运球、传球、接球、射门等足球游戏和比赛中学习和体验基本动作和简单组合动作,并在足球游戏和比赛中运用;观看8次以上足球比赛。

健康行为:在教师和家长的帮助下,能在校内外主动与伙伴一起参与足球的游戏和比赛,能与家长进行亲子足球活动;关注自己的情绪变化,主动与同伴交流分享足球活动的乐趣,在游戏比赛中能互爱互助,适应新的合作环境,知道安全合理锻炼方法,建立团队意识。

体育品德:按照游戏和规则参与形式多样的足球游戏和比赛,能在安全的情况下坚持完成所学任务,并能在游戏和比赛情境中表现出勇敢坚毅、文明礼貌、尊重裁判、尊重对手、团结协作、友好竞争的好品质。

思考:在"锦绣世界杯"中,除了运动员身份,还扮演了什么角色,明确自己角色的职责和要求。在完成表1填写时,可以自我推荐,也可以由同组学生推荐,若遇到分歧可以组内投票。

表1 小组分工表

角 色	姓 名	工作职责
教练		
队长		
队员		
器材管理员		
统计员		
队服设计		
汇报者		

4.3 注重过程,提高参与性

现代教育要求学生作为学习的主体,教师作为引导者。在此次项目化学习中,学生会遇到很多未知的个性化问题,教师会给予帮助,引导他们通过小组团队合作去找寻答案,完成共同目标。在此过程中,注重发展学生的思维能力,引导他们通过自己的实践发展创造性思维、实践性思维。这其中也为他们制作了过程性评价单。

表 2　过程性团队评价

题号	题　干	选　项
1	我们在完成任务时	□明确此次的任务 □不知道要做什么
2	我们在调查过程中	□有明确的小组分工,并按照分工完成任务 □有小组成员分工,但没有按照分工完成任务 □没有明确的小组分工
3	我对此次的任务完成	□很满意,我有参与感 □比较满意,我能和大家一起合作 □不满意

题号	题　干	选　项
1	查阅资料	□积极认真查阅 □简单地查过 □没有查
2	球队的采访	□有现场看过队员训练,并交流采访 □没有去过训练现场
3	我对此次任务的完成	□很满意,我有参与感 □比较满意,我能和大家一起合作 □不满意

题号	题　干	选　项
1	我们设计队服过程中	□有明确的小组分工,并按照分工完成任务 □有小组成员分工,但没有按照分工完成任务 □没有明确的小组分工
2	我们设计队服	□结合足球队队员的特点进行创作 □结合自己喜欢的球队进行创作 □根据自己的喜好来进行创作
3	我对此次任务的完成	□很满意,我有参与感 □比较满意,我能和大家一起合作 □不满意

4.4 形成初步成果

1）队服设计稿；

2）队服设计理念汇报文稿；

3）比赛人员名单，准备"锦绣世界杯"比赛。

图 1　队服初稿

4.5 出项

进行队服评选；开展"锦绣世界杯"比赛（淘汰赛制）；举办项目化队服设计成果展示活动。

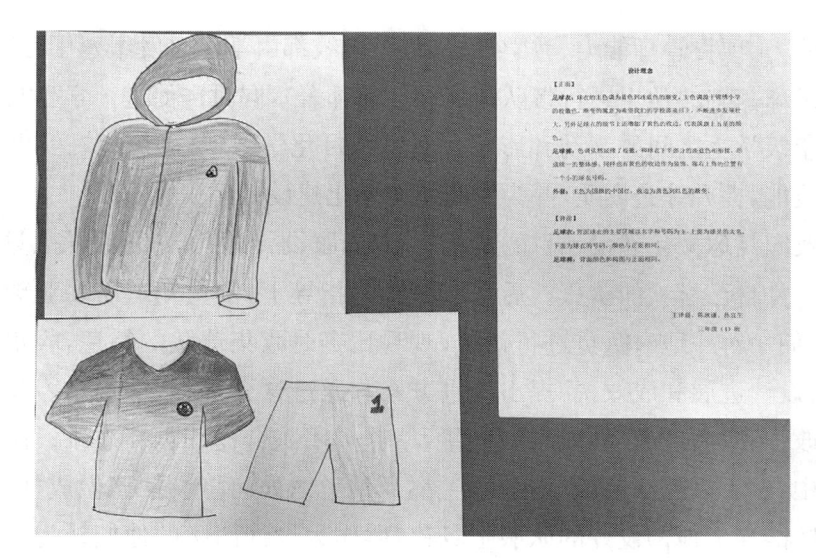

图 2、图 3　队服评选

图 4　项目化队服设计展示

5　项目反思

虽然不是每个人都能成为足球运动员，但是每个人都能热爱足球和享受足球文化。此次项目化学习在校园足球文化建设项目中的实践，培养了学生的团队合作能力、项目管理能力、教学技能（每个班级都由学生自发组建了足球队，由有一定足球基础的学生进行带队训练和作战部署），同时也促进了学生与同年级和不同年级学生之间的互动和影响。通过项目化学习，学生可以在实践中掌握知识和技能，提升综合素质，并为校园足球文化建设做出积极贡献。

在校园足球文化建设项目的实践中，以队服设计为例，一开始学生只是单纯地设计一件自己喜欢的队服。后来在教师的指导下，学生知道需要对球队进行了解，他们一对一地对队员进行访谈，观看比赛时收集球队的特色，收集反馈意见，分析设计进展和成效，并提出改进方案。通过这个过程，学生学习到在实践中不断改进和提升项目的效果和质量，培养了团队合作和创新思维。队服设计的过程中，由于兴趣浓厚，有不少学生都开始考虑如何将设计稿做成样衣，以便后续球队能穿上他们设计的队服上场比赛，作为设计团队的他们认为这是无比光荣的事情。但由于经费和时间有限，本次的队服设计最终没有落实到制作，但是这并不影响本次的足球文化活动对学生小小心灵的滋养。本次活动提升了学生对足球运动的兴趣和参与度，也为学校打造了一个积极的校园足球文化氛围，展示了项目化学习在校园足球文化建设中的实际运用和成效。作为指导老师，笔者也认为下次可以继续延伸跨学科研究，把学生喜爱的队服制作出来，鼓舞士气。校园足球文化建设需要学生不断传承，形成一种精神，让每一位锦绣学子代代相传。

综上所述，项目化学习可以让学生参与到项目的各个环节中，培养学生的组织、沟通和管理能力，同时也提供了一个实践和应用知识的平台，促进学生的综合素质和创新思维的发展。通过项目化学习，学生能够将学习到的知识和技能应用于实际情境，为校园足球文化建设做出积极的贡献。

小学体育水平一"投掷轻物"项目化学习具体策略

卢丽娟

在理论和实践的探索中,小学体育项目化学习的设计要以"小学体育兴趣化"为导向,以发展学生核心素养为目标,并结合体育与健康学科特性加以改造和创新。教师认为应具备情境、问题、方法、评价、展示5个要素。本文结合水平一"投掷轻物"教学案例阐述项目化学习的具体策略。

案例描述:教师通过创设"小小卫士保卫战"的情境导出所学内容,以问题的提出、探索和解决为主线展开教学,通过采用多样化的方法帮助学生激发兴趣,使学生投入学练之中,思考和探究问题,由易到难,层层递进。最终借助学业质量标准对学生的学习成果进行评价,实现对知识的深化与理解以及对动作的熟练与掌握。

1 情境创设,激发学习兴趣

根据水平一学生的身心特征和投掷教材的特点,创设贴近学生当下实际生活的情境——病毒当前,争做安全环保小卫士。以此增加学生学习体验,激发其学练赛的兴趣,提高其病毒防护意识以及环保意识,培养其文明、健康的行为方式,促进其投掷知识和技能的学习。

2 问题驱动,解决关键问题

驱动性问题的设计是项目化学习的前提与核心,也是整个项目设计与实施的"灵魂"。教师根据《义务教育体育与健康课程标准(2022年版)》的要求,通过钻研教材和分析学情,设置了单元问题与多个对应的关键问题,采用问题链的方式,引导学生思考、探究、解决问题,从而发展学生思考问题、探究问题以及解决问题的能力。

如，教师将核心知识"投掷的动作要领与技术动作"转化为本质问题："如何掌握投掷本领？"考虑其趣味性与挑战性，进一步转化为适合水平一学生的驱动性问题："今天我们将化身成安全环保小卫士，请问小卫士们如何用手中自制的'药丸'消灭病毒区的病毒呢？"具体到学练设计环节，先将驱动性问题分解成多个相互关联与进阶的子问题，形成问题链：怎样让"药丸"投得更远？如何砸地反弹高？一起投掷时应该保持怎样的距离？如何投进病毒区域？使用过后的"药丸"应如何回收？然后引导学生围绕这一系列问题深入思考和探究，最终解决问题。

3 方法改进，促进主动学练

在项目化学习过程中，学生是学习的主持人，学生与学生之间是互助合作的关系，教师与学生之间始终处于"主导—主体"的关系。课程标准中提到要通过改进课堂的方式方法，实现"以教为主"向"以学为主"转变，促进学生形成积极的学习动机、学习态度和学习行为。

如：教师设计完整的学习活动，将"学投掷本领、强（练）本领、赛本领"有机结合，形成丰富的运动体验；创设多种运动场景，让学生在预热战、正式保卫战的练习以及回收"药丸"的比赛中获得技能和体能的提高；采用多样化的方式方法，将示范讲解投掷动作与学生自主学练快速挥臂、合作学练和探究学练完整动作有机结合，将集体学练、分组学练和个体学练结合，引导学生自觉主动探索，自觉实践，发展解决问题的意识和能力。

4 评价先行，培育核心素养

以终为始，评价先行。评价先行是课堂教学中十分重要的环节。有效评价是促进学生达成课程目标，发展核心素养的关键。体育教师在明确驱动性问题和预期成果后，便要着力于学习评价的设计，如评价目标、内容和方法等。

如：教师围绕本学科素养和跨学科素养2个一级指标、5个二级指标和11个核心要素设置了具体的评价标准，采用师评、自评、互评的方式对学习实践与学习成果展开评价，引导学生自我反思，进一步提升技术动作，增强学习实效（表1）。

表1 投掷技术评价设计

一级指标	二级指标	核心要素	评价标准	自评	互评	师评
核心素养	运动能力	知识	能说出投掷的动作要领,知道快速挥臂和出手角度对投掷远度的影响			
		技能	能做到快速挥臂和肩上屈肘投掷的动作,并具有一定的远度			
		专项体能	能完成布置的体能练习作业			
	健康行为	社会适应	在和小伙伴的合作练习中,积极配合、互相评价			
		课堂表现	积极参与投掷动作的学习、练习和比赛、展示等活动			
		环境适应	知晓安全的学练空间,能有序参与学习活动			
	体育品德	体育道德	能按照规则和要求参与练习和比赛,表现出规则意识			
		体育精神	挑战更远距离,突破自己;在比赛中表现出团结精神			
其他素养	安全行为	安全意识	表现出积极防护病毒的意识和行为			
	环保行为	课堂表现	积极参与医疗垃圾——"药丸"的回收比赛			
		知识	知晓医疗垃圾不能随意乱扔,需回收处理			

5 成就表现,深化理解内容

"成就表现"包括知识和基本技能掌握、动作展示、比赛成绩等方面,是学习任务完成后学生学科核心素养的外显,反映了课程目标的达成度。教师应根据水平一的学业质量合格标准,明确不同阶段的具体成就表现,帮助切实提升项目化学习的效益。

如:正式防卫战的环节,教师在病毒区设置了一条具有一定高度的皮筋以及画了三条不同远度的投掷线,目的就是检验学生的学习成果——是否掌握肩上屈肘投掷以及快速挥臂。同时,在每节课的结束环节,需对本节课所学内容进行复盘,学生能够说出投掷要领,并做出投掷动作,知晓为什么是如此投掷以及如何投得更远。

  项目式学习是一种基于学科又超越学科的综合性学习。虽然强调要以学生为主体,但实施项目化学习的关键仍是教师,注重教师引导实践而不仅仅是正确地解析知识,注重跨学科育人而不是学科孤立,这些对于绝大多数小学体育教师来说,挑战巨大。所以教师们还需不断地探索和主动学习,才能理解和掌握项目化学习的具体策略,设计和实施真正的项目化学习。

教学案例

INDEX

基于阅读活动，提升表达能力的实践研究
——以"少年非常道"演说活动为例

吴 祎

【项目简述】

1. 项目性质：语文学科项目化学习

2. 年级：二年级

3. 主学科：语文

4. 项目缘起：

2016年教育部发布了《中国学生发展核心素养》。核心素养的落实，需要真正实现学习方式和教学模式的改变；需要回归到学习的本质上来。项目化学习就是体现这种学习本质的方式之一。

"少年非常道"项目是一个集家校阅读、写作、演说、社会实践、学科融合等为一体的综合演说电视展示活动。我们借助这个平台，积极参加"少年非常道"的项目化学习活动，在此过程中，提升学生在真实情境中发现问题、解决问题的能力。

5. 项目背景：

阅读与表达一直以来都是语文教学的两大主题，提升学生阅读与表达能力也是语文教师的核心教学任务。这次，我们组织学生积极参加上海市"少年非常道"的活动，它是为学生量身推荐阅读书目，将通识阅读、写作、演说、社会实践、学科融合等先进教育理念融为一体的综合性活动。学生通过阅读与思考、学习与合作，感受文字与表达的魅力，在一次次的合作经历中，提升综合能力。我们以这个活动为载体，进行项目化学习的实践与研究。

【项目目标】

1. 借助书籍阅读、资料收集等方式，学习围绕主题，进行演说稿的撰写。

2. 以小组合作的方式，用"围绕中心，分几个方面将内容说清楚"的方法，把演说稿写完整。

3. 头脑风暴,融入创造性的表达,将演说稿修改得更精彩,最终以小组演说的方式呈现。

【挑战性问题】

本质问题:

如何进行演说,才能使我的介绍吸引听众?

驱动性问题:

同学们,我们大家都很喜欢读那些有着丰富想象,又能为我们揭示神奇世界小秘密的故事,也很期待能和《神奇校车》里的卷毛老师一起,乘坐那辆可以随时变形、上天入地、穿越时空的校车,去探索一切我们有兴趣的事儿吧!那我们能不能自己也来创造这样的故事?到那时,我们就能带着身边的小朋友一起,去探索更新奇的世界呢!

【实施过程】

(一)前期准备——阅读与写作

1. 第一关:"阅读之美"

学生在暑假期间自主阅读5本组委会指定的图书——《伊索寓言》(哲学)、《小巴掌童话》(文学历史)、《神奇校车》(生命科学)、《科学全知道》(科技)、《不一样的卡梅拉》(社会学)——随后完成5篇阅读报告和1段荐书视频。对低年级学生来说,这两项任务挑战性不小,加上是在假期,所以我们采用"亲子共读"的模式来完成阅读任务。语文老师则指导学生如何撰写读书笔记,给予他们方法,随后放手让学生创造性地完成。

2. 第二关:"文字之力"

第一关全部完成并通过评审的学生,便晋级下一轮:现场限时写作。作文的命题将会和初评时的阅读书单有关,是学生完成阅读积淀后的文字迸发。我们有15位学生突出重围,从中选出9位,组成了2支队伍参加决赛。他们是:

向日葵小队:二(2)班贾子西、顾承瑶,二(3)班戴书卉、李浩泽、杨隽逸;

蜗牛小队:二(2)班查云深,二(3)班陈一菲、金彦琳、严睿涵。

(二)研究阶段——项目化学习

进入这一环节,就是进入了第三关:"思辨之明"阶段。也即开启活动终评阶段——团队协同写作+社会考察报告。即将进入项目化学习阶段。这次的主题是"大自然与我",这里的"大自然"是泛指,可以包含宇宙、动物、环境、生命科学、社会等。小组成员一起协同完成一篇考察报告,并通过团队演说展示成果。

1. 参观体验,确定研究目标,记录学习内容

(1) 初次参观:确定研究对象

学生的研究对象不是教师指定的,而是在与小队同伴一起参观、讨论交流中达成的共识。

第一次的参观,是学生对参观的博物馆或者科技馆有一个整体的感知,并且记录自己比较感兴趣的内容,随后在小组内进行交流,再确定本小组想要研究的对象。

(2) 二次参观:带着任务做探究

第二次去展馆体验,小组成员分工明确,带着任务单进行参观学习,参观过程中,做好相关的记录。同时,多元评价方式的介入,提高参观的效率。

这次的分工,是由学生自己先提议、再认领。大家对要研究的对象,先交流想要去了解它的哪些方面,随后,负责自己最感兴趣的那一两个方面,进行材料的记录与收集。当小组成员都争着要负责同一个内容的时候,就要学会协商和让步。这个过程,也是学习经历的一个很重要的部分。

2. 项目化学习过程

(1) 梳理核心问题

由于学生的年龄小,所以这次演说活动的终评要求就是:社会考察一个场所,介绍、讲解或转述看到的和听到的。

但是,项目化学习的问题应当是来自学生的真实需求。于是,等到两次参观结束,教师和研究小组的学生们聚在一起,先请他们说一说自己在这两次的参观体验过程中有些什么问题。

学生一边说,教师一边把这些问题罗列在黑板上。

接下来引导学生再次思考:这么多问题,都是要研究和做最终呈现的吗?带着这个问题,学生再次思考自己刚才提的那些问题,发现有的问题其实想表达的是同一个意思;有的问题的答案其实大家都知道,没什么吸引人的地方了;还有的问题是和我们这次要汇报的总主题关系不大的……就这样,学生一边思考一边讨论,一边删除了一些问题,留下的都是很想去研究并且在成果展示中需要表达出来的。

于是,研究蚂蚁的小队想要把这几个问题讲清楚:

蚂蚁的家族成员都有哪些?它们的分工各是怎样的?蚂蚁如何搬家?它们

为什么要打仗？它们是如何面对难题的？从蚂蚁身上，我们学到了什么？

研究恐龙的小队，则想把这几个问题讲清楚：

恐龙生存的年代是什么？它们灭绝的原因是什么？恐龙的身体结构和他们的大脑是怎样的？从恐龙的灭绝谈谈自己对环境保护、人与自然和谐相处的一些想法和倡议。

最后，教师引导学生思考：这些问题研究之后，把结果说出来，就能吸引听众了吗？学生思考、讨论后发现，虽然是围绕一个主题来研究，但是演说的结果要吸引人，还是要好好动脑筋的。于是大家定下了这次的核心问题：如何演说，才能使恐龙/蚂蚁的介绍吸引人？

就这样，在以学生为本、教师为导的梳理过程中，学生确定了自己小组的核心问题。

（2）学习运用恰当的表达方法，做好研究内容的展示

我们在课堂上，学习过"围绕中心，分几个方面将中心内容说清楚"的方法，这次就运用这个方法，将要介绍的主题内容介绍清楚。

① 每个小组成员就前面讨论好要讲清的那些问题，根据现场记录的学习内容，结合自己课后查阅的相关资料，进行分享报告的独立撰写。

② 教师提供撰写框架：

先介绍自己去的是哪个展馆。

自己介绍的这几方面内容，是按照什么顺序来组合的？

③ 激励式评价，促进学习。

希望尝试第一人称还是第三人称来撰写？为什么？

运用怎样的表达，可以更吸引读者？

表1 分享报告评价表

评价标准	自评	互评	师评
1. 能围绕中心主题展开写作	☆☆☆	☆☆☆	☆☆☆
2. 分述部分的几方面内容，组合恰当	☆☆☆	☆☆☆	☆☆☆
3. 表达具体，吸引读者	☆☆☆	☆☆☆	☆☆☆
4. 字迹工整、标点正确	☆☆☆	☆☆☆	☆☆☆
总评			

④ 探索与形成成果

● 每个小组成员将自己撰写的研究报告,以朗读的形式在组员面前呈现。组员根据写作要求进行点评。

● 小组成员一起汇总每位成员报告中的精彩部分,进行筛选、调整、重组,合成自己小组的报告。

● 根据小组报告,在家长、老师的帮助下,完成PPT的制作,以配合演说。

● 每位成员回顾、梳理自己完成这次"小小演说家"的项目化学习过程,尝试总结出学习过程的步骤与方法,并在小组内交流,最终汇总。

⑤ 评论与修订

● 两个研究小组组内对素材、表达、语言组织等,进行评价和交流。

● 教师进入项目小组内,对素材、内容之间的组合关系、语言的表达和组织等,提出修改建议。

● 根据修改建议调整演说报告,并且进行PPT的修改。

● 两个小组的代表小结本组这次项目化学习过程的方法与步骤,用通顺连贯的话语表达出来。小组之间进行点评。

(三)展示汇报

1. 每位小组成员熟读最终的演讲稿,并熟背自己要演讲的部分。

2. 教师进入小组,与学生一起进行小组的演说排练。对学生的音量、站位、语速、身体语言等方面进行指导。

3. 两个小组选一位代表,将这次项目化学习过程的步骤与方法用清晰、连贯的语言做陈述。

4. 小小演说家最终汇报,在全体同学、老师面前试讲。接受大家的建议,并再次修改。

【项目成果】

1. 载誉而归

"少年非常道"青少年综合演说电视展示活动的颁奖盛典,在东方艺术中心隆重举行。在大家的不懈努力下,我们荣获"优秀组织奖"称号,"蜗牛小队"荣获2020年第三届"少年非常道"青少年综合演说电视展示活动铜奖,陶珈敏老师荣获"优秀指导老师奖"。

2. 非凡体验

获得奖状的学生们自是感慨万千,而我们从落选的参赛学生身上更看到了那种"竭尽全力地努力并坚持参与了完整的过程,也是一种成功"的积极心态。下面就是他们参赛当天的日记:

二(2)班　顾承瑶

今天,我要去参加"少年非常道"的总决赛了。来到候场区,我满心期待地想看看舞台到底是什么样子的,我希望自己第一次上台时能够表现出色,为学校争光。

终于轮到我们上场了,我们小队五人精神饱满地站上了舞台,轮流向评委老师汇报这次社会考察的结果,并比较流利地回答出了她们提出的问题。比赛结束了,我也是面带笑容地从台上走下来。一到后台,大家就像小鸟一样向老师跑去,叽叽喳喳地和她说着刚才发生的一切……

这次比赛,经历了那么长时间,我都不敢相信自己竟然坚持了下来。而且,上课不太敢发言的我,胆子也变大了,自信心也更足了,真希望还有这样的机会啊!

二(3)班　戴书卉

今天,我终于可以登上"少年非常道"的比赛舞台啦,我真是既兴奋,又紧张。这次经历让我记忆深刻,收获很大。

第一,我明白了凡事都要做好充分的准备。回想前两天彩排的情形,因为太紧张,我竟然把背出的台词忘得一干二净。

第二,我觉得参与的过程是最重要的。无论结果如何,我都算是过五关斩六将,体验了写读后感、录荐书视频、在线作文和现场完成演讲的环节,既读了书,又锻炼了自己的写作能力、口头表达能力、小组合作能力、考察能力和探究能力,真的可以说是有大大的收获哦!

在今后的学习中,我一定可以不断地超越自己,成就更优秀的自我。

【项目反思】

1. 项目化学习成果

(1)"围绕中心,分几个方面将内容说清楚"的方法得到了巩固

在课内学习的这个表达方式,在这次活动中得到了充分的训练。从自己独立写作到小组内的组合,每一位学生都明确围绕核心来选择分述的内容,并且注

意到了段落之间的自然过渡语衔接,真正做到了学以致用。

（2）总结概括能力得到锻炼与提高

这次项目化学习的成果展示,其一是要求学生将整个学习过程的步骤与方法说给大家听。这对二年级的孩子是一项挑战,但是学生通过个人小结—组内交流—组际点评的过程,逐渐学习把整个研究过程的方法、步骤讲清晰、讲明白,这个过程完整地参与下来后,分析与总结、复述与概括的能力,得到了极大的锻炼与提升。

（3）合作能力,在摩擦中提升

虽然在学习交流的过程中难免会发生摩擦,但是,无论是带去参观的家长,还是接下来组织讨论、排练的教师,面对学生之间发生的小问题都先在旁观察,由他们自己来解决,解决不了的再进行引导,并教给他们与他人合作相处的原则、设身处地为他人思考的习惯、表达自己观点时的语气与说辞等。学生将这些运用到具体事情的处理之中,在磨合中,提升了自己与他人相处的能力、解决问题的能力。

2. 不足与改进

这次是我们第一次运用项目化学习的方式进行学习研究,学生的年龄虽小,但是全情投入,整个过程还得到了家长的大力支持,才使得我们最终顺利进入了决赛现场。

不过,从现场学生的表现来看,我们还是有很大的努力空间:

（1）因为紧张,展示过程不够自然

尽管在台下我们已经练习过很多遍,但是,当他们站在三位评委面前,站在亮眼的聚光灯面前,他们还是显得有些无措。背稿子的痕迹比平时排练时明显,这就是演讲经验不足所致。

（2）临场应答能力亟待提升

在"答辩"环节,评委们针对学生所做的研究报告中的内容进行提问,我们学生的表现就不如之前那么自信了。

我们认为,这是因为前期研究的时候,学生对学习内容的思考还是太欠缺,即使这些内容是他们自己摘录、选择、梳理到成文的,但是仅仅在资料的重组层面,还没有内化为理解。

这需要我们在接下来的课堂内,一方面对开放性的问题、引发学生深度思考的问题要多设置一些,给学生思考后有序表达的机会要更多一些;另一方面,引导学生理解式地去记忆,用自己的话转述语言材料的练习也要增加。更重要的是,课堂内以游戏的形式模拟答辩要多做一些,引起学生的兴趣,锻炼学生的应变能力和在互问互答的环节中进行即兴表达的能力。

三年级语文项目化活动之"争做小小讲解员"

陈丹华

【项目背景】

以课程标准为依据,根据语文单元教学要求,围绕"从多方面认真细致地观察、准确描写植物的方法,为自主习作提供必要的素材,用流畅、具体的语言记录自己的观察结果,同时表达自己的真实感受"这一驱动性问题,我们带领学生开展了语文项目化学习活动。学生们通过"观察、记录、写作、做小小讲解员"等轻叩写作大门,在真实的问题情境中学会创造性地解决问题,从而提高语文核心素养。

【项目实施】

(一)准备

为了了解学生习作表达的现状,教师选取了班中部分学生做了调查了解,调查反馈:超过80%的学生明白写作是语文综合学习能力的展示,有近一半的学生有记录日记的习惯,75%的学生有兴趣做植物小小讲解员。这表明在本次语文项目化学习中学生的主动性比较高。

(二)入项

通过前期调查了解的情况,我们发现学生对"争做植物小小讲解员"的兴趣还是比较浓厚的,但也有问题产生——"想写、想做,但是没尝试过,不太会"。如何引导学生"争做植物小小讲解员",自然而然就成了驱动性问题。

围绕驱动性问题,我们创设了真实情境:我们将开展春游活动,游览美丽的滨江森林公园,届时需要"小小植物讲解员"用优美的语言向组员们介绍美丽的植物,同时评选出最佳讲解员。那如何来做植物讲解员呢?

(三)知识与能力建构

子任务1:借助表格,观察植物并记录

活动前期,学生自由分组,一般选择了相同或相似植物的学生为同组组员。确立好了具体的观察对象之后,学生各自通过"看一看,闻一闻,摸一摸"等方式,对植物进行仔细观察,学生自主探究,并根据教师提供的观察表格进行记录。

组员们对自己填写的表格进行自评和互评,在评价的过程中,通过同伴互助能够做到规范记录,尽可能地将观察所见化为文字,为后续作文做准备。

植物朋友记录卡

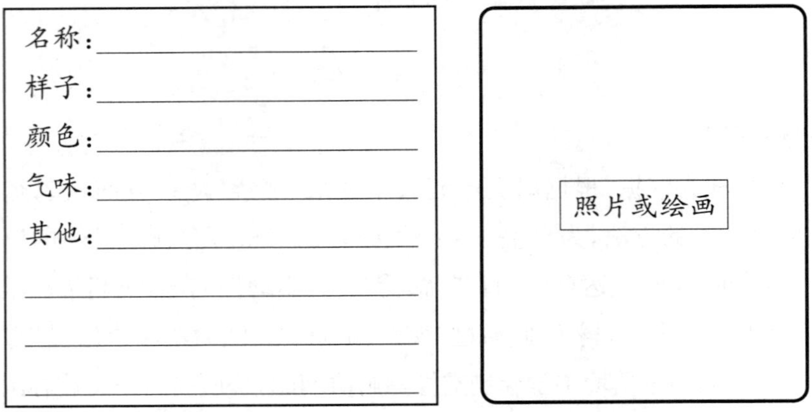

图 1　植物朋友记录卡

子任务 2：化表格为作文

依然以小组为单位,小组成员们汇总前期记录的作文素材,按照植物的不同方面进行口头交流。通过小组交流,确定文章的构成,为化成书面作文打下基础。

子任务 3：借助作文,学做讲解员

项目化学习要彰显学以致用,实现理论与实践对接,突出真实性实践。在此次项目化学习活动中,要求学生在主动积累、梳理相关材料后,创作讲解词并自如运用。

为了减轻学生们的心理压力,激发他们的自信心,让学生相信自己是能胜任"小小讲解员"的,教师适时指导学生的讲解,又为其提供"讲解员小秘籍",选取了具有代表性的讲解词,语言或生动自然,或朴实无华,或幽默有趣,或蕴含情感,为学生们的讲解活动点亮灵感之灯,让孩子懂得讲解时"感受要独特,想象要大胆"。在创作讲解词时,要选用恰当的、有新鲜感的词语,可恰当运用比喻、拟人、排比等手法,使讲解语言更为生动。

在小组内交流各自改写的讲解词后,学生们根据教师、组员提出的建议进行修改、完善,最终确定由一位学生担任讲解员。

子任务 4:体验讲解员

小组讨论,填写春游游览分工表,明确"组长、小导游、资料收集员、文字编辑、记录员"等任务。每一组的"小小讲解员"也将由"游客"打分记录,从而评选出最佳讲解员。

锦绣小学三年级春季社会实践考察项目化学习单

姓名:_____ 班级:_____ 学号:_____

盼望着,盼望着,春的脚步近了。让我们去滨江森林公园走一走,看一看吧!

一、我的春游我来"导"

本次春游我们将欣赏滨江森林公园的湿地植物观赏园、生态林保护区、滨江岸线观景区、蔷薇园、木兰园、杜鹃园等自然景点。通过资料收集,请选取其中一个景点以小导游的身份向大家介绍。

我们小组介绍的景点是_____。	组长:_____(统筹) 小导游:_____(讲解) 资料收集员:_____(收集) 文字编辑:_____(编辑) 记录员:_____

二、有趣考察我会"记"

春季考察结束了,你最喜欢的植物是什么呢?画一画、写一写,告诉大家吧!

画一画: 我最爱的植物——(　　)!	写一写: 名称:_____ 样子:_____ _____ 颜色:_____ 气味:_____ 其他:_____ _____

图 2　项目化学习单

（四）评论与修订

为了完善项目小组成果，学生们根据"游客"反馈，小组之间进行了交流和探讨，倾听了老师和同学的意见后及时改进解说稿，并为其临场发挥的植物介绍配上相符的插图。

（五）出项

春游这一天，春光明媚，春风和煦，各小组派出他们的"小小讲解员"从植物的名称、样子、颜色、气味等方面进行介绍。一旁游览的"游客"们，一个个当起了小评委，纷纷为自己喜欢的"讲解员"投上宝贵的一票，这样的春游活动既有趣又有益。

【项目反思与迁移】

项目化学习接近尾声时，学生们手捧着"小小讲解员"的聘书，内心充满了自豪感。学生们用文字记录着生活的美好，讲解词中注入了真情实感，这让他们体验到了作文所带来的妙不可言的乐趣和成就感。

回顾整个项目化学习过程，学生们从活动成果、团队协作、反思迁移等方面进行了自评、互评，再加上教师的点评，较客观地反映了学生在活动中的表现。大多数学生通过此次活动，对担任"小小讲解员"的兴趣和认识上了一个新台阶。不仅如此，学生们还意识到作家之所以能创作出优秀的作品，是因为其对生活的感悟和敏锐的洞察力。在活动中，学生们或走进大自然，或从身边的事物中寻找写作灵感，以此激发了创作的乐趣。同时，学生们也在小组活动中取长补短，感受到了合作学习的乐趣。

学习写作是一个发现美、享受美、捕捉美、创造美的过程。此次项目化学习旨在提高学生语文核心素养，加深他们对写作的感受，让他们用善于发现美的眼睛，用感悟美的心灵，去点燃创作美的热情。

锦绣诗歌小编辑

——"轻叩诗歌的大门"四年级语文项目化学习案例

费笑雯

【项目背景】

《义务教育语文课程标准(2022年版)》提出了新的课程理念:"立足学生核心素养发展,充分发挥语文课程育人功能""构建语文学习任务群,注重课程的阶段性与发展性""突出课程内容的时代性和典范性,加强课程内容整合""增强课程实施的情境性和实践性,促进学习方式变革""倡导课程评价的过程性和整体性,重视评价的导向作用"。

统编版小学语文四年级下册第三单元选编了不同作家、不同风格的四篇中外现代诗歌作品。其中有冰心的三首短诗、艾青的《绿》、苏联诗人叶赛宁的《白桦》和戴望舒的《在天晴了的时候》。

这四篇课文以学生熟悉的"自然"为主题,展现了现代诗饱含情感、想象丰富、语言表达独特等特点。此次的现代诗以单元整体的形式呈现,旨在引导学生走进丰富多彩的诗歌世界,更深刻地了解现代诗的特点,体会诗歌的情感。另外,本单元安排了综合性学习活动——"轻叩诗歌的大门"。活动要求学生在收集、创作诗歌的基础上,能合作编写小诗集,举办诗歌朗诵会,用丰富多元的形式展示综合性学习的成果。

基于语文课程标准的理念和本单元教材的特点,教师带领学生开展"轻叩诗歌的大门"项目化学习活动,通过创设生活化的情境,引导学生"读诗歌—品诗歌—创诗歌—颂诗歌",以此提高学生的写作能力、语言表达能力、合作探究能力、诗歌鉴赏能力等,进一步激发学生对诗歌的兴趣。

本次项目化学习活动贯穿整个单元教学,在《短诗三首》课后的"活动提示"中,教师安排了让学生收集并摘抄自己喜欢的现代诗的学习任务,使其了解摘抄诗歌的一些基本要求。在《白桦》课后的"活动提示"中,教师布置了两个任务,一是组织学生对目前收集的现代诗进行阶段性交流,二是让学生尝试写现代诗。在这两个活动的基础上,再进行第三个阶段的学习活动,从而更好地展示交流学习成果。

【项目设计】

(一)依据课程标准的学科学习目标

1. 搜集与摘抄诗歌:通过查阅书籍、报纸、网络等渠道搜集诗歌;按年代、作者、表达情感等将诗歌进行归类,认真完成摘抄。

2. 鉴赏与创作诗歌:通过语文课的学习和课后的诗歌阅读,进一步体会诗歌的情感;尝试学写现代诗歌。

3. 合作编写诗集:通过小组合作,将自己摘录和原创的诗歌集合成册,配以优美的图画,完成一本精美的诗歌集。

4. 朗诵诗歌:组织一场诗歌朗诵会,正确流利、有感情地诵读自己所写的诗歌。

(二)本项目中将要培养的学科能力与品质

1. 在搜集诗歌的过程中,提升信息检索和资料收集、整合能力;在创作诗歌的过程中,培养对诗歌的兴趣,提升诗歌鉴赏和创作的审美能力;在编写诗集的过程中,提高绘画、美工等动手实践能力;在诗歌朗诵会中,提高语言表达能力。

2. 通过小组合作,发展人际交往沟通能力,遇到意见不统一时,学会商量并达成共识;学会分工协作,发挥个人特长,完成小组目标。

(三)学习成果

期待学生在摘录诗歌、编写诗歌集、举办诗歌朗诵会等活动中提升对诗歌情感的体验以及培养创作诗歌的兴趣。在此过程中,学生将会从读诗歌、品诗歌、创诗歌、颂诗歌等多个方面,形成一本精美的诗歌集,并自主排练,举行一次诗歌朗诵会。

成果内容:项目学习过程中积累的小组合作分工表、诗歌摘录单、诗歌集(照片)、朗诵会、"锦绣诗歌小编辑"相关新闻报道。

展示形式:学生通过小组合作,将自己创作的诗歌进行编辑,完成诗歌集;组织开展诗歌朗诵会,朗诵自己的诗歌作品。

(四)学科及跨学科内容

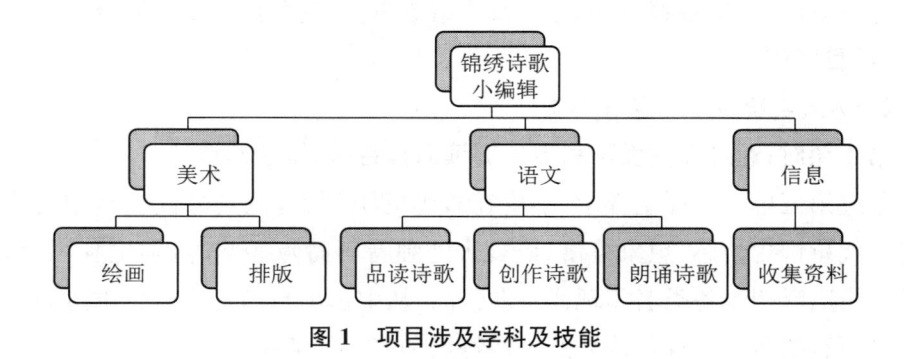

图 1　项目涉及学科及技能

(五)驱动性问题

如果你是"锦绣诗歌小编辑",如何通过小组合作编写一本诗集,并组织一次诗歌朗诵会?

(六)主要任务

本次项目化学习活动共需六课时,每课时 60 分钟。

表 1　项目化学习课时安排

课时	主题	具体内容
第一课时	品读鉴赏	通过课堂教学和课后阅读品读诗歌,体会感情。
第二课时	搜集摘录	通过搜集和整理诗歌相关资料,学会摘录诗歌。
第三课时	自由创作	通过自由创作、合作修改,完成个人诗歌作品。
第四课时	合作编辑	通过小组合作拟定诗集名称,完成分工,编写诗集。
第五课时	合作编辑	通过小组合作编写诗集,完成封面、封底和目录制作。
第六课时	诗歌朗诵	通过班级合作组织开展诗歌朗诵会,完成项目评价。

(七)评价设计

1. 知识技能评价

评价内容:通过小组合作完成一本精美的诗歌集。

其中包括:封面、封底、目录的设计,诗歌的排版,内容的选编等。

评价方法:对小组诗集进行展示,并由学生投票选出"最佳诗歌集"。

2. 学习基础素养评价

评价内容:主动参与学习,积极参与小组协作学习;建立知识与经验的联系;

创造性地表达学习成果。

评价方法：课堂观察、作品分析及小组成员参与度、贡献度的调查。

【项目实施】

（一）启动阶段——第1课时

第1课时：通过课堂教学和课后阅读品读诗歌，体会感情。

通过第三单元的课堂教学，学生在教师的引领下，认真品读教材中的诗歌，感受现代诗饱含情感、想象丰富、语言表达独特等特点。同时，学生利用课余时间进一步广泛阅读各类名家现代诗歌作品，从中选出自己喜欢的诗歌进行诵读、品味、摘录，初步了解现代诗歌的一些特点和表达的情感。

学生大致知道了现代诗歌的特点：首先是读起来朗朗上口、很有节奏感；其次，诗歌常常能表达诗人的情感，蕴含着丰富的想象，语言表达也很独特。

（二）实施阶段——第2—5课时

第2课时：通过搜集和整理诗歌相关资料，学会摘录诗歌。

1. 学生分组，确定主题：教师创设情境，围绕驱动问题发布总任务"如何成为'锦绣诗歌小编辑'？"，并组织学生进行活动分组。学生们讨论决定，沿用语文学习小组，并共同商议确认了本小组感兴趣的诗歌主题。

2. 搜集诗歌，完成摘录：围绕同一个主题，学生们进行了古诗和现代诗的搜集和整理，并认真地完成了诗歌摘录。

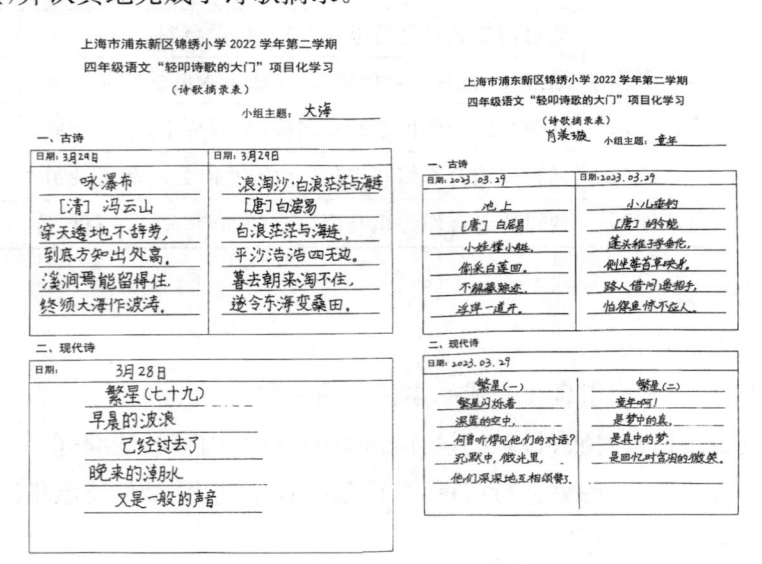

图2 "轻叩诗歌的大门"项目化学习诗歌摘录表

第 3 课时：通过自由创作、合作修改，完成个人诗歌作品。

学生先围绕小组主题进行诗歌的自由创作，再根据教师的课堂教学，了解了创作诗歌的一些技巧与方法，在自己创作的诗歌基础上，组内进行讨论，互相提出修改意见。

针对部分写诗有困难的同学，小组内也互帮互助，共同交流，引导同伴发现生活中的美好，激发其诗歌创作的灵感。

教师协助纠正了学生的错别字，但对诗歌的内容不进行过多的修改，真正做到尊重学生原创，激发学生的思维火花。

第 4 课时：通过小组合作拟定诗集名称，完成分工，编写诗集。

1. 拟定诗集名称：针对每个小组不同的主题，每个学生都进行了诗歌集的命名。随后在组内进行协商或投票，最终确定了本组的诗歌集名称。同时，学生们也对诗集名称进行了注解，加深了情感体验。

表 2　各小组诗集名称

小组	组长	诗歌主题	诗集名称
第 1 小组	周霖君	动物	《奇妙动物园》
第 2 小组	肖渼璇	童年	《树荫下的回忆》
第 3 小组	蔡伊朵	锦绣赏花指南	《诗情"花"意》
第 4 小组	桑　海	节日	《节日满天星》
第 5 小组	孙承樾	农家风格	《自由的农家》
第 6 小组	肖浚轩	爱	《爱有晴天》
第 7 小组	王怡加	大海	《海阔天空》

2. 小组分工安排：围绕驱动性问题"如何成为锦绣诗歌小编辑？"小组内进行了讨论。明确了完成一本诗集需要的分工任务，包括诗歌文字校对、排版美工、封面设计等。在组长的组织下，根据每个学生的不同特长进行了组内任务的分工，完成了小组分工表。

第 5 课时：通过小组合作编写诗集，完成封面、封底和目录制作。

学生除了完成自己诗歌页面的制作之外，还要通过合作进行诗歌的整理、目录的编辑，以及封面、封底的制作。

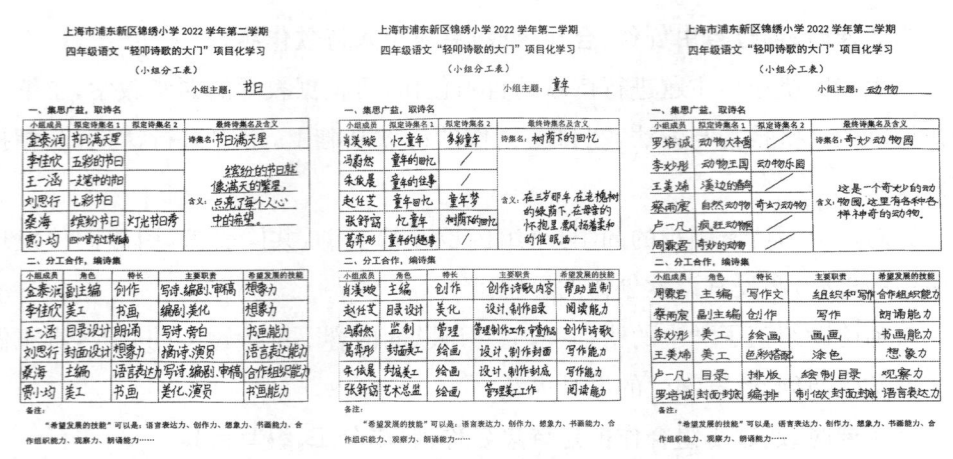

图3 "轻叩诗歌的大门"项目化学习小组分工表

一个个小诗人完成创作后聚在一起，把那些充满童真童趣的诗歌做成线装诗集。一个小组一本诗集，每一本诗集里都藏着孩子们的小秘密。制作好的诗集在班级中进行展示，同时与同年级的其他班级进行交流与分享。

图4 学生小组合作，完成诗集

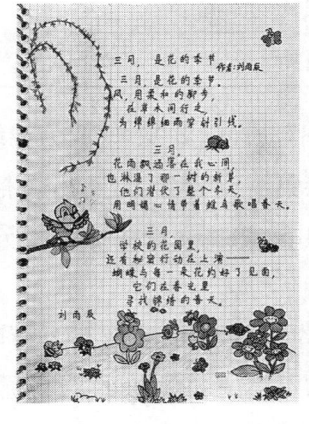

图5 部分学生诗集作品展示

(三)展示与评价阶段——第6课时

第6课时:通过班级合作,组织开展诗歌朗诵会,完成项目评价。

诗中藏情,诗中有意。班级学生群策群力,首先进行了本次诗歌朗诵会"承办方"的竞选,最终"大海"小组成功获得本次诗歌朗诵会的承办权。这也是教师第一次将班级活动的组织全部交给了学生。

承办的小组负责推选好主持人,安排好节目顺序,同时配以适切的PPT,统筹好其他小组,大家凝心聚力,共同举行了一场精彩的诗歌朗诵会。

诗歌朗诵会上,有的小组全员参与,集体进行了诗歌朗诵的展示;有的小组以"戏剧"的形式,进行了表演朗诵,颇具新意;有的小组还借助了精美的PPT和视频,为自己的朗诵表演锦上添花。

图6 诗歌朗诵会活动照片

诗歌朗诵会结束后,教师带领学生一起回顾本次项目化活动,同时对本次的综合性学习活动进行评价。通过投票,学生评选出了"最佳诗歌集"和"最佳表现奖"。

在"个人评价表"中,学生从诗集制作、诗歌朗诵、团队合作这三个维度对自己本次活动中的表现进行自评,进一步回顾与总结自己通过活动所提升的能力以及欠缺的地方。

通过"团队描述性评价表",组长和组员们共同进行反思总结,明确了在本次活动中小组的优势与劣势,进一步梳理解决问题的方法,提高团队协作能力。

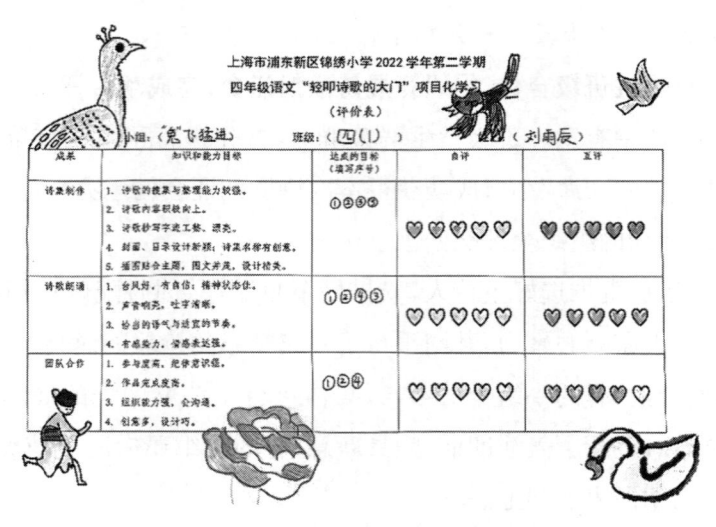

图 7　学生个人评价表

图 8　团队描述性评价表

【项目评估与反思】

本次项目化学习活动进一步贯彻了《义务教育语文课程标准（2022 年版）》中"发展型学习任务群"对三、四年级学生提出的学习要求："阅读富有想象力和表现力的儿童文学作品，欣赏富有童趣的语言与形象，感受纯真美好的童心，学习用口头或者图文结合的方式创编儿童诗和有趣的故事，发展想象力。"

本次跨学科项目化学习活动中，教师先带领学生深入了解现代诗的特点，充分感受诗歌中传递的情感；其次，引导学生用心体会生活，尝试诗歌创作，激发了学生学习诗歌的兴趣和对于真善美的追求;最后,通过小组合作的学习方式,培养了学生合作学习的意识,锻炼了团队协作能力。

　　正如每一场春色都值得我们奔赴,孩子的每一种心声都值得我们倾听。当我们轻轻叩响诗歌的大门,一起创作诗歌、吟诵诗歌的时候,我们也发现了诗情画意的美好!

设置具体情境,提升语文素养
——以综合性学习"难忘的小学生活"教学为例

李伊娜

【项目简述】

结合五年级下册第八单元的综合性学习内容,以单元整组的方式增加学生语文实践,让学生在具体的情境任务中学语文、用语文,全面提升语文素养。项目内容以"难忘小学生活"为主题,围绕制作小学五年时间轴、撰写习作分享难忘回忆和制作成长纪念册三个板块展开,让学生在即将毕业的这个时间段内能够珍藏记忆、表达情感,同时综合运用语文知识与能力,发展语文素养。

【项目目标】

1. 能根据活动主题收集并整理小学生活的资料,填写个性化时间轴。

2. 选取时间轴上的某一个重要事件,作为习作《那一刻,我长大了》的写作材料。并且能将感到长大的"那一刻"的情形写具体,记录真实感受。

3. 能以小组合作的方式设计并制作一本成长纪念册。

【挑战性问题】

本质问题:如何综合运用材料收集、撰写习作等方法完成一本成长纪念册?

驱动性问题:现在五年级组正在组建毕业策划小组,其中一个板块是招募毕业纪念册策划师,如果请你把五年间最难忘的事情表达出来,你会选择怎样的方式?

【实施过程】

(一)入项

1. 引入驱动性问题:五年级组在组建毕业策划小组,我们正在招募毕业纪念册策划师,如果你是策划师,你会选择怎样的方式把五年间难忘的事情表达出来?

2. 介绍此项目的主题与内容。

(1)主题:难忘小学生活

（2）内容：三项任务

个人任务：个性化成长时间轴、习作《那一刻，我长大了》

团队任务：成长纪念册

（二）知识能力建构

1. 知识：

（1）成长纪念册的内容构成：纪念册名称、个性化封面、扉页、正文内容等。

（2）资料分类的基本方式

编年体：按每一年的亮点，把小学五年的学习生活一年一年地展示出来。

栏目体：将小学五年的生活划分为不同的板块进行分类。

（3）TED演讲的基本要求

限时5分钟，尽量脱稿（可准备提示小手卡），演讲PPT以核心词为主。

2. 技能：

（1）能根据活动主题收集并整理小学生活的资料，填写个性化时间轴。

（2）选取时间轴上的某一个重要事件，作为习作《那一刻，我长大了》的写作材料。并且能将感到长大的"那一刻"的情形写具体，记录真实感受。

（3）能以TED演讲的方式，与同伴分享"那一刻我长大"的故事。

（4）能以小组合作的方式设计并制作一本成长纪念册。

3. 学科关键概念或能力：

在"制作成长册"的任务板块中帮助学生在语文实践活动中有选择地分类筛选五年的成长资料，且发展整理资料与使用资料的能力。

（三）项目推进

情境一："忆"难忘瞬间

临近毕业，小学生活中的点点滴滴似乎仍在眼前。初入学时懵懂的样子，戴上绿领巾时骄傲的模样，第一次参与爱心节时的兴奋之情，站在司令台上时的小主持人样子……这些瞬间定会留在每个学生的心中。基于此，此项目的入项就是带领着学生们乘坐哆啦A梦的时光机，共同回忆曾经有的难忘瞬间。

既然是难忘瞬间，当然需要展现出来。课本上运用了制作时间轴的方式，指导学生们一一记录。在此基础上，我在项目的头脑风暴阶段，引导学生将自己的时间轴制作成个性化的回忆树。通过每个学生独一无二的装点，这棵回忆树上的内容如同耀眼的星星一般，每一颗都是那样闪耀。

情境二:"话""画"成长卡片

在本单元的学习内容中,其中一项是通过小组合作的方式制作一本专属的毕业纪念册。在小组内进行分工、策划纪念册的排版、实际制作等。然而,突如其来的线上教学,改变了这本该在线下完成的纪念册形式。考虑到线上学习学生们小组合作的难度加大,且由于疫情,制作纪念册的一些材料也不能及时购买。因此,我将此环节更改为"话"一张成长卡片。这张成长卡片要求每位学生运用手绘的方式"画"出来,同时这张成长卡片也要求每位学生将成长路中的收获"话"出来。

在项目开始时,将相关的要求向学生们讲解。要求如下:

选取回忆树中最特别的一个经历,配上当时拍摄的一张照片,附上简短的、有趣的文字介绍,制作成个性化的卡片。注意:这段文字可写写当时自己的心情,也可记录那时自我的收获。

【项目成果】

此项目原定的成果为班级若干本个性化成长毕业册,但是由于项目推行时正是疫情期间,因此经过调整后,成果为每人一张迷你成长卡,以及一张毕业赠言卡。

【项目反思】

本单元围绕"难忘小学生活"的主题,编排了"回忆往事"和"依依惜别"两个活动板块。上述的两个情境均属于"回忆往事"的板块。之所以在项目推进过程中把这两个情境作为重点的内容,是因为"回忆往事"的板块能通过唤醒学生对往事的回忆,激发他们的惜别之情,而这会让学生在进行项目的第三个部分"寄"毕业赠言时有更深的感情基础,所撰写的文字更具有感染力。下面结合上述两个情景,谈谈与之相应的思考。

第一,将抽象的概念具体化,激发学生的活动兴趣。在教材中,对于第一项活动的语文学习要求是"运用学过的方法整理资料"。这个要求听上去很专业,操作起来似乎也很有难度。因此,笔者尝试将这一抽象的概念具体化。在入项时便告诉学生,这一次我们要学着哆啦A梦中的时光机那样,回到曾经的那些难忘瞬间,并且按照时间的顺序,依次记录在属于自己的回忆树中。这样一来,学生们对于"回忆树"的兴趣必定会大于"整理资料"。而结果也是令人欣喜的:学生们充分发挥了个人的创造力,有的制作了速写风格的回忆树(图1),有的则细致地给每一个分枝都配上了当时的照片(图2)。

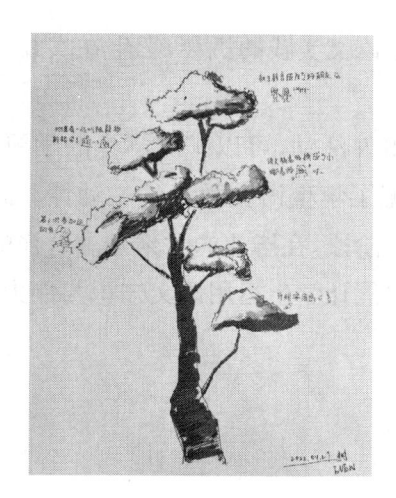

图 1 　　　　　　　　　图 2

在这项活动的过程中,学生们充分地发挥了自主性,在完成过去五年重要记忆资料整理的基础上,又有了美丽的创新,让我们感受到了他们在参与这项活动时的投入。

第二,尝试跨学科活动项目,培养学生的综合能力。情境二的设计将"话"与"画"巧妙融合。其中"话"就是语文学习中的写作能力,即用文字还原成长的片段,同时抒发所思所感。而"画"则是美术学科中的创造美的能力。一幅画在装裱后会变得熠熠生辉,一段文字在画笔的装点后更会变得多姿多彩。其中令人印象深刻的是一位学生的作品。这位学生结合戴上绿领巾这一成长事件,在卡片上配上了与绿领巾相同的色彩,让人感受到戴上绿领巾的勃勃生机(图3、图4)。

图 3 　　　　　　　　　图 4

可以说，这一情境的创设增加了学生语文实践的机会，学生在实践活动中学语文、用语文，全面提升语文素养。

综上内容，在具体情境下开展语文事件活动，可以扩宽学生的学习空间，给到学生更多可能性。同时，也调动和挖掘了学生语文学习的主动性。五年的小学生活，是每位学生求学之路上的第一个阶段，在毕业的时刻开展这样的系列活动，既可以让学生珍藏记忆、表达情感，也能让学生运用语文知识与能力，发展语文素养。

职业密探零零发
——跨学科项目化学习初探

毛晓烨

【项目化学习设计与实施的基本要素】

锦绣小学"LED 点亮锦绣前程"项目化学习已经开展了一年有余,围绕"职业"这个主题,结合二年级小朋友已有的知识和本领、学习能力、认知特点,引导他们初步探索家人职业的秘密。

项目名称:职业密探零零发

本质问题:怎么用规范的语言表达某一种职业的特点、工作内容、对社会安定和发展做出的贡献等呢?

驱动性问题:社会中有形形色色的行业,不同的人从事不同的职业,你知道哪些呢? 他们做什么事情? 是怎么完成工作任务的呢? 嗨,"职业小密探"们,把了解到的相关内容制作成"职业扑克牌",开启我们的探索吧!

【项目实施的过程】

(一)入项活动——这些职业是做什么的呢?

二年级第二学期语文园地二的"识字加油站"里,学生认读了很多职业的名称,有教师、演员、工程师、魔术师、建筑师、饲养员、理发师等。在识字的同时,他们不禁发问:"工程师是做什么的呀?""营业员就是卖东西的吗?""台上一分钟,台下十年功。魔术师在台下练了哪些功夫呢?"正是这一个个问题,触发了大家对职业内容的思考,学生对某种职业想要有更深入的了解。

在腾讯会议室里,学生对即将开始的学习活动展开了热烈的讨论:

了解哪种职业好呢?

了解这个职业的哪些方面呢?

怎么做记录呀? 做记录的方法有哪些?

我们的活动成果以什么样的形式呈现?

网上小组合作？单兵作战？哪个更方便有效率？

还需要哪些学科的知识和本领呢？

……

摩拳擦掌的准备时间里，问题接踵而来。

带着这么多小问号，就和教师一起成为"职业小密探"，去研究身边人的职业吧。看看他们做了什么，是怎么做的。我们可以一边探索，一边讨论，通过交流解决问题。教师和伙伴永远是每一个小密探值得信赖的后援团。

(二) 项目过程——居家学习期，方法变变变

原先，我们把学习活动的内容定为：

1. 问一问：家人的工作内容。

2. 聊一聊：某一项工作内容是怎么完成的？

3. 写一写：用各种方式探究到的职业小秘密。

我们计划中的探究方法是：

1. 寻找这份职业的相关资料，初步了解，列出观察点；

2. 根据观察点，面对面采访，做好记录；

3. 跟着家人去工作地点，感受工作氛围；

4. 做个"小尾巴"，观察家人一天的工作，发现更多观察点，进一步筛选、细化感兴趣的内容。

跃跃欲试之际，居家学习和我们不期而遇。虽说有点儿懊丧，但面对新的环境，随机应变是我们应该具备的能力，以后做方案时也要考虑到，做好两手准备。

一边思考，一边调整方案。我们发现了居家的优势呢！我们可以实时掌握家人的工作情况，毕竟他们和我们身处同一个小小空间，他们的工作内容更加直观了。我们还欣喜地提出了一个新问题：居家办公和在单位办公有什么不同呢？这为我们的探究提供了新的方向。学生对这点非常感兴趣。

纵观我们已学的学科知识，为学生提供了哪些"大礼包"呢？

语文学科的素养体现在搜集资料、整合素材、规范表达上。

在长期朗读和默读训练中形成的阅读速度，能帮助我们更好地快速浏览网页，获得需要的信息。

素材的整合、排列先后、如何串联，体现了文本组合中的逻辑思维能力。

构成一个句子的必要成分写完整了吗？词语搭配合适吗？句子和句子之间的衔接恰当吗？用什么方法具体介绍一个工作环节（从开始到结束）？是用"表示先后顺序的词"还是创设情境，娓娓道来？在书面表达上，有需要注意的点和自由发挥的空间。

美术学科的素养体现在学生运用美术知识，如悦目的颜色搭配、恰当的图文比例，展示最终的成果。

信息学科的素养必不可少：选择关键词进行高效搜索，保存收集到的素材，用电脑快速制作初稿等。

采访是这次学习活动前期的一个重点，学生在"口语交际"中学到的"法宝"也纷纷登场：怎么使用礼貌用语？眼睛看向哪里显得尊重对方？交流时音量要怎样才算恰当？如何用商量的语气来进行交流？如果采访被拒绝了，该如何应对？

经过一周多的酝酿，学生的活动成果初具雏形，我们进入评价环节。

表1　学生学习活动评价表

评价内容	评价标准		
	☆	☆☆	☆☆☆
内容选择	有点偏离主题	符合主题	符合主题，且有趣味
内容表述	语句结构有问题 不清楚表达的重点	语句通顺 表达有序	文从字顺，逻辑清晰， 表述吸引人
排版布局	比较随意	图文兼备	图文兼备，有美感
交流展示	不够顺畅，准备不足	语言流畅，展示完整	语言生动，内容丰富

通过同伴打分、点评，教师评价、指导，学生们明白了后续要调整和补充的内容，知道了介绍职业时，别人关注的点、需要进一步加深了解的点，积极投入到作品的修改中去。

（三）项目最终的成果——我的小报我的牌

一份份出自小密探们手中、图文并茂的记录诞生了。

为了让学生不仅在班级中交流，更能把交流范围拓展到更广大的人群中，同时，也为了尽量不重复职业、不重复同一种职业的同样的工作内容，教师对记录进行了筛选。学生们经过奇思妙想，决定以扑克牌的形式，陈列大家的阶段性成果。

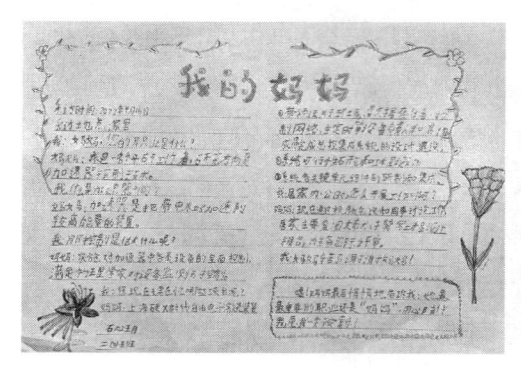

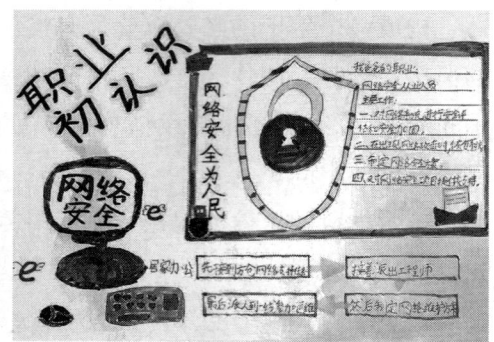

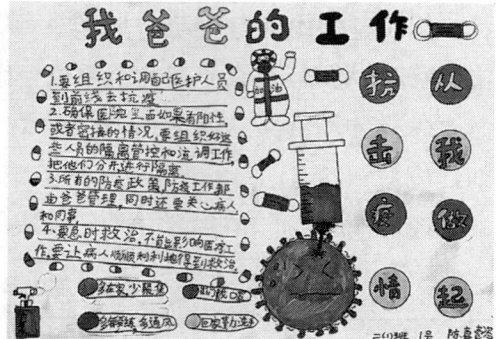

图 1—4　学生小报

每个班级认领一种花色，每种花色有 13 张，加上大小王，我们合力完成了一副有 54 张牌组成的"职业扑克牌"。

这些牌的正面罗列了工作内容，经过了自定的排序。反面介绍采访到的家人平时工作具体内容和观察到的居家时期工作内容。通过对比，展现同一工作内容在不同时期、不同环境下的变化。大家用通顺的语句清晰简要地进行了描述。学生们可以仔细浏览这些"职业扑克"，参照讨论得出的评价依据来进行点评。

教学案例 | 177

图 5—9 职业扑克牌汇总

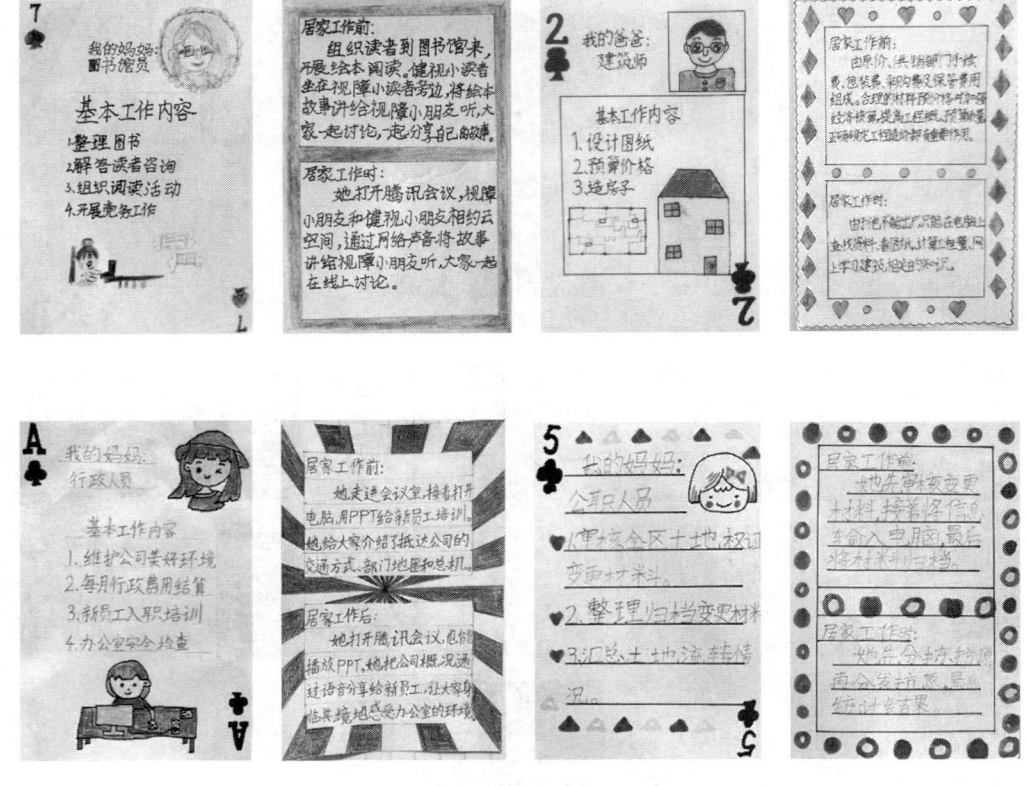

图 10—13 职业扑克牌展示

（四）讨论与思考——职业探究在路上

初步的探究结果还有很多需要改进的地方，后续我们还将继续运用学到的本领来丰富对某项职业的认识，更加细致地了解这些"职业扑克"。

目前，学生们想到的是：可以选择其中一张扑克中的职业，借助在"语文园地六"中学到的疑问词"什么、怎么、怎样、哪里、哪个、多少"和疑问语气词"吗、呀"等，按照规定的书写格式，按类别提问，形成一首首"问"的小诗歌。把这些特别的小诗歌送到对应的扑克牌主人手中，这位主人要选择其中的一个问题进行进一步探索。通过"一问一答"，促进彼此对这个职业更深的了解。当然，还有更多方式会在学生的小脑瓜中慢慢浮现，等待着他们一起去发现、探究、呈现。

我们的这个项目化设计虽然是多学科知识共同运用，但依然会把语文实践活动放在首位。《义务教育语文课程标准（2022年版）》里提到"依托学习任务，安排连贯的语文实践活动，注重语文与生活的结合"。教育家之父夸美纽斯也说过："一切语文从实践去学习比用规则学习来得容易。"我们发现，很多语文知识是默会的，很难从理论上进行解说。在参与项目化学习活动中，学生能够主动运用语言，从主持者的角度去组织语言，从聆听者的角度去评价他人的语言。"我做的职业卡片，别人能看懂吗？""同学做的卡片，我发现了什么问题？我怎样去表述我的疑惑？""听了同伴的看法，明确了他们的不解之处，我该用什么方法去寻求答案，该用怎样的表达方式，让他们更容易理解？是多多使用比喻？还是设计一个情景？"于是，在这些一环扣一环的质疑、释疑过程中，语文素养自然得到了提升，还间接地促进了更多隐含素养的发展。

新课标指引着我们迈出求真务实、开拓创新的步伐。我们始终遵循语文的工具性和人文性，把丰富语言经验作为学习语文的基础，把强化语言表达实践作为学习的重点，引导学业在实践中领悟语文知识和方法策略，真正地学好语文，用好语文。

所有的实践活动都向着"培养一个全面发展的人"前进。通过这次项目化学习的参与和体验，学生在文化修养方面提升了语言素养、科技与信息素养、审美与人文素养；在自主发展方面，锻炼了问题解决与实践的本领；在社会参与方面，增进了交往与合作能力，社会责任感有了萌芽。

随着年龄的增长，学习内容的丰富，学生可以运用更多在语文课堂里学到的本领，继续丰富职业袋里的资料，围绕职业这个大主题设定自己的研究小主题，用准确的书面表达，用丰富多彩的组织方式，让这个职业小袋子越来越"重"。在这个过程中，学生可能会有很多感慨，也会有很多疑问，会发现职业的闪光点和价值，也会明白行行都能出状元。愿他们将来能够尊重劳动，尊重他人，尊重每一种不同的选择。

春暖花开 "植"得期待
——语文学科项目化案例

戚 奕

【项目简述】

新课标指出,语文的核心素养包括语言建构与应用、思维发展与提升、审美鉴赏与创造以及文化传承与理解。为了更好地落实语文学科核心素养要求,笔者设计了本次的项目化教学和活动,培养学生在写作、表达等方面的能力。在教学和活动中,注重拓展知识的宽度,提高能力的梯度,增强素养的厚度,强化情感的温度,倡导自主、合作、探究的学习方式,加强学生语言文字的运用和听说读写能力的培养,全面提升其语文素养。

根据三年级下册语文教材的编排,第一单元的习作主题是"我的植物朋友"。要求学生亲手画一画自己观察的植物,并用优美的语句从各个角度介绍植物的样子,最终写成一篇介绍植物的习作。这可以说是孩子们第一次比较系统而规范地介绍一种植物,这一次的学习过程为后续的项目化活动奠定了基础。

根据语文核心素养的要求,学生要能够对语言进行建构并灵活地应用,这种能力是非常珍贵的。正逢春天,又是孩子们踏青的好日子,结合春季考察的内容,让他们走进大自然中介绍公园中的植物又成为落实核心素养的一个非常好的机会。学生们通过观察、小组合作、探究等形式,开展了"我和春天有个约会"春季社会实践考察的项目化学习活动。这次活动受到了学生们的欢迎,虽然对于如何合作、如何介绍景点,每个小组所表现出的能力参差不齐,但是这也算是他们进行语文学科项目化活动的初体验。

最后,趁热打铁,道德与法治学科中有一个单元是介绍自己家乡的内容,于是又进行了一次让孩子们介绍自己家乡的活动。这一次的项目化活动内容虽然与植物没有多大关系,但是孩子们的表现却是给了笔者很大的惊喜。他们有了在公园介绍植物、介绍景点的经验,知道如何找到一个研究点,对家乡的某一个内容进行探究,最终他们通过不同的形式成功地介绍了自己的家乡。这可能就是通过项目化活动提升学生语文核心素养的最好诠释。

【项目目标】

习作目标:

1. 乐于书面表达,增强习作的自信心;愿意与他人分享习作的快乐。

2. 观察周围世界,能不拘形式地写下自己的见闻、感受和想象,注意把自己觉得新奇有趣或印象最深、最受感动的内容写清楚。

3. 尝试在习作中运用自己平时积累的语言材料,特别是有新鲜感的词句。

口语交际目标:

1. 能流利地交谈。学会认真倾听,能就不理解的地方向他人请教,就不同的意见与他人商讨。

2. 听人说话能把握主要内容,并能简要转述。

3. 能清楚明白地讲述见闻,说出自己的感受和想法。

综合性学习目标:

1. 能提出学习和生活中的问题,有目的地搜集资料,共同讨论。

2. 结合语文学习观察大自然,观察社会,用书面或口头方式表达自己的观察所得。

3. 能在教师的指导下,积极参与本次项目化活动,在活动中学习语文,学会合作。

【挑战性问题】

本质问题:和植物交朋友,学会制作植物记录卡,并通过看、摸、闻等方式对植物进行观察,并将观察与感受到的内容记录下来,和同伴进行交流,特别是和写同一种植物的同学一起交流。在交流中,体会到介绍植物可以从不同角度,除了要观察,还要进行资料的收集,以及对相关知识延伸了解,在收集资料等过程中发现问题,思考解决。

驱动性问题:(1)在观察植物的基础上,走进大自然,在春季社会考察活动中再一次对植物进行介绍。这次的介绍通过小组合作的方式,先进行分工,再进行探究,最终实地考察,在园林中进行介绍,同时培养孩子的自信心。(2)把核心素养落到实处,与其他学科进行整合,提升语言应用能力。

【实施过程】

（一）前期准备：选择一种植物，进行为期两周的观察

建议：(1)确定观察对象，可以在校园、小区、公园、花鸟市场等地方，选择一种植物进行观察。(2)观察内容可以参照语文书植物记录卡相关内容，感兴趣的学生可以尝试自己先做一做植物记录卡。

（二）项目化学习内容

1. 制作植物记录卡，并完成习作《我的植物朋友》

在前期准备的过程中，已经有一部分学生根据语文书上的学习要求，对于如何描写一种植物有了些许印象。于是笔者在课堂上对于如何制作植物记录卡进行了详细指导，然后让孩子们回家后根据自己的观察对象，进行植物记录卡的制作。第二天的课堂上，孩子们带着自己制作的记录卡，先是组内进行交流，然后笔者挑选了一部分学生分享了他们的植物记录卡。

通过植物记录卡的制作，学生们对于该如何入手进行《我的植物朋友》的写作有了非常明确的目标和方向。三年级是学生们作文的起步阶段，他们本来对于完成习作这件事情有着很大的困难，但是当笔者通过这样的形式让他们进行写作，他们觉得写作这件事就变得很有意思。当学生们觉得有意思了，对于这篇习作也就有了很大的兴趣，因此这篇习作的完成度和优秀率出乎意料的高。

2. 结合春季社会考察活动，做一回公园小导游，来一场和春天的约会

春暖花开的好季节，也是孩子们踏青的好日子。这次学校的春季社会考察活动正好是去滨江森林公园。公园中的湿地植物观赏园、生态林保护区、滨江岸线观景区、蔷薇园、木兰园、杜鹃园都是非常有特色的自然景点，而这些景点中都有植物，正好和前阶段介绍植物的内容相吻合。可以让学生也来做一次公园小导游，让他们和春天有个约会，介绍一下这个景点。

但是这次的项目化学习活动笔者更希望学生们除了进行语言的习得，还能够通过小组合作的方式，进行更深层次的提升。于是在出发前，笔者让学生建立了小组，并在组内进行分工，具体到组长、小导游、资料收集员、文字编辑员、记录员这些岗位，并且对这些岗位明确了任务。组长负责统筹安排这次活动的所有内容；小导游负责讲解；资料收集员对景点中的植物相关资料进行行前收集，并组织组员进行学习；文字编辑员是对导游词进行编辑；记录员是对园中植物进行及时记录。

当分工完成后，在行前，孩子们就饶有兴致地对滨江森林公园中的这些景观通过不同的途径进行了相关资料的收集。所以当他们来到公园中，身临其境地看到蔷薇、杜鹃等植物时，能够结合自己事先收集的资料进行介绍。各小组中的小导游也立刻上线。从他们的表现来看，行前准备工作充分的小组，介绍起来就能头头是道，当然也有个别小组，可能只是流于表面。但是不管怎样，对于孩子们来说，通过这样的项目化活动多少都有一些收获。

在考察结束后，每位学生根据自己在园林中的观察，对于自己在行前定下的观察对象在观察内容上进行了补充。从他们的考察单来看，有的学生观察的角度更全面了，有的学生观察的面更细致了，有的学生在进行文字表达时能用上有意思的语句，这些都是孩子们在"我和春天有个约会"这个活动中的收获。

3. 与道德与法治"我的家乡"这一内容整合，通过学写植物的方法，介绍自己的家乡

在这次活动中，学生们的语言建构和应用的核心素养得到了升华。学生们通过 PPT、短视频等形式，介绍了家乡的美食、景点、特产、风俗等。

【项目成果】

1. 植物记录卡。
2. 习作《我的植物朋友》。
3. "我和春天有个约会"春季社会考察活动中以小组为单位，通过"我是小导游"的形式介绍滨江森林公园中的自然景点。
4. 此次活动延伸至介绍自己的家乡，通过短视频、PPT、习作等形式来呈现。

【项目反思】

在开展此项目之前，笔者曾学习了许多有关项目化学习的资料，也聆听了专家的报告，并且在去年也带领学生参与了和职业有关的项目化活动。可谓学习过了，实践过了。那么是不是对于这次的项目化活动有了更多的底气呢？这是笔者在开始这次项目化活动前的一些思考，思考中真的也是迷茫着。

还是追溯到到底什么是项目化活动。现在的项目化活动有学科项目化、跨学科项目化、活动项目化等，那此次研究又可以怎么归类呢？有时觉得，语文学科作为一门工具性的学科，其实要开展一些有特色并且典型性的项目化活动不太容易。于是，笔者抛开杂念，本着初心——开展的这次项目化活动为的就是提升学生的语文核心素养，从语言建构和应用入手，提升学生的语言表达能力和综

合能力,那么,无论这个活动是成功还是失败,都是有价值的。

　　三年级学段的孩子对于写作的学习处于起步阶段。所以扎扎实实地指导学生写作,并在指导习作中让枯燥的写作变得有意思,是多么美好的一件事情。当孩子们走进花鸟市场、走进大自然,确定植物观察对象的那一刹那,那就是开展项目化活动有价值的地方。一张张植物记录卡,无论是绘画还是研究和记录的内容,都是孩子们最真实的反馈,从中能看到他们在此次项目化活动中是通过自己的努力得到收获。而那一篇篇习作的呈现,更是说明了此次活动已落到实处。

　　但是在开展"我和春天有个约会",让学生们介绍滨江森林公园中的自然景物这个活动时,笔者发现这是学生们对于项目化活动中合作学习的初体验。从这次的活动结果看,每一个学习小组的学习效果有所不同。有的小组达成了学习目标;有的小组则停留在活动的初级阶段,类似于又完成了一张"植物记录卡"。看到这样的结果,其实笔者心里是不太好受的。笔者在反思,活动的驱动性问题到底是什么,这样的设计是否正确,甚至开始质疑这次活动算不算是项目化活动？但是当继续推进此次活动,将活动延伸至其他学科,让学生们介绍自己家乡时,他们所呈现出的项目成果让笔者坚定了初心:这次项目化活动对于学生来说是有收获的。

　　正如这次项目化案例的题目——"春暖花开,'植'得期待",不仅是这次活动,这个项目,我们所开展的项目化活动无论是成功的还是失败的,它们正如春天里的花朵,百花齐放。我们的项目化活动在路上,我们的项目化研究值得期待。

促启蒙　品韵味
——一年级项目化活动"春之歌"

顾　玮

【项目简述】

在一年级的语文课文中,孩子们学习了《对韵歌》和《古对今》。两篇课文围绕春夏秋冬和大自然的事物,编成符合儿童特点的,且含适当生字的韵文。课文句式整齐,合辙押韵,让学生初步感受了对子的音韵美。经过一年的阅读实践,学生积累了一定的传统文化的经典语言。针对低年级学生的年龄特点和班级的实际,设计了"春之歌"项目化活动,进一步激发学生学习传统文化的兴趣。

【项目目标】

通过课文、成语等的讲、读、议以及观察大自然的景物,让学生在轻松愉悦的氛围中感受对子的音韵美、整齐美,体味找对子的乐趣,激发创作对子的热情并尝试创作对子。

【挑战性问题】

通过小组合作,共同参观校园,寻找大自然中美好的事物进行对子创作。

【实施过程】

(一)复习课文《对韵歌》和《古对今》,了解对韵内容和结构,知道如何对对子。

(1)全班背诵《对韵歌》和《古对今》。

(2)说说这两篇课文有什么共同点。

(3)全班交流:每句对子字数相等、词性相对、音调和谐。

(二)学习书中常用的对子。

师:"对对子是一项基本功,学古人的样子也从最基本的一字对开始吧。"

(1)一字对练习

一个字对一个字,内容可以相近也可以相反。

举例：

云对（　　）　　雪对（　　）

那么熟悉,你想到什么了？（语文书上学到过）请你当老师给小朋友出对子。

如：花（　　）　蝶（　　）　柳（　　）　桃（　　）……

自然界的景物可以成为对子,看！这两个会对吗？

课件出示：天对（　　）　　雨对（　　）

真好,我这儿还有要你帮忙对的字。听仔细了！会对的就马上举手示意。

美对（　　）　爱对（　　）　悲对（　　）

你能找这样的对子吗？为什么？

同桌两人相互出对子试试,我们比谁的对子出得有水平。

交流：哪两位来说说你们刚才出了什么对子,怎么对的？

一字对可以相对可以相反,老师这儿有个绝对,想听吗？

板书：墨。如果请你对,你会对什么？

墨对泉。你们看,墨和泉都是上下结构的,墨可以拆成黑和土,泉可以拆成白和水。再看,黑和白都是颜色,土和水同属五行。真是绝对。

（从基本的一字对开始,而且课本中已学过,学生有亲近感,易进入学习状态。从相近、相反到绝对,一个个阶梯的设置让学生趣味盎然。）

（2）二字对练习

对子有一字对,还有二字对,三字对,四字对……稍微增加点难度,你们有信心挑战吗？大屏幕出示。白鹭对（　　　）,橘绿对（　　　）。

（鼓励学生多推敲,说出理由。渗透方法指导。）

（3）成语中的对子

对子的答案不是唯一的,我们要多思多虑。现场抢答。

奇花对（　　）　　天南对（　　）　　飞禽对（　　）

根深对（　　）　　披星对（　　）　　朝三对（　　）

如果把对去掉,那又是什么？自由读读。

成语中有很多对子。来,迅速地在我们的大脑仓库里搜索一下,找出几个。等会儿我们交流的时候要能说出什么对什么,对得尽量工整。

学生同桌交流,全班交流。

（三）集体参观校园,寻找春天特有的景象,并思考如何运用在自己的对子创作中。

每位同学带好本子和笔，边欣赏春景边记录下自己观察到的景物。

（四）按小组讨论观察到的春天的景物和特色，参考课文《对韵歌》和《古对今》，尝试创编1—2句对子，全班交流评价并改进。

（1）请同学上台交流。

（2）其他同学根据对子特点进行评价学习。

（五）周末到户外继续观察春天的景物，收集资料，为创编对子积累素材。

（六）正式创编并对自己的《春之歌》进行美化。

（1）组内交流展示，评选出组内最佳作品。

（2）全班交流展示，评选出班级最佳作品。

【项目成果】

在小组合作以及自我创作中，每个学生都编创了一首属于自己的《春之歌》。作品不仅书写认真，还配上了美丽的图画。

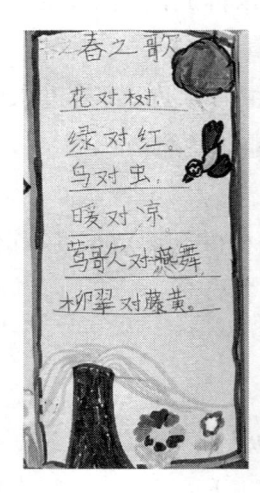

图1—3　学生编创《春之歌》

【项目反思】

对子本来是传统语文教育中学习写诗的一种方法。但是在现在的课堂教学中很少会出现，学生对此感觉很新鲜。活动中，通过引导学生在熟悉的课文中和校内环境中找对子，激起了学生强烈的兴趣。"对子没有固定答案"更激起了学生强烈的探索欲望。学生参与的积极性提高了，思维也活跃灵动了起来。学习对对子,让学生品尝了新颖,既训练语感和思维,又让学生接受传统文化的熏陶。

　　活动的过程中每个学生都成为学习的主人。在上述片段中,学生通过听说读写、小组合作、全班展示点评等环节使思维在不知不觉中拓宽和加深,传统文化的积淀在趣味中自然形成。

议·探·践:项目化视域下创新低段语文课堂的实践研究

——以二年级《春季社会考察手册》为例

李欣欣

【项目简述】

（一）项目性质

跨学科项目化视域下创新低段语文课堂的实践研究。

（二）项目背景

早春三月,春暖花开,在这个充满生机的时节里,我们迎来了新的一学期。新学期新面貌,统编版二年级下册第一单元的课文也以春天为主题进行了编排,无论是描写春天美丽景象的古诗,或是播下春天的种子等主体内容都为"寻找春天、感受春天"。除了通过课文学习感受春天,学生还要带着自己的生活体验去体会春天。这个情境不是我们过去讲的小情境,而是一个大情境,是一个从头到尾的贯穿整个单元任务群学习的情境,需要合适的境遇赋予学生学习动机。恰逢学校安排疫情结束后的第一次春季社会实践考察活动,学生们早已满怀期待,因此将课文内容与真实情境相结合,在真实的实践中,让学生去感悟春天的美好,感受春日的勃勃生机。

（三）项目缘起

随着新课改的推进,项目化学习越来越受到专家、学者、一线教师的关注,项目化学习在育人方面的独特价值也愈日彰显。它为提高学生学习能力,落实学科素养提供了有效的手段和重要的载体,也逐渐凸显出传统教学模式的缺点。

1. 传统教学缺乏贯通和实践

统编版语文二年级下册第一单元的主题为"找春天",梳理相应的课文教学重点如下：

表 1 统编版语文二年级下册第一单元教学重点

	内　　容	教学重点
课文	《古诗二首》	1. 会认 11 个生字,会写 8 个生字 2. 正确朗读并背诵古诗 3. 想象画面,能用自己的话说说诗中描述的春天美景
	《找春天》	1. 会认 14 个生字,会写 9 个生字 2. 正确朗读课文,注意语气和重音 3. 能说出文中孩子找到的春天是什么样子的
	《开满鲜花的小路》	1. 会认 14 个生字,会写 9 个生字 2. 分角色朗读课文,注意语气 3. 能根据图画仿照例句写句子
	《邓小平爷爷植树》	1. 会认 14 个生字,会写 8 个生字 2. 朗读课文,能用自己的话说说邓小平爷爷植树的场景 3. 积累"碧空如洗、万里无云"等词语
口语交际	《注意说话的语气》	1. 懂得与人交流时,不同的语气有不同的效果 2. 选择恰当的语气与人交流
语文园地	《语文园地一》	1. 借助公园导览图认识生字,养成在生活中识字的习惯 2. 能根据语境补充合适的词语,能仿照例句说说自己在春天里的发现和感受 3. 能背诵古诗《赋得古原草送别》 4. 自主阅读《笋芽儿》,发挥想象,了解笋芽儿的成长过程
快乐读书吧	《读读儿童故事》	1. 产生阅读的兴趣,养成自主阅读的习惯 2. 初步学会看书的目录,了解目录的内容 3. 能乐于与人分享课外阅读的成果

由此可见,课文的教学重点指向单元的人文主题——寻找春天,感受春天。但常规的教学设计一般是单向线性的,很难顾及同一单元其他内容的内在逻辑,彼此关联性不高,缺乏贯通与勾连。这也将导致知识碎片化,语文实践意义被淡化,学生没有完整的亲历的实践过程,无法达成高阶的知识运用,无法正确运用语文知识去解决实际问题。换言之,学生立场缺失,教师教什么,学生学什么,学生的创造性和思辨性被压制削弱。

2. 新课改的明确要求

新课改要求教学必须指向核心素养,必须坚持立德树人,密切联系生活实际情境,培养学生面对真实复杂情境下解决真实问题的能力。项目化学习是我国素养导向课程改革的有效应对之举。美国巴克教育研究所把项目化学习定义为一套系统的教学方法,并指出:"它是对复杂真实问题的探究过程,也是精心设计项目作品,规划和实施项目的过程,在这个过程中,学生能够运用所掌握的知识和技能。"夏雪梅教授认为:"项目化学习是学生在一段时间内对与学科或跨学科有关的驱动性问题进行深入持续的探索,在调动所有知识、能力和品质等创造性地解决问题,形成公开成果的过程中,形成对核心知识和学习历程的深刻理解,能够在情境中进行迁移。"因此项目化学习作为一种新型的学习方式,它聚焦学科核心知识,既指向学科人文主题,也指向学科核心素养,是教育教学的大势所趋。

【项目目标】

(一)项目涉及的核心概念、知识点及技能

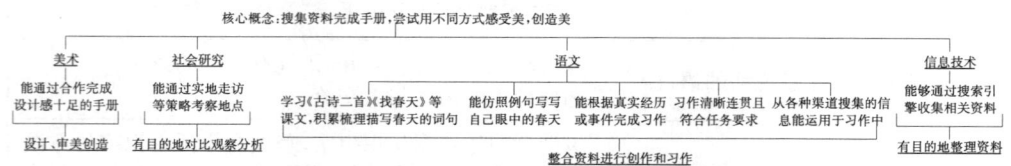

图1 项目核心概念、知识点及技能梳理

(二)学习素养

艺术创作力、审美鉴赏力、想象能力、动手能力、科学探究能力、对比实践能力、多种方式表达能力、搜集整理资料能力、自主学习与合作能力。

(三)达成的高阶认知:创见。

【挑战性问题】

(一)本质问题:如何尝试用不同的方式感受美并创造美。

(二)驱动性问题:春天到了,草长莺飞,桃红柳绿,万物可爱。春天是万物复苏的季节,也是春游踏青的大好时节。我们学校也将在不久之后举办校级踏青活动,现邀请你们成为春游踏青策划师,为我们设计一份春游攻略吧!

【实施过程】

(一)前期准备

低年级学生的词句积累量较少,无法做到理解和整合积累的内容。为了项目化学习的顺利开展,在前期准备中我们结合课文内容的学习,已经积累了一定数量的描写春天的词语。为了进一步激发学生的参与性,以《班级月报》为载体,以登报为奖励手段,鼓励学生发现身边的美好,并进行例句仿写,简要描述自己看到的春天,为入项做准备。

　　找春天(仿写)

　　作文"童生":宋思宸

　　柳条跟着风飘动,那是春天的头发吧?

　　微微的春风吹来,那是春天的呼吸吧?

　　粉粉的桃花开了,那是春天睁开的眼睛吧?

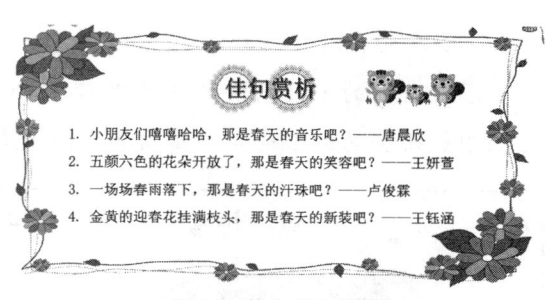

　　黄莺叽叽喳喳,那是春天的歌声吧?

　　春天来了!我们碰到了她,我们摸到了她,我们嗅到了她,我们拿到了她。她在花丛里睁开了双眼,在风筝上飞行;她在花朵里玩耍,在小河里唱歌……

佳句赏析
1. 小朋友们嘻嘻哈哈,那是春天的音乐吧? ——唐晨欣
2. 五颜六色的花朵开放了,那是春天的笑容吧? ——王妍萱
3. 一场春雨落下,那是春天的汗珠吧? ——卢俊霖
4. 金黄的迎春花挂满枝头,那是春天的新装吧? ——王钰涵

图2　学生佳句赏析

　　(二)入项

　　为了调动学生学习的兴趣,我们选择以学生感兴趣的春季社会考察实践为切入点,以此来设置驱动问题,来创设语文学习的趣味情境。

　　1. 最恰当的春季社会实践考察地点是什么?为什么?

　　我们开展了活动讨论课,学生自由抒发心仪的春季考察地点,并简要说明理由,其余学生进行补充或者反驳,由此选出最适宜的春季考察场所。

　　生1:"我建议我们去迪士尼乐园玩耍。因为那里活动场所极大,可以游玩的项目也很多,还有可爱的迪士尼人物可以和我们互动,多有趣啊!"

　　生2:"我不同意去迪士尼乐园。首先迪士尼乐园距离我们学校较远,过去不太方便;其次迪士尼乐园的花销比较大,我们还比较小,无法妥善保管财物。"

　　生3:"我也觉得去迪士尼乐园不太恰当,我们可以选择近一点的公园。"

　　生4:"可是距离我们学校比较近的公园游玩设施较少,场地偏小,不太适合春季考察活动。"

　　在入项开展伊始,学生们的兴趣被激发,他们一起讨论,一起研究出最适合的春季考察地点,从而开启了项目化学习之路。

　　2. 共青森林公园知多少?

　　在集体确定春季考察地点后,学生通过搜集资料、实地走访等渠道多方面了

解本次的春季社会实践考察地点,完成任务单。

(三)推进

一、我的春游我计划

请在下面的方框内设计属于你小组的春游导览图,通过资料收集,讨论出你们组最想去的六个地点。请写明出游地点,简单介绍你最感兴趣的景点。

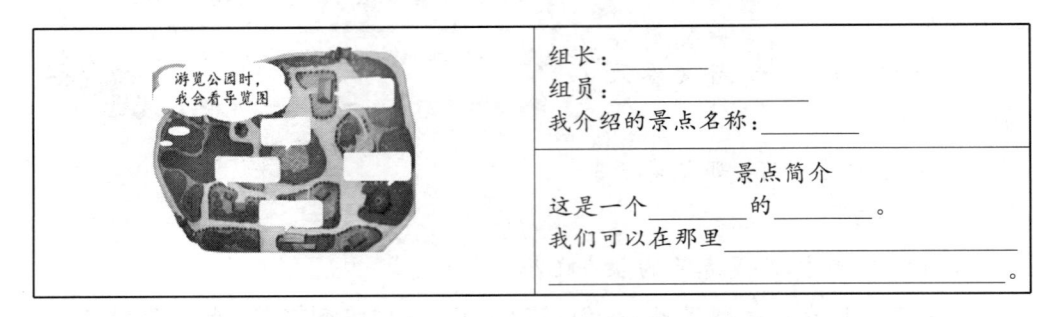

	组长:_____
游览公园时,我会看导览图	组员:_____
	我介绍的景点名称:_____
	景点简介
	这是一个_____的_____。
	我们可以在那里_____。

图3 设计春游导览图

我们在本项目化学习中,围绕驱动性问题,结合生活实际,解决了一个又一个问题链。

1. 一份实用的春季社会考察实践攻略,需要考虑哪些要素?

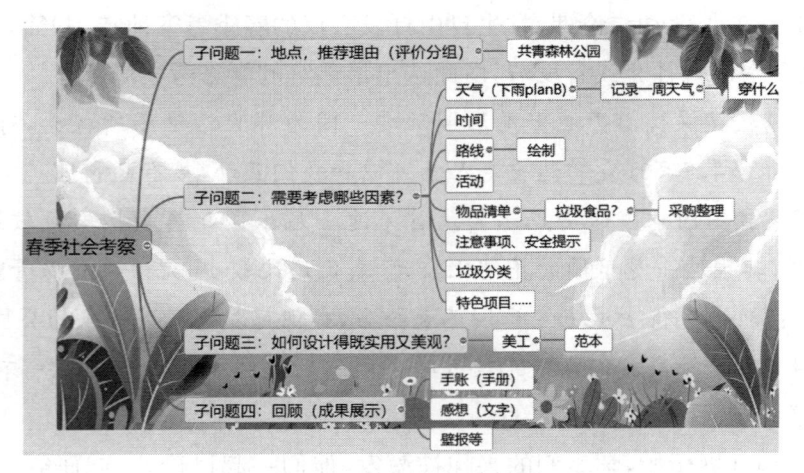

图4 设计社会考察攻略

(1)通过集体讨论,获取相关要素。

——路线

——游玩项目

——时间

——天气

——注意事项等

（2）教师适时干预，若遇到下雨天应该怎么办？是否需要筹备B计划？B计划中需要考虑的因素有哪些？

——室内场馆

——室内活动项目

——携带物品

2. 食品垃圾是否需要进行分类处理？应该如何保护当地环境？

（1）每个项目小组内进行分工，每人负责1—2个要素，进一步细化完成攻略手册的日程表。

（2）每个项目小组根据分配的任务分别采集素材，进行观察和初步撰写。

3. 如何将这份攻略设计得既实用又美观？

（1）汇总所有素材，根据主题再次筛选，调整素材内容。

（2）教师出示美观实用的攻略书册，提供参考（如图5、图6），学生发挥想象创造属于组内的攻略手册。

图5、图6　攻略书册参考

(3) 分工合作完成攻略手册的第一稿。

——美工设计

——贴纸

——表格等

(4) 根据评价量规，项目小组对主题、素材、排版等进行评价和交流。

(5) 教师进入各个项目小组内，对主题、素材等形式提出修改建议。

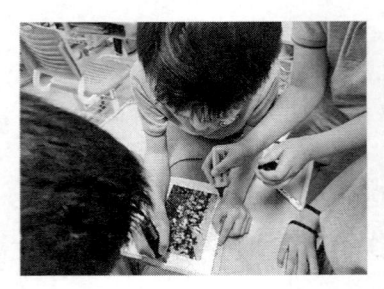

图7—9 学生分工合作设计制作攻略手册

（四）展示汇报

根据评价量规和相关修改意见，确定项目小组攻略手册最终稿。每组需完成一份春季考察攻略手册书，并派出代表进行口头汇报，最终根据评价量规产生各具特色的攻略手册。

考察结束后学生需根据真实经历、真切感受完成一篇习作，并结合《班级报刊》，推选出最优秀的作品登报，班级内进行表彰奖励。

（五）出项

春季考察攻略手册书；习作。

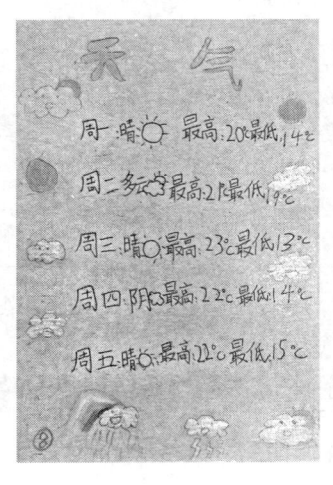

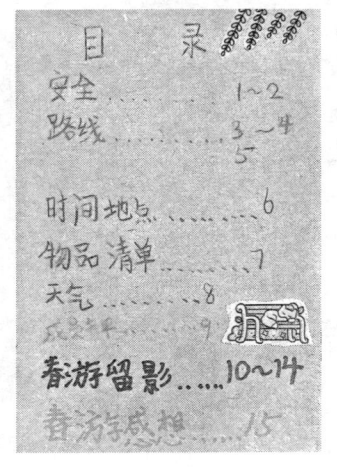

图 10—12　学生设计攻略手册

【项目成果】

（一）指向核心素养，落实语文要素

现阶段，新课改如火如荼推行，我们已逐渐从"知识导向"转为"素养导向"。语文知识的学习最终是为了形成语文核心素养，这是超越知识能力之上的与个体特性融合的面对情境灵活反映的综合。而这一能力的培养，正是与项目化学习所契合的。在此项目中，学生的口语表达、写作表达等均得到了提升，想象力和创造力在一本本精彩纷呈的手册中得以彰显，因此项目化学习是在更高层面，更深层次地落实语文要素，直抵核心素养的形成。

（二）推进深度学习，共享学习成果

项目化学习离不开学生的合作探究，可以说，小组合作探究是项目化学习的重要手段之一。在合作过程中，组内成员互为补充，互为督促，共享学习成果。他们主动去建立不同知识的联系，比如完成此项任务需要考虑哪些要素，需要提前搜集哪些资料，需要哪些新颖的设计，怎样让它变得更实用、符合大众的期待，如何让组内手册在评比中脱颖而出等。有了清晰的任务做导向，才能够把学生从知识传递和搬运的浅表学习引向注重问题解决和过程反思的深度学习。

（三）重视迁移运用，解决真实问题

项目化学习需要构建真实的学习情境。在本项目中，结合春季考察实践活动，让每位学生成为考察实践的主人，集体讨论地点，分组分工配合，合作完成手册。在项目进展的过程中，学生迅速入境，定点深入，开启了"攻略手册"的研习之旅。通过一次次生生讨论、师生交流，手册内容由单一变得丰富多彩、形式各异,学生收集整合信息的能力、团队合作能力、思辨能力等也迅速得以提升,而这些能力对于其今后的学习生活是至关重要的,只通过传统的课堂教学是不可能实现的。

【项目反思】

诚然,项目化学习作为新型的学习方式已被大众所熟知和认可,但在实施过程中仍存在问题需要反思。如驱动性问题引导力不足,导致往往在起始阶段学生兴趣高昂,跃跃欲试,进入到中后期阶段,学生的激情被消磨,行动力滞后,不能持续自主地进行有意义的学习活动。再如,过程性评价被严重弱化。过程性评价能够督促和监督项目实施的各个阶段,是项目化学习必要的支撑,但受传统教学模式的影响,教师关注终结性评价的比重较大,过程性评价的意识严重弱化,或者说评价量规无法真正起到过程性评价应有的作用,学生仍然得不到准确的反馈和指导,未能促进高阶思维的形成,思维流于表面而无法深入。

综上所述,设计一个真切落地、高质量的项目不是单向的线性上升的过程,而是一个螺旋式攀升的路线,需要不断地更新完善。相信伴随着新型教育模式、教育理论的推广和实行,项目化学习终将走向成熟。

"小观察 大发现"
——四年级语文项目化学习案例

陶珈敏

表1 "小观察 大发现"项目化学习概况

项目名称	小观察 大发现	项目时长	4周
学科	小学语文	项目型	学科项目化学习
相关学科	科学、美术、信息、劳技等	年级	四上

【案例描述】

四年级第一学期语文第三单元的核心要素是学会连续观察,并能够写观察日记,要求学生学习用观察日记的形式记录观察对象的变化,把观察的过程写下来。这与新课标第二学段要求"观察周围世界,能不拘形式地写下自己的见闻、感受和想象,注意把自己觉得新奇有趣或印象最深、最受感动的内容写清楚"的目标契合。在以前的学习中,学生一方面已经了解了日记的一般格式,初步养成了写日记的习惯;另一方面,知道要仔细观察注意事物的变化,把观察到的事物写清楚,这些都为本次习作奠定了基础。因此,四年级组从这一单元入手展开项目化学习。

【项目核心驱动问题】

本质问题:怎样观察,才能做到细致?

驱动性问题:如何运用准确、恰当、生动的表达,将自己连续的观察记录下来?

【项目阶段性任务】

第一阶段 精读课文,驱动探究

在带领学生精读课文过程中,激发学生对周围事物进行连续观察的兴趣,唤醒学生的生活记忆,帮助学生打开思路。同时,选定项目主题,明确目的——观察的重点是事物的变化。

精读课文的学习目的是：体会文章准确生动的表达，感受作者连续细致的观察，引导学生以日常生活中的动物或植物为观察对象，将课堂内所学习的"连续、细致"观察迁移到自己的生活与表达中。

于是，我们提出了这次项目化学习的驱动性问题："学习第三单元课文，了解爬山虎向上爬的秘密，看到蟋蟀筑巢的全过程。这些都是作家留心生活，认真观察所得。你们能不能成为一名细致的观察员，试着连续观察，用观察日记记录下你们的收获呢？"

第二阶段　观察记录

1. 根据学生的兴趣爱好、性格特征等进行自由组队，一起确定感兴趣的观察对象，引导学生制作小组活动计划表，并在教师指导下进行修改。以绿豆芽活动记录表为例：

表 2　绿豆芽活动记录表

小组成员	陈一菲、马天禄、金彦琳、王以恒、夏安琪
活动时间	2022 年 10 月 1 日—2022 年 10 月 15 日
观察内容	观察绿豆芽发芽过程的变化，并记录自己观察的感受。
成果展示	绘制绿豆芽观察记录表和手抄报。
活动步骤	具体活动内容。
准备阶段	1. 小组购买新鲜饱满的绿豆。 2. 查阅绿豆发芽的相关资料。
实施阶段	1. 陈一菲和马天禄负责查找绿豆发芽的相关资料。 2. 金彦琳和王以恒筛选绿豆并准备绿豆发芽的器材。 3. 夏安琪负责整理记录绿豆发芽后大家的感受和观察内容。 4. 实际操作中寻求家长或老师指导和帮助。（绿豆泡水后过滤干瘪绿豆，或等绿豆出芽后再盖上海绵纸巾等。）
展示阶段	绘制绿豆观察记录表，并绘制手抄报。

2. 链接资料袋，学习观察记录表

教师提供学习支架——学习资料袋的相关链接，让学生了解观察记录表的不同样式——图文结合式、表格式。学生看懂记录方法，并进行交流。再引导学生对比着看，说说各种样式的优点。从而引导学生举一反三，从多角度观察事物,发现事物的变化、特点,细致地记录变化过程。

这一环节的学习可以更好地帮助学生明确如何进行观察记录。在实施过程中,教师引导学生从自己的能力和兴趣点出发,可以采用不同的最终呈现形式,如观察小报、观察小书或连环画。

第三阶段　整理记录,形成日记

以绿豆发芽记为例:(学生根据自己的兴趣点,选择了不同的观察对象)

一周过后,引导学生模仿课文的描述,根据观察记录表的记录,尝试形成观察日记。

1. 挑选一份观察记录表为范例

(1) 出示观察记录范例

表 3　绿豆发芽观察记录表

观察对象	时间	状　　态	颜　　色
绿豆发芽	10月2日	让绿豆泡在杯子里,用潮湿的纱布盖住	绿豆的外壳是绿色的
	10月3日	绿豆没有动静	绿色
	10月4日	绿豆没有动静	绿色
	10月5日	绿豆开始膨胀	外壳颜色变浅
	10月6日	绿豆破皮,露出小芽	小芽是乳白色的
	10月7日	小芽长到一厘米左右	芽瓣是嫩黄色的
	10月8日	小芽又长了三厘米	豆瓣颜色变成黄绿色

(2) 明确整理内容

阅读习作要求,通过圈画重点词"变化",让学生知道写观察日记主要是把事物的变化写清楚。让学生读读观察记录,把表现绿豆变化的相关语句勾画出来,明确这是需要整理的内容。

(3) 确定日记重点

学生通过读观察记录,勾画出重复部分或没有明显变化的地方。如上表中有两天绿豆都没有动静,明确这样的内容可以略写或不写。标出感兴趣或变化大的地方。如上表中的"绿豆开始膨胀""小芽长到一厘米左右",明确这是日记的重点内容。

2. 梳理形成日记

引导学生回忆日记格式,明确为了让别人看清楚观察过程,日记中有时要交代必要的观察时间,如"经过三天的等待""漫长的一周过去了",也可以用上表示顺序的词语,如"刚才、之前、然后",把观察的过程衔接起来,如果能附上图画或照片,让观察日记更加丰富就好了。

3. 交流互评,修改习作

(1) 回顾语段,感受细致观察,学习准确、生动的表达

利用课文《爬山虎的脚》《蟋蟀的住宅》以及阅读链接,进一步引导学生感受作者观察细致,用词准确,表达生动。如《爬山虎的脚》中,处处都能感受到作者细致的观察。第二自然段中以下语句:

爬山虎刚长出来的叶子是嫩红的,不几天叶子长大,就变成嫩绿的。爬山虎的嫩叶,不大引人注意,引人注意的是长大了的叶子。那些叶子绿得那么新鲜,看着非常舒服。叶尖一顺儿朝下,在墙上铺得那么均(jūn)匀,没有重叠起来的,也不留一点儿空隙。一阵风拂过,一墙的叶子就漾起波纹,好看得很。

第四自然段,引导学生抓住"伸、触、巴、拉、贴"一系列动词,感受作者观察的细致、用词的准确;从"如果你仔细看那些细小的脚,你会想起图画上蛟龙的爪子",发现作者融入想象,运用比喻,使表达生动形象。

爬山虎的脚触着墙的时候,六七根细丝的头上就变成小圆片,巴住墙。细丝原先是直的,现在弯曲(qū)了,把爬山虎的嫩茎拉一把,使它紧贴在墙上。爬山虎就是这样一脚一脚地往上爬。如果你仔细看那些细小的脚,你会想起图画上蛟(jiāo)龙的爪子。

(2) 小组交流各自的观察日记,学生互相学习,并根据课文对变化的细致描写和对动词的精准运用,互相提出修改建议,并在此基础上,进行观察日记的修改润色。一篇篇充满童趣的观察日记就此出炉。

【项目学习评价】

项目化学习注重让学生经历有意义的学习实践的历程,因此要注重表现性评价,在项目的不同阶段进行评价,并强调主体多元化,更好地调动学生参与活动的积极性和主动性。本次项目化学习活动分为小组合作和个人活动两个层面,因此在评价中,我们同时体现了学生参与小组活动的评价和对学生个人活动与成果的评价:

表4 项目学习评价表

项目学习实践	评价细则	评价等级 自评	评价等级 同伴评	评价等级 教师评
项目阶段性任务一的学习实践	能认真阅读课文《古诗三首》《爬山虎的脚》及资料袋、《蟋蟀的住宅》及阅读链接,感受作者连续细致的观察,体会准确生动的表达	☆☆☆	☆☆☆	☆☆☆
	确定观察对象,能进行连续细致的观察,并做好观察记录,努力做到结合图片,同时开始写观察日记	☆☆☆	☆☆☆	☆☆☆
	小组交流时愿意表达看法,倾听同伴的建议,对同伴做出回应	☆☆☆	☆☆☆	☆☆☆
	能积极主动地完成任务	☆☆☆	☆☆☆	☆☆☆
项目阶段性任务二的学习实践	继续做好观察记录表,写观察日记	☆☆☆	☆☆☆	☆☆☆
	能采用不同途径解决观察时的疑惑,如上网查询、请教他人、翻阅资料等	☆☆☆	☆☆☆	☆☆☆
	愿意在小组内交流观察记录表和观察日记,倾听同伴的意见,对同伴做出回应	☆☆☆	☆☆☆	☆☆☆
	能结合课文学习写法,修改日记	☆☆☆	☆☆☆	☆☆☆
	能积极主动地完成任务	☆☆☆	☆☆☆	☆☆☆
项目阶段性任务三的学习实践	整理好观察记录表和观察日记	☆☆☆	☆☆☆	☆☆☆
	在小组内分享,完成评价表	☆☆☆	☆☆☆	☆☆☆
	能积极主动地完成任务	☆☆☆	☆☆☆	☆☆☆

【项目化学习总结】

通过这次项目化学习,学生们主动提出问题、参与讨论、搜集整理资料、汇报展示,他们主动探究、勇于创新的能力得到了很好的锻炼和提升。同时,他们用自己的方式感受自然魅力,从过程中感悟知识的生成,在交流中感受思维的碰撞,在展示中体会成功的快乐。

在本次"小观察,大发现"的项目化学习中,我们以项目化学习理论指导为基础,在认真学习的基础上,深入实践,与学生一起探讨、研究和成长。在这一个过程中,项目化学习四年级语文教研小组成员对如何指导学生开展项目化学习也有了自己独特的认识——三重视、二关照、一突破。

（一）三重视

1. 项目初期：重方法指导

俗话说，万事开头难。在项目化学习开展前期，面对驱动性问题"如何运用准确、恰当、生动的表达，将自己连续的观察记录下来？"，学生要以小组为单位观察绿豆。如何组队？如何拟定和修改方案？以何种方式收集材料？如何记录和呈现？毫无疑问，这些都是学生面临的问题。因此，在每个学习阶段，为了降低学习难度，我们为孩子们搭建了支架，如任务驱动表、学习单等，在此基础上，学生也可以进行修改或创编。另外，在评价的过程中，以"评价细则"的评价过程为依托，在观察教师点评的基础上，教给学生方法，引导学生触类旁通。

2. 项目中期：重要素落实

本次项目化学习涉及的语文关键能力是"运用准确、恰当、生动的表达，将自己连续的观察记录下来"。这是本次项目化学习的一个重难点。用怎样的方法来记录观察到的内容并把过程写清楚、写具体呢？教师完全可以在项目化学习过程中进一步落实这一单元的语文要素，引导学生回顾、学习课文的表达方式，在写传统节日的过程中迁移运用。站得稳方能走得远，学生唯有真正掌握这一语文能力，才能在不同的语境、场景中运用自如。

3. 项目中后期：重评价指导

在项目化学习的中后期，要综合运用过程性评价和总结性评价、个人评价与小组评价，让各种评价主体在项目化学习的不同阶段参与评价，成为学生的学习动力之一，促使学生更有效地投入项目化学习中。

（二）二关照

1. 关照学生语文核心素养的提升

在本次"小观察，大发现"的项目化学习中，"科学素养"是每一位学生必须具备的，也是最重要的一项核心素养。通过趣味多彩的项目活动，让孩子们综合运用相关知识和技能进行学习。未来，我们将继续加大学科作业设计的研讨力度，"双减"时代，愿孩子们在充实和快乐中，茁壮成长！

除了科学素养，我们也努力关照学生的语言运用、思维能力和审美创造能力。例如，向别人介绍自己的小组成果，开展连环画故事会，用文字记录观察日记等，这让孩子们在丰富多彩的语言实践活动中提升了口头表达和书面表达的能力。

2. 关照学习者的情绪体验

对于具有一定挑战性的任务驱动,学习者需要在较长的学习周期中具备较高的学习热情。在小组协商、日常记录与正向的交流评价中,在从不成熟的初步想法到较为完备的实体化成果进程中,在教师的肯定与支持声中,最大程度地让孩子们在情绪情感上达到高峰体验,这也潜在地增强了学生对语文项目化学习的内在动力与持续的探究欲。因此,在项目化学习开展的过程中,孩子们的情绪体验不容忽视。

(三) 一突破

语文项目化学习重塑了学习空间这一概念,实现了学习场域在物理层面和心理层面上的延展。从空间有限的教室拓展为开放、包容的现代社会,这一转变对教师和学生都提出了新的考验。学生不仅要打破学科间的壁垒,尝试运用跨学科的思维解决问题,运用多元化的学习与实践渠道,还需要充分适应自身在项目化学习中扮演的社会化角色,实现自主监控与协作学习。

足行千里品民间文化　思绪万千会思维火花
——"中国的世界文化遗产"项目化学习案例
学科项目化学习初探

林炜鸽

【项目化学习设计与实施的基本要素】

根据新课标要求和锦绣小学五年级学生的客观行为能力、实践能力,依托文本教材的设计,本班随着语文教材的推进,结合多学科的展示能力,深挖了中国民间文化,依托民间文化对中国的世界文化遗产进行了进一步的了解、呈现。

项目名称: 足行千里品民间文化 思绪万千会思维火花

本质问题: 怎么循序渐进了解民间文化和文化遗产之间的勾连,如何用项目化、多学科的方式,呈现博大精深的民间文化,深挖中国的世界文化遗产?

驱动性问题: 中华文明源远流长,各地民间文化各具特色,融会贯通之下呈现了中华民族独特的文化特色,我们借由文本来先认识,再借由多学科的方式来具象化地呈现。

【项目实施的过程】

(一)入项活动——什么是民间文化

五年级第二学期语文课本里,学生了解到了很多中华文明颇具特色的民间文化,诸如古诗《稚子弄冰》中的弄冰成磬,《红楼春趣》中的放飞纸鸢,《他像一棵挺脱的树》中的人力车,《刷子李》中的粉刷匠。在学习文本的过程中,学生们不禁发问:何为"弄冰"?"磬"是什么?"纸鸢"是风筝吗?为什么春天要放飞这个?"人力车"是什么?"粉刷匠"就是刷墙壁的吗?一个个问题,串联起了千年以降的文化,串联起了无数的思考和挖掘。

根据以上问题,学生们展开了以下的安排和项目设计:选定文本中的某一个感兴趣的民间文化作为研究目标,思考首要了解这个民间文化的哪个方面,单人完成抑或小组合作完成研究项目,可以借助其他的什么学科来协调呈现研究成果,可以用什么方式来呈现最终的研究成果。

五年级的学生们在思考、确立方向、完成组织架构后开始了后续的项目化探究。

(二)项目过程——方法多变、博采众长

查资料:借助课本文本的叙述内容,进行简单的了解;借助电脑和工具书,对研究目标进行进一步的分析。

广采访:对生活中见到的相关民间文化艺人或者相关从业人员进行采访,脱离文本,去生活中寻找民间文化的奥秘。

深记录:使用列图表、拍照片、剪贴画、做小报等方式,将调查清晰的民间文化进行记录,形成一个完整的展现体系。

在先了解文化内容,后多角度、广维度地了解文化内涵之后,学生对于个人或者集体研究的民间文化对象有了更深层的了解,并依托"民间文化"这一概念延伸理解至"文化遗产"和"民族意识"。而在探究的过程中,我们也不忘借助学校的力量,借由多学科的习得能力,对探究问题答案起到了卓绝的作用。

第一,语文和英语学科的快速浏览能力,让学生能够快速阅读课本文本并从中抓取出我们必要的"民间文化"信息要素;从中文和外文的期刊或者电子介绍中,抓取出广受认知的"文化传承"信息源。

第二,课堂教学和语言类学科必备的口头表达能力,让学生可以更加从容地进行了多次数、多角度、多维度的采访,并抓取其中的要素,汇编在最终的项目化呈现报告之中。

第三,信息课程也赋予了学生熟练运用电脑寻找信息、汇总信息、筛选信息的能力,让学生可以从容地从浩如烟海的资料库中找出适合的信息内容。

第四,数学课程教授的数学归纳能力,让学生可以进行信息汇总之后的记录、计算,计算出民间文化从业人员,计算出民间文化传承时间,计算出民间文化在何区域较为盛行等,同时,对各类信息进行了更深刻的分析。

第五,美术课程赋予学生借由画笔呈现历史文化的能力,音乐课程赋予学生借由歌舞等艺术形式更深刻了解民间文化的能力。

综合运用多学科能力,通过认知、实践、呈现这三大形式,学生们独立、从容地完成了信息收集和反馈。经过一个月的准备,学生的个体研究和小组群体性研究有了初步的结果,我们以小组和班级为单位,对各个研究目标进行了评定。

表1 "民间文化"评价标准

五(3)班 项目立项	"民间文化"评价标准		
	☆	☆☆	☆☆☆
内容取向	不符合	符合	符合且有趣
内容表达	尚可	有趣	详尽且有趣，有进一步了解的兴趣
呈现方式	单一(只有图/文)	多样化	多样化且引人入胜

在完成了这一部分的评定之后，我们将脱颖而出的项目立项，并由学生自发寻求各学科老师的帮助，完成特色化的项目呈现。

【项目最终的成果——多维呈现】

在各学科老师的不吝赐教下，五年级的学生们完成了相应的学习反馈。主要的呈现方式有小报、电子课件、手账。

小报。学生依托出色的美术能力，将选择出的民间文化使用绘画的形式来展现。多种多样、各具特色的纸鸢成为主要的选择对象，使得其他学生更加精细地了解纸鸢是风筝最早的雏形，代表着"求福、喜庆、吉祥"的寓意。

电子课件。学生依托信息科技的学科能力，把"民间文化"以电子化的形式更加直观地展现出来。"人力车、粉刷匠"成为主要的选择对象，使得其他学生更加精细地了解"人力车"是一种用人力拖拉的双轮客运工具，在老舍先生的笔下，也是穷苦百姓辛苦谋生的一种象征；"刷子李"是一位粉刷匠，文本颇具天津方言特色，其拥有娴熟的粉刷能力，也正是天津民间一种盛行职业的代表。

手账。班级的女生以自身喜爱的"手账文化"为蓝本，把古老而有历史韵味的"民间文化"和新兴的、流行的"手账文化"做了衔接和融合。没有孤立分析单一的民间文化，而是全面地展现民间文化，把各个不同的文化都编写入手账之中，一页手账一个民间文化，将手账变成了展现民间文化多样化的一个载体。使得手账的文化载重更加深厚，既有审美情趣又有历史厚重感。

【讨论与思考——多维呈现民间文化，更加注重民族自信】

在初步完成了项目化的研究和实践之后，虽然还算圆满地完成了既定的目标，但还是发现在实践的过程中存在着一些可以改进的地方。

首先，学生对于"民族文化"的定义不清、了解不深。在探究和学习之初，我们问什么是"民间文化"，学生们知之不详，认为"立夏带蛋""春节收红包"是民间文化。诚然，这是民间文化的表现形式，可是，为什么要"带蛋"？这代表了什么？为什么春节要发红包？红包为什么叫"压岁钱"呢？学生们虽然已经五年级，却从未想过背后的故事，只是觉得新鲜和约定俗成，殊不知，民间文化也渗透了民族文化，它们是架构民族文化的基础，是需要学生去体会和感悟背后的精神文化和历史传承的。

其次，语言运用能力进步很大和跨学科、项目化的揉合能力不强。《义务教育语文课程标准（2022年版）》里提到"依托学习任务，安排连贯的语文实践活动，注重语文与生活的结合"。我们的活动也是依托于此展开，学生采访和探讨的过程便是如此，长期、持续的语言输出，保证了交流、沟通的有效性：从组织者的角度出发，去陈述选择这个议题的理由；从采访者的角度出发，去挖掘民间文化的传承和背后的文化逻辑；从陈述者的角度出发，去讲解论题浅层和深层的文化内涵，既要内容翔实又要生动有趣，才能在评比之后获得大家的认可和投票。在这样长期的演练下，学生的语言运用能力有了长足的进步，但美中不足的是，呈现的方式还是比较单一和局限的：绝大多数的学生还是采用了绘画小报的形式来展现跨学科的研究成果，简单且单一，一张图直接展示民间文化内容，或者配上寥寥几笔的文字介绍，并未挖掘其背后的历史人文故事，并未把民间文化和民族文化传承勾连起来。

经由这次不成熟的项目化实践，笔者明白了文化的研究和展现是一个长期而任重道远的事情。我们应该在小学期间一以贯之地去做文化挖掘的事情，而不是把这个论题当作一个单一的事件来看待。或可根据年段来分配习得任务，低年级段采取绘画、歌舞的形式来直观呈现，高年级段可以采取汇报、话剧的形式来展现民族文化之美。总而言之，我们应当依托文本，运用多学科的能力来全面地研究和展现。

依托文本,走进名著
——"四大古典名著"项目化学习案例

赵佳希

【项目简述】

《三国演义》《水浒传》《西游记》《红楼梦》四大古典名著是中国文学史中的四座宝库,也是世界宝贵的文化遗产。对于小学生来说,要读懂,还要能理解感悟人物个性,了解作者的思想,难度比较大。该如何引导他们会读古典名著,并且通过多元化品读,做到真正爱上四大古典名著呢?五下的语文课本第二单元以"走近中国古典名著"为主题,四篇课文各有一个选段可供孩子们赏析,何不好好利用呢?所以,笔者以此为驱动性目标,开展了"依托文本,走进名著"项目化学习活动。

本项目依托文本的单元目标,利用课文内容,指导孩子发现阅读古典名著的集中基本方法,初步感悟人物的个性,敢于说出自己的见解。学生在学会读古典名著的基础上,通过小组合作与讨论,找到自己小组的学习子项目,有侧重地开展学习活动。学生在任务驱动下提升语文素养和综合学习能力,各小组最终以不同的方式呈现项目化学习成果。学习过程中,学生以自主探究和小组合作探究相结合的方式进行学习,项目实施过程为三个月。

【项目目标】

1. 依托文本,掌握一定学习古典名著的方法。
2. 聚焦主要人物,细致分析,找到独特论点。
3. 小组合作,找到自己小组的子项目。
4. 交流学习成果——对古典名著的理解。

【挑战性问题】

在课堂上,在教师的引导下总结探究学习古典名著的基本方法,学习分析名著人物的基本方法。

对四大名著中哪个人物最感兴趣？找到感兴趣的章节，通过小组合作与讨论，找到自己小组的学习子项目，有侧重地进行探究。

【实施过程】

（一）在单元学习中，引导学生总结出学习古典名著的基本方法

1. 联系课文，猜测意思

例：《景阳冈》中有这样几句："那个大虫又饥又渴，把两只爪在地下略按一按，和身望上一扑，从半空里蹿将下来。那大虫背后看人最难，便把前爪搭在地下，把腰胯一掀，掀将起来。把这铁棒也似虎尾倒竖起来，只一剪。"原文是文言文，在理解上学生肯定会产生困难，除了借助注释、查古汉语字典之外，其实通过联系上下文猜测意思，大致知道在讲什么就可以了。

2. 借助资料，扩大了解

例：《草船借箭》选自《三国演义》。东汉末年，曹操刚刚打败刘备，又派兵进攻孙权。于是刘备和孙权联合起来抵抗曹操。刘备派诸葛亮到孙权那里帮助作战。孙权手下大将周瑜妒忌诸葛亮的才干，设下圈套，假意让他负责赶造十万支箭，企图以造不成箭违误军令的借口加以陷害，于是就发生了这个故事。在学习课文之前，需要对当时的历史背景有一些了解，才能更好地分析人物特点。

3. 结合影视，加深理解

教师在几篇课文的学习中都穿插了一些视频内容，也引导学生回忆一下平时看的影视作品，更形象直观地感悟人物。

4. 难解词语，暂且放过

古典名著原文中难免有难以理解的词语，读原文时，只需抓大意即可，不用把每个词都弄明白。

例：《红楼春趣》中有"丫头们搬高墩，捆剪子股儿，一面拨起籰子来"。其中"籰子"虽然难理解，但是前文是准备要放风筝了，这里就能猜测到是和风筝有关的物品，对后文情节不影响，不需要去追究究竟是什么意思。

这里就需要区分，猜测内容如果是影响后文理解的，那就要弄清楚具体的意思，如果对后文的情节和内容不影响，大致知道是在讲什么即可。

（二）在单元学习中，感悟人物特点的方法

1. 人物特点＋结合课文中相应的言行，具体说。

例如：《景阳冈》一文中评价武松，可以这样说："武松很要面子，有些鲁莽，他

不听别人善意的劝告,要不是一身的武功,可能就要命丧景阳冈了。"

2. 直接引语要改成转述,可以联系生活进行对比。

3. 用关联词把几个特点串联起来。

有的学生很会感悟,他在同一个人物上有许多想分析的内容。那么就要先排排序,先说主要的特点,次要的放在后面,并且用上关联词把一段话串起来,更显逻辑性。

例:《红楼春趣》中贾宝玉的人物分析:"我觉得贾宝玉有些小孩子气,风筝放不上天就发脾气。但是他又很善良,对丫鬟很好,还能知道风筝是丫鬟掉的,要给她送去。还可以从丫鬟们对宝玉说话没大没小,和他打趣看出,贾宝玉也是一个平易近人的人,没有什么少爷的架子。"

(三)在单元学习中,运用学过的方法,实践学习古典名著及分析人物

进行四大名著的导读,尽量多给学生时间,多给予他们自己感悟的时间和表达的机会。

(四)在理解内容的基础上,选择感兴趣的名著及章节内容,自由选择合作小组

学生们根据自己感兴趣的名著,选择有相同主题与内容的同伴,自由组合,在自愿的基础上组队。

(五)讨论选定名著的子项目内容,过程中教师指导实施并且分析可行性

例如:《西游记连环画》《西游记妖怪图谱》《红楼梦古诗鉴赏》《红楼梦音乐赏析》《三国演义中的真实有几分》《辨一辨现代唐僧可不可取》《你想做孙悟空还是唐僧》《红楼里埋下的那些伏笔》《课本剧——猴王出世》《西游记中的那些"宝贝"》《红楼服饰探究》《水浒英雄武力值图谱》。

(六)汇报形式:PPT、读后感、视频、小报、连环画、表演

各小组根据自己的子项目来决定最后呈现的方式。

例:A小组选择的子项目是《黛玉的人物分析——以葬花为例》,该小组准备的材料有人物分析文稿、影视作品选段、图片、小报、音乐、书法、古诗作品等。他们把准备的材料整合成一个PPT,以小组汇报的方式呈现,并且设计了互动的环节,让其他同学更有参与感。

例:B小组对《西游记》里的"三打白骨精"部分特别感兴趣,他们还从白骨精

的角度对妖怪进行了分析和研究,同组还有一个小戏精,所以他们选择的子项目是演《三打白骨精》里的一个选段。

（七）评价

表1 小组合作评价量表

评价标准	五星	四星	三星	二星	一星
参与	主动、积极参与全过程	积极参与	参与部分	参与活动较少	没有参与活动
合作	主动承担并认真完成分配任务	认真完成分配任务	基本完成分配任务	完成部分任务	没有完成任务
创新	积极并多次提出自己的见解和创意新颖	能提出自己的见解和创意新颖	能提出见解,有一定创意	能提出见解,但无创意	没有提出见解

【项目成果】

在当前的项目化学习中,我重视项目化教学方式,依托文本,对学生的导读进行充分且积极的准备,让生活和阅读结合,从而最大程度提升学生对于名著的阅读与理解能力,提升学生的文学修养。在推进过程中引导学生用多种形式、不同侧重点来学习名著,让学生在项目学习中提升美术、音乐、书法的鉴赏能力和信息技术能力,以及创新、思维、表达、动手、合作的能力。

【项目反思】

在项目化学习的过程中,一开始学生想到的子项目比较单一,很多都是对人物的分析或者以小报的形式呈现。于是在具体的过程中笔者进行引导和一些辩证思维火花碰撞,让学生更有驱动性。

比如在《西游记》的导读中,笔者引导他们去探究:孙悟空为什么能打败那么多神仙?到底谁的武力值更厉害?猪八戒到底是不是一无是处?你要做孙悟空还是唐僧?在《水浒传》和《三国演义》的导读中,引导孩子们思考:小说中的哪些人物是当今社会更需要的人才,为什么?在《红楼梦》的导读中,笔者引导他们思考:《红楼春趣》中的那么多风筝预示着什么,和人物最后的命运有什么关系?这些问题可以作为学生阅读的驱动性问题。所以学生在阅读的时候,必须多阅读,多提取信息,联系前后才能找出支持自己观点的理论,这对于学生的驱动性非常大,学生也会逐渐掌握相关的知识。

在以后的项目化实践中，笔者还要注意多积累素材，特别是一些照片和视频材料的收集，一些生成性材料的积累。当时还没这个意识，现在写文章找材料的时候就很费力，下次还是要提早收集，做个有心人。

这只是笔者对项目化学习的初步尝试，以后笔者也将结合文本，组织孩子们进行更多项目化学习，当然如果能真正和其他学科结合在一起，将更有可行性。

"我的钱包我做主"

李寅义

【项目背景】

人民币是人们日常生活中物品等价交换的一个媒介,是我国法定的货币,是价值的一般代表。但随着时代的发展和科技的进步,越来越多的人在购物时选择电子支付,传统货币的日常使用率不断减少,孩子几乎接触不到人民币,对它的了解也很少。加之现在疫情大环境,传统货币更是毫无施展的余地,是不是传统货币没有其存在的必要了?

然而事实并不像我们想象的那样。由于疫情封控在家,本学期沪教版一年级第二单元的"认识人民币"这节课是通过在线教学完成的。学生们对人民币知识有了初步的掌握,但在接下来的几次师生线上交流中教师们却普遍发现,虽然现在生活中直接接触货币的机会比较少,但学生们对货币方面的知识表现出格外强烈的求知欲望,时不时地会向教师提一些有关货币方面的知识。

我们知道,项目化学习是学生从真实世界中的基本问题出发,围绕真实情境的主题,在精心设计任务、活动的基础之上,以小组方式进行开放性探究,并将学习结果以作品的形式表现出来,最终构建起知识的重要意义和提高自身能力的一种教学模式。它植根于课堂,但同时指向课程的结构性。

因此,一年级数学组的老师们以"我的钱包我做主"为主题,设计了一次数学项目化学习活动,鼓励孩子们采访身边的大人、利用现代化的多媒体资源,更深入地了解人民币的来历、用途、价值等知识,并通过视频、绘画、小报等形式进行展示。这样既让学生获取更多关于货币的新知识,又能复习巩固已经学习到的知识,真正做到在乐趣中学习,成为金钱的小主人。

【驱动性问题】

在传统货币日常使用率不断减少的当下,尤其是疫情封闭在家之后,传统货币是不是已经没有存在的必要了?

【知识与能力建构】

1. 在已有的数学认知基础上进一步了解和探究货币的知识，真实感受到货币的作用，体会到货币对于人类经济生活的重要意义。

2. 从数学的角度，引导孩子们在认识人民币的基础上学习人民币的简单计算和实际使用，从而提升学生提出问题、探索问题、实践操作、解决问题的能力。

3. 通过项目学习培养学生个性表达的能力，体会探索、发现的喜悦，感受课内所学知识的重要性及它们来源于生活、应用于生活。

4. 用项目化学习的深度学习方式，帮助学生将书面的知识通过自我学习再学习，在对人民币背后故事的探索中逐步培养爱国情怀。

【实施过程】

（一）入项环节

通过观看新闻视频，学生了解到上海疫情对我们日常生活带来的冲击。疫情期间，你家是如何购买生活物资的呢？今后，我们的传统货币是不是已经没有必要再生产了呢？带着这一系列的疑问，我们一年级数学组提出了本次项目化研究的一个本质问题：在传统货币日常使用率不断减少的当下，尤其是疫情封控在家，如何帮助学生进一步学习更多有关货币方面的知识，了解货币的真正价值。

（二）实施环节

为了解决驱动性问题中的疑惑，我们将问题进一步拆分开来，让孩子们的学习目标更清晰明确。以若干个子问题为支架，帮助孩子们逐步了解和认识货币的真正价值。

子问题1：现在常用的是第五套人民币，你知道前几套人民币历史吗？

通过查阅网络资料，学生们对人民币的发展史有了更多的认识。透过人民币可以了解我们国家的历史，从一套套人民币的图案中看到了我们国家农村的欣欣向荣、工业的蓬勃发展，看到了不同年代劳动人民的奋发向上，看到了祖国各地的大好河山。百年磨砺，百年辉煌，被记录在一张张、一枚枚红色政权的货币和人民币上，也镌刻在几代中国人的心中。不少学生也详细介绍了自己最喜欢的一张人民币，告诉了我们许多藏在人民币背后的小故事。比如一（1）班的朱彦冰同学，他就介绍了一套特别版本的20元面值人民币，通过录制小视频跟我们分享了关于这套冬奥纪念币的许多小故事。

图1、图2　学生手绘人民币背面风景

子问题2：你家有没有其他国家的货币？它们与人民币有什么异同？

通过查阅网络资料并与家中现有的各国货币进行对比，学生们对人类从古至今使用的货币有了更深入的认识。知道货币自诞生以来，就与政治、经济、人民生活息息相关。战争年代，它是支援战争的有力保障；和平时期，它是国家建设的坚强支撑；人类历史的长河，它更是峥嵘岁月的亲历者、见证者、记录者。对于每个国家而言，货币都有着不可替代的作用，是这个国家的象征！

小朋友们还介绍了许多国家货币与人民币之间的汇率，形成了一个初步的经济概念。有位热爱军事的小朋友还知道汇率是会根据国际形势进行波动的，他在看了俄乌战争的新闻后，知道了俄罗斯的卢布汇率发生了大浮动，明白了汇率背后发生的事情。如果俄乌两国一直处于战争中，那么他们国家的货币价值

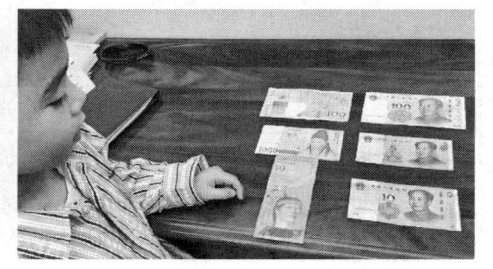

图 3—8　学生介绍各国货币

将会大大贬值。这让他意识到了和平对一个国家的发展是多么重要,我们要珍惜和平,热爱和平。

子问题 3:你有和爸爸妈妈一起购物时使用人民币的经历吗?当遇到不能使用电子支付的商家,你会用现金跟他进行交易吗?

通过角色扮演的小游戏,在家长的配合下模拟一次使用现金购物的过程。这个活动首先意在引导学生们学会使用传统货币,会把不同面值的人民币进行快速的换算,让学生在实践操作中运用所学的人民币知识,进一步理解人民币相关知识。其次,还让学生体会到传统货币在生活中的价值,遇到突发情况时,要学会使用传统货币。

而且这个环节教师还要求学生分别扮演买家和卖家,从不同角度体验使用人民币的经历。在买卖交易当中学生既收获了知识,又能与自己的爸爸妈妈进行沟通与交流,锻炼了自己的语言表达能力。在活动中,教师也积极参与其中,指导和设计场景脚本,营造了线上教学的仪式感和浓厚的活动氛围。

【预设成果和预设评价】

预设成果:

个人录制的视频、关于货币的绘画、制作小报等。

预设评价:

信息收集能力、语言表达能力、汇率换算能力、人民币识别能力等。

表 1　个人学习评价单

评估内容	评估标准	得分(1—5)
信息收集	能运用信息技术,搜集古今中外的钱币,做好整理。	
知识应用	能运用元、角、分相关知识,进行简单的换算。能理解购物问题中的数量关系,丰富解决问题的经验。	

(续表)

评估内容	评估标准	得分(1—5)
数学表达	能对搜集的信息、活动的过程,从数学角度进行分享交流。	
创新表达	能运用照片、图画以及视频等方式简洁明了且富有个性地介绍活动过程和结果。	

【项目小结和反思】

通过本次项目化学习活动,一年级小朋友们对人民币的知识都有了更加深入的了解,并且还能够运用自己学到的知识和本领举一反三,用各种有趣的形式展现出来,成果十分令人惊喜。由于本次活动充分考虑原教材学习重难点,让人民币知识的学习不仅仅局限于"纸上谈兵",而是真正在实践中探索、在行动中学习,因此深受孩子们的欢迎。

但同时我们也发现了活动的一些不足。比如通过项目化学习的形式的确提高了孩子的学习兴趣,也加深了孩子对知识的印象,但是真正落实到笔头的练习上,部分孩子还是不能将知识内化为解题的方法策略,这提醒我们要关注基础性知识与学习能力发展的并行。再者,如何将数学项目化学习与其他学科更好地结合,项目安排的时间设置怎样更合理,单元驱动性任务如何既提升学科素养又关注学生的社会性成长等都是我们下阶段需要继续研究的方向。

【学生和教师的成长】

数学学习不只是坐在教室里听课,也不止于在练习本上不停地刷题,我们需要走进生活、走进历史、走进文化,走进数学知识背后的故事,这一改变会让我们数学学习变得更加丰富多彩,也会让孩子们的思维更为广阔,能力得到更多元的发展!孩子们用自己的智慧探究了许许多多的货币,研究的过程仿佛就把数学知识置身于祖国的大好河山——清澈秀丽的桂林山水、巍峨的泰山、淡妆浓抹总相宜的西湖、西藏的布达拉宫、神圣的北京人民大会堂……孩子们不仅获得了数学的知识,同时也领略了祖国的美丽。当了解了货币的变迁后,丰富的历史知识则让孩子无限感叹人类文明的进步;当动手完成项目成果时,更是自豪自己的能干,在过程中实现自我的认可!

【项目的改进】

作为新时代的数学教育工作者,必须以把握学生学习规律为前提,合理运用项目化学习活动激发学生的创造力,让每位学生都能够保持对数学学习的热情,从而促进综合素质的发展。

用爱收获成长
——爱心节"爆米花销售问题"

郑津京

【项目简述】

学习素养视角下的项目化学习是指学生在一段时间内对于学科或跨学科有关的驱动性问题进行深入持续的探索,在调动所有知识、能力、品质等创造性地解决问题、形成公开成果中,形成对核心知识和学习历程的深刻理解,能够在新情境中进行迁移。基于此背景,在爱心节前一个月里,锦绣小学五年级数学项目组开展了"爆米花的销售问题"的活动。

学校爱心节活动中,大家会参与商品的售卖。在这个项目学习中,学生可以学习如何为爆米花定价,如何设计和制作爆米花售卖托盘等。通过项目化学习的经历去体验一个产品的生产到售卖的过程。

【项目目标】

1. 数学学科核心知识

(1) 测量运算涉及圆的半径直径、长方体的表面积等问题。

(2) 结合统计知识,在商品制作中进行成本把控,包括购买材料的成本和能够获得的盈利。

2. 跨学科(美术)核心知识

(1) 会绘制爆米花托盘设计图纸,并进行托盘制作。

(2) 能使用绘画手段进行作品美化,并利用色彩搭配知识布置摊位。

【挑战性问题】

(一) 本质问题:解决实际中的商品销售问题。

(二) 驱动性问题:学校的爱心节就要到来了,我们准备以售卖爆米花的方式来筹集爱心基金,你打算如何来策划这一次的"爆米花销售"活动呢?

【实施过程】

（一）入项环节

项目化学习强调学生自己选定项目，但这种选择并不是毫无边界的。结合数学统计知识内容、班级学生特征和学习目标，与项目组成员共同确定了"用爱收获成长——爱心节爆米花售卖"的项目。

按班级分为 4 个项目小组，对活动进行了初步策划。

（二）探究环节

1. 方案制定

包括义卖策划、售卖方式、托盘的制作、促销手段（宣传单和优惠券）等。在此期间帮助学生围绕售卖这一真实情境进行研究，搭建支架。

子问题 1：买卖是一个怎样的过程？主要有哪些环节步骤？你准备如何策划？

在义卖方案策划阶段，项目组成员通过查阅资料、小组讨论、自主设计了解到何为义卖、意义何在，并通过填写表 1 形成了义卖初步方案。

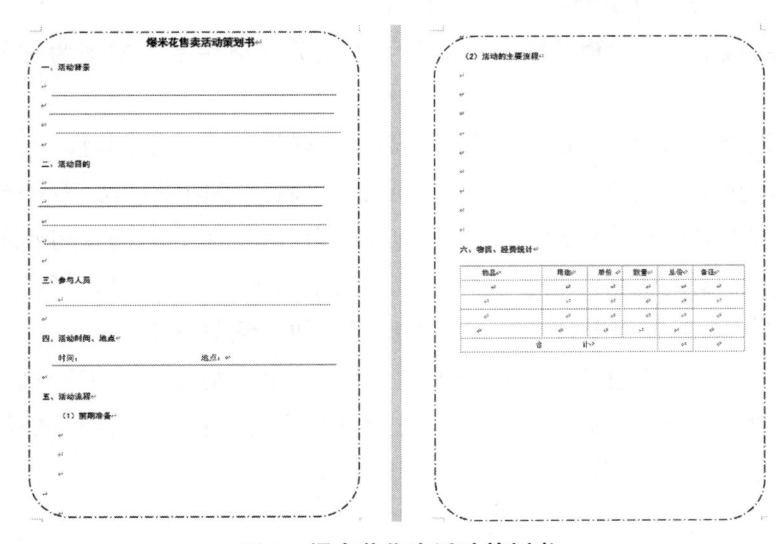

图 1　爆米花售卖活动策划书

子问题 2：对于售卖方式、销售宣传你有什么好建议？

针对售卖方式，我们进行头脑风暴（流动售卖 vs 固定摊位）。在观点支撑下，大家觉得流动售卖在销售过程中更具优势，根据售卖方式我们提出运用所学数学知识自制托盘盛放锥形纸杯，挂在脖子上的缎带也可以帮助腾出双手为顾客服务。

在促销方式的选择上，小组成员们利用绘画手段设计宣传单和优惠券。小小一张宣传单上应该有什么呢？

2. 实施以及调整

包括商品的定价、人员分工、收银与推销。在实施过程中我们不断发现问题，产生新的疑问，并由孩子们自己想办法去解决问题。

[产生问题1]为杜绝在爱心节销售的食品中存在安全卫生隐患，学校规定班级中售卖的产品不能是食品，只有食堂等具有卫生安全资质的才可以售卖食品。那么我们做这样的项目时怎么保证售卖食品的卫生呢？

由于销售的商品为食品，出于食品安全的考虑我们将流动售卖调整为在食堂固定摊位，制作的托盘用于固定一次性爆米花纸杯。为了能拿到首次食品经营许可权，由小组成员沈震坤和潘厚宇同学向学校行政领导进行项目推介汇报，并针对如何在售卖爆米花时保证食品安全问题进行了说明阐述。学校行政领导对项目组的充分准备做出肯定，并在经过校务会商议后由党支部奚书记和总务吴老师为五年级项目组颁发食品经营许可证。

[产生问题2]在对食品定价时是否了解相关法律规定？如何为你的爆米花定价？

项目推介会后，我们又学习讨论了如何为爆米花定价的问题。商品定价策略中常见的定价原则有三类：成本导向定价法、需求导向定价法、竞争导向定价法。其中成本导向定价法即以你的进货成本为依据，加上你期望得到的利润来确定你所卖东西的价格。基于这种定价法，项目小组对方案实施进行了预算。

[产生问题3]如何合理有效进行售卖当天的组织与分工？

项目实施是一个逐步给学生赋能的过程，小组成员逐步认识到自己要承担的责任，理解自己扮演的角色，发现自己的擅长之处，自主规划项目的问题解决路径，组建团队和进行分工，做好项目管理。

3. 成果出项

随着义卖活动正式拉开序幕，小小营业员们开启真正的销售之路。他们都使出浑身解数，叫卖声此起彼伏，积极地为摊位展览客人服务，起初的紧张与害羞被现场的热情取代。

4. 项目评价

方案预期目标完成情况、利用数学所学知识对营业额及盈利进行计算、个人工作回顾、项目化评价和成果奖励。在个人回顾中，成员们根据2个问题进行回顾并进行自评、互评与师评。

[反思1]你为这个项目做了点什么事情？

[反思2]整个项目中你自己做的哪些工作是让你觉得满意的？

评价表包括成员的合作学习、过程和体验，是非常有效的，它能够科学、合理、快捷地对学生项目化学习进行综合准确地评价。

表1 用"爱"收获成长——"爆米花售卖"项目化过程评价表

【姓名】				【组别】		
维度	初级	良好	优秀	自我评价	同学评价	教师评价
参与讨论	小组讨论，我并**不积极**，需要组员督促我才参与讨论。	小组讨论，我**积极参与了几次**，有时也需要组员督促我参与。	小组讨论，我**每次都积极参与**，还能提醒其他组员参与。	☆☆☆	☆☆☆	☆☆☆
倾听发言	在别人发表意见时，我在做自己的事情，有时会**心不在焉**。	在别人发表意见时，我**安静倾听**，耐心地听他说完。	在别人发表意见时，我认真倾听，并对他的想法**表示认同或是提出建议**。	☆☆☆	☆☆☆	☆☆☆
表达想法	在小组讨论的过程中，我**并没有**发表自己的想法。	在小组讨论的过程中，我**有时**会对某一问题发表自己的想法。	在小组讨论的过程中，我表达了**很多**自己的想法和建议，还得到了组员的认可。	☆☆☆	☆☆☆	☆☆☆
参与活动	我参与了活动，但表现**并不积极**，只按要求被动地完成任务。	我积极参与了活动，**大部分时间能认真完成**自己的任务。	我积极参与活动，并**主动认真完成**自己的任务，在小组遇到困难时，还会**积极想办法解决**。	☆☆☆	☆☆☆	☆☆☆
总计				( )☆	( )☆	( )☆
你为这个项目做了点什么事情？						
整个项目中你自己做的哪些工作是让你觉得满意的？						

这个售卖活动非同寻常，它是数学学习资源的收集过程。活动过后学生到教室展开后续的学习活动与反思活动。反思对学生来说具有创新和挑战意味，是一种自我超越、自我完善，可以帮助他们提高问题意识，优化思维品质。成果的奖励也随之公布。

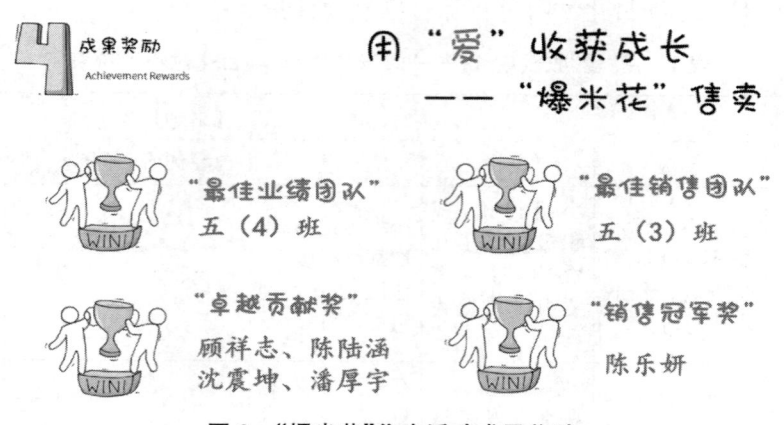

图2 "爆米花"售卖活动成果奖励

【项目反思】

因为教学方式的转变，学科育人的功能自然地形成。学生在数学能力提高的基础上，增强了经商头脑，售卖活动之后的献爱心更是让数学的抽象性、数学运算的核心素养充分体现！

此次项目活动中我们还应意识到出项的重要性，出项也是向其他组学习的机会。出项方式、出项各方主要的角色及复盘与反思，我们将在后续的项目化活动中进一步研究。

如何设计更符合校园需求的失物招领柜?
——项目化学习案例

范逸之

【项目简述】

师生在使用现有校园失物招领柜的过程中,发现了柜体容量小、失物无人认领等情况。三年级学生在尝试设计更符合校园需求的失物招领柜的过程中,学习如何测量、设计一个失物招领柜,以及如何对其进行宣传。

【项目目标】

1. 结合沪教版数学三年级第二学期测量、统计单元所学,设计校园失物招领柜。通过选址讨论、师生访谈、合理方位统计、失物招领柜设计、失物招领流程宣传,感受到解决生活中数学问题的乐趣。

2. 通过失物招领柜实地测量、设计,进一步感知长度单位,学会用数学的方式解决生活中的问题。

3. 在采访活动中,提升采访能力和人际交往能力。

4. 在视频表演的过程中,尝试剧本设计以及表演。

5. 在完成整个项目的过程中,提升测量、绘图、审美以及合作、交流的能力。

【挑战性问题】

1. 本质问题:进一步感知各长度单位,初步学会根据实际需求,用合理的数学表达方式表达自己的想法。

2. 驱动问题:

校园中总会出现一些学生丢失的物品,原本的校园失物柜空间逐渐变小,并且逐渐杂乱,能否设计一个更符合本校需求的校园失物柜呢?

子问题:

(1)校园失物柜的选址。

(2)校园失物柜的设计。

(3) 校园失物柜的失物招领宣传。

【实施过程】

(一) 入项环节

三年级学生在之前的学习中对于长度的测量、长度单位的具体感知都有了一定了解。课堂上教师首先放出现有校园失物柜的照片,然后提出了本次项目化的驱动性问题:设计一个更符合学生需求的校园失物柜。

问题一经提出,瞬间激发了学生们的学习兴趣和学习热情。教师在提出问题后,带领孩子们到校原有的失物招领柜进行考察。学生们立刻发现了现有失物招领柜的很多问题,并开展了一课时的头脑风暴,在这一次头脑风暴中提出了三个问题。

第一,校园失物柜中失物的构成是校服、雨伞、雨披、文具、水杯、红领巾、工具箱以及一些其他物品,而原来的柜子由 6 个相同大小的长方体组成,不能进行很好的分类,所以会显得校园失物柜不整齐、不卫生。

第二,校园失物柜中的衣物或东西很多,学生却不来认领,有必要对校园失物柜进行宣传。

在前两个问题提出后,一位学生忽然提出,原本的失物招领柜的位置不够合理,将其换到教学楼会更好。学生们进行头脑风暴后,有人认为教学楼二楼饮水机对面的位置很不错。所以我们的第三个问题,也是目前最急迫的问题产生了,即校园失物柜的选址。

(二) 探索环节

子问题 1：校园失物柜的选址

为了让失物柜的选址更合理,学生们分成 4 组采访了校园的全部师生。采访单经过学生们的商讨由两个问题组成:①你知道校园失物招领柜在哪里吗?②你认为校园失物招领柜设置在哪里更好? A. 原处　B. 二楼饮水机对面　C. 其他。

在此次的采访任务中,每一组学生都统计了采访数据,最后整合成统计表。我们由此得到了一些结论:一是大部分学生知道校园失物招领柜现在的位置,二是超过一半的学生认为校园失物柜设置在原来的位置更好。

以下图片是学生的采访小结。

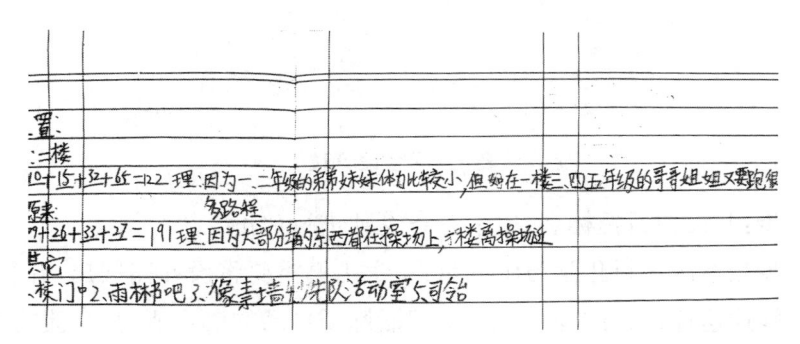

图1—3　学生采访小结

学生们在这一次的采访中表现突出，根据语文学科口语交际的交流要求做了采访评价表。从采访能力和人际交往能力两个维度，学生进行自评和互评。依托采访问题设计合理、采访内容记录到位，完成了解决针对性问题、表达问题时很清晰、采访音量合适、采访过程待人有礼这几个评价项目，学生综合评价了本次的活动。

子问题2：校园失物柜的设计

在前期的调研中，学生们发现失物招领柜中的物品是由雨伞、雨披、文具、水杯、红领巾、工具箱以及一些其他物品构成。学生们分成四组进行了失物招领柜的设计。

第一步：测量数据

在测量数据时，学生们利用了米尺、软尺、三角尺等工具测量了失物招领处的大小，在测量中进一步感知长度单位。

第二步：每组完成一份设计稿

学生们5—6人为一组，先每人设计一份设计图，经过小组讨论，取长补短，采纳合理建议后，再手绘失物招领柜的设计图，并用文字进行标记，提升了数学绘图能力。

下图为学生设计稿。

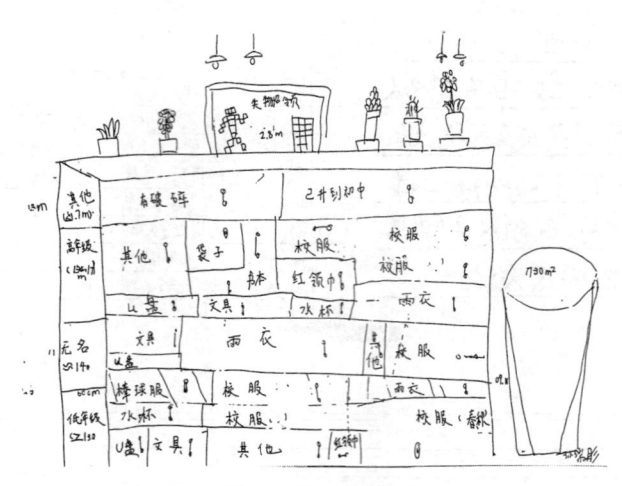

表 4　学生设计稿

第三步：开设项目招标会，邀请总务老师进行评价

这一步是本次项目化学习中的重点，学生们需要将设计稿展出，并且在项目招标会上阐述这样设计的理由。学生们锻炼了自己的语言能力、交流能力。

在招标会中，学校总务处吴老师对每个设计图提出了自己的看法，我们第二小队的设计稿成为了校失物招领柜的最终方案。

图 5 为学生在项目招标会上介绍自己的设计意图。

图 5　学生介绍设计意图

与此同时，吴老师也提出了问题：同学们的设计稿都设计了新的柜体，那么原来的旧失物招领柜何去何从？对此，聪明的项目组成员们立刻给出了多个方

案,如放在音乐专用教室、阶梯教室等,那里需要置物柜。可见学生们日常学习生活中乐于观察校园。

第四步:根据实际柜体再一次对柜体进行区域规划。

校总务处在两个星期内就将第二小队设计的新失物招领柜制作完成,但同学们看到新柜体之后也意识到了最大的问题:新的校园失物收纳柜太高了。究其原因,依然是学生对于长度的感知是不全面的,当近 2.5 米的柜子实体展示在他们眼前时,他们才意识到最上层的柜子是学生够不着的。

学生们决定改变原设计中的区域规划,重新制作新的标签牌。

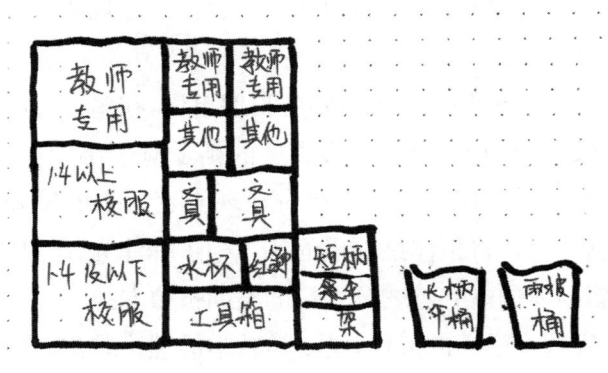

图 6　标签牌示意图

子问题 3:校园失物招领柜的宣传

在子问题 1 中,通过采访已经得知学生对于校园失物招领柜的位置是比较了解的,但是依然有很多被主人遗忘的失物。在宣传部分,我们有两个活动。

活动一:制作失物招领海报

每一位项目组的成员都制作了失物招领海报,除了设计绘画,还在教师的指导下,每个人使用塑封机将海报加固塑封,张贴在校园合适的位置。

图 7 为学生设计海报的样例。

活动二:拍摄失物招领宣传视频

项目组成员自编故事情节、台词,参加

图 7　海报

表演、设计镜头,完成了《锦绣小学失物招领处的宣传》视频。

【项目成果】

本次项目组活动中,学生们确定柜子选址;根据不同的物品分类对柜体大小做了不同的设计,结合了伞架、伞桶等,最终设计出了一个更符合师生需求的失物招领柜;并为新的失物招领柜进行了海报宣传和视频宣传。

【项目反思】

在本次项目化活动中,学生通过收集师生意见,确定失物柜选址,测量数据,设计失物柜,合理安排新失物柜的功能区分,为失物柜进行宣传的一系列活动,学会了用数学的眼光观察现实生活,用数学的思维思考现实生活,用简单的数学语言表达现实生活。

但本项目的本质问题是进一步感知各长度单位,在施工方将柜体完成后,参与项目的学生一致认为柜子太高了,最高层的柜子对于小学生而言是很难够到的。这说明学生在项目中期对于长度单位在现实生活中的感知依然是不够的,虽然最后他们集思广益,将柜体最顶层的三个柜子标注为"教师专用",但却不得不承认,这一个新柜体依然有近三分之一的空间被浪费掉。

好奇、探索、发现是学生的天性,是小学教学的理论基点。但在本项目中,探究式学习被动戛然而止了。

如何让学生对于单位的感知更进一步？或许,我们在设计稿确定后,不用急着将柜子做出来,而是可以请学生用纸棍、木棒等更轻便的材料搭一个等比例模型。通过学生自己动手操作,感知长度单位,意识到原设计稿的缺陷,进行再一次的基于现实的、精益求精的设计,最终打造一个比最终成果更符合校园需求的、更实用的柜子。

这样的数学学习经过了发现问题、思考问题、解决问题的步骤,让学生更能体会数学来源于生活并能使用在生活中的观念,学生在本次项目化学习中的成就感会更高,数学基础知识也会更加牢固,也能完成本次项目的本质问题,进一步理解感知长度单位。

"节约用水行动"项目化学习案例

马舒婷

【项目简述】

2020年,为推进义务教育教与学方式变革,上海制定了《上海市义务教育项目化学习三年行动计划(2020—2022年)》,培养学生创造性解决问题的能力。在此背景下,四年级数学项目组设计并开展了"节约用水行动"项目。

"节约用水"这一内容是小学阶段数学教学的重要学习内容,从北京版数学教材五年级上册的"节约用水",到2022版课标中的"水是生命之源",再到沪教版数学教材四年级上册均有"节约用水"的出现。这是一个全球性的课题,也是学生作为世界未来主人所需要承担的责任和需要培养的习惯。

在本次项目学习中,学生通过开展资料查找、实地调查、节水方法设计、节水行动等实践活动,加强学生对水资源使用与保护等问题的关注,培养学生提出问题、信息搜集处理、发现并解决问题的能力。

【项目目标】

1. 结合沪教版数学四年级第一学期容积测量和统计所学,从数学的角度研究社会问题,培养学生对数学的应用意识,提升数学学习兴趣。

2. 经历质疑、信息搜寻、求证等过程,培养学生提出问题的能力。

3. 通过实地调查和测量实验,进一步加强对物体容积的感性认识。

4. 根据调查结果设计节水方案、学校节水改造方案,培养学生数据分析能力和创新意识。

5. 在学习过程中感受水资源的重要性和稀缺性,明确节约用水的必要性,形成保护水资源人人有责的意识,培养学生社会责任感。

【挑战性问题】

本质问题:如何让学生基于资料收集、测量记录、整理分析进行方案设计和观念表达。

驱动性问题：从小到大，我们总能听到或看到的"节约用水"的标语和提醒。你思考过为什么我们要节约用水吗？如果节约用水有必要，我们又可以做些什么呢？

【实施过程】

（一）入项环节

1. 提出驱动性问题

四年级学生在之前的学习中对于质量单位、容积单位和容积的测量有一定的了解。入项课上，先从教材中"节约用水"一课出发导入，从小胖家小区节水改造入手，请学生交流自己身边看到节约用水宣传的场景，顺势提出了本次项目化的驱动性问题：为什么我们要节约用水？

2. 要立先破，初步思考驱动性问题

问题第一次提出后，许多学生第一反应是感到惊讶："当然要节约用水！"还有小部分同学说："从小是这样教的。"但是为什么呢，为什么一直宣传节约用水？你思考过吗？你对此有疑问吗？当问题被第二次提出，学生开始真正思考这个

图 1　学生提出的问题

问题，正视“节约用水”这个课题。由此学生立刻展开头脑风暴，一一提出自己对于节约用水的质疑。例如：“地球上四分之三都被水覆盖，这么多水，为什么还要节约用水？”“水费不贵，节约用水也省不了多少钱，为什么要节水？”“我走到哪儿几乎都能看到水，为什么说世界缺水？”等。

3. 资料搜集，查证

随着有些质疑被学生当场解决，同学们提出的问题深度也层层递进，许多需要后续查资料解决。例如：“我们为什么只能用淡水，不能用咸水呢？”“我们学过，水是可以循环的，那水应该是无限，为什么还要节约用水？”“上海经常会下雨，雨水多，为什么不用雨水？”“人能不喝水，喝别的吗？”等。

首先，将学生提出的问题进行分类，之后学生根据自己提出的问题类型进行分组，以小组为单位进行活动。利用信息教室在科普网站查询可靠的资料，根据资料做出自己的分析，解答自己提出的质疑。

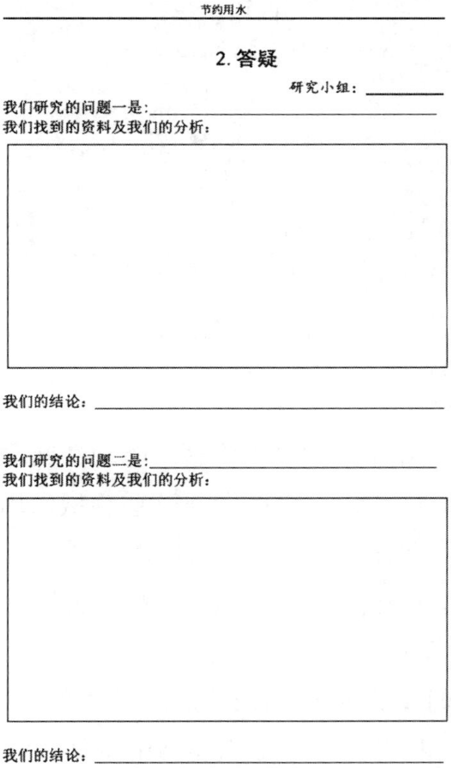
节约用水

2. 答疑

研究小组：________

我们研究的问题一是：________

我们找到的资料及我们的分析：

我们的结论：________

我们研究的问题二是：________

我们找到的资料及我们的分析：

我们的结论：________

图 2　答疑任务单

学生在这一过程中了解到地球上水资源的分布情况、我国淡水资源的分布不均问题、人类需要淡水的原因等自然知识。通过自己提出质疑,自己搜寻资料解决疑问的过程,在学习中培养审辩思维,并让学生更加确信节约用水的必要性和紧迫性,顺势提出"节约用水,我们可以做些什么?"。

图 3—5 答疑小报

(二)探索环节

"我们可以怎样节约用水呢?"学生将这个驱动性问题进行了拆解:首先,得知道我们在哪些领域需要用水。其次,分析这些领域的用水是否必不可少。找出哪些领域的水资源可能被浪费,可以节省使用。接着,针对这些领域的用水提出有针对性的节水建议或节水方案。最后,实践验证自己的方案是否可行,推广节水方法和宣传节水行动。

子问题 1:目前我们在哪些领域需要用水?哪些领域的用水可以节约?

学生通过头脑风暴和资料查阅,了解生活中需要用水的地方,并大致归纳出四大用水领域:生活用水、农业用水、工业用水和其他用水。

表 1　生活中需要用水领域及具体用途

用水领域	具体用途
生活用水	饮用、洗漱、做饭、研墨……
农业用水	灌溉庄稼、稀释农药、绿化种植、畜牧……
工业用水	冷却水、洗涤、各类制造加工……
其他用水	消防用水、降温路面洒水、水族馆……

图 6、图 7　分类

针对不同领域的用水，学生分别提出了节水建议：

对农业用水中的绿化种植部分，学生提出可以不用自来水，而用周围的河水或被简单处理过的生活废水来浇；工业用水是生产加工的硬性消耗，但是学生也提出了可以通过提升员工的节水意识、优化改进工业生产技术减少对水资源的使用、加装净水装置；针对其他用水，学生提出了限制泼水节泼水量等建议。

这三个领域与学生生活有较大的不同，学生仅通过网上搜集的资料进行判断，并不熟悉其用水的实际情况，因此，给出的建议比较宽泛和理想化。但是生活用水与学生息息相关，也是学生可以切实进行实验和行动的领域。由此，我们选中了生活用水进行了进一步的研究。

子问题 2：在你的日常活动中，存在哪些浪费水的行为或大量用水的地方？我们可以怎样改进？

学生分组活动，走访学校和自己家中各个用水的地方，观察并记录人们在一天的生活中哪些地方需要大量用水，以及用水时有哪些浪费水的做法。

学生的发现：

表 2　学生记录用水及浪费水的行为

浪费水的行为	需大量用水的地方
在水池玩水	学校浇花
洗手涂洗手液时,水龙头开着	冲厕所
洗完手,忘记关水龙头	洗澡
洗澡出热水前的冷水都空放掉了	拖地
接了水不喝完,倒掉	洗衣服
……	……

对此,学生一一提出了一系列单独的节水方法,组合形成各自的家庭节水方案。还有学生设计了简单的节水装置,发展创新意识和解决实际问题的能力。下面是部分学生的设计。

图 8—13　节水妙招照片及节水装置设计

子问题 3：我们的节水方案是否可行呢？

一个方案是否可行需要通过实验来验证。学生通过小组讨论，确定实验周期为一个月，确定实验工具包括量杯、水盆等容器，确定水量的计量单位为毫升与升。实验过程为：1.查询家庭上月的用水量；2.按照原本的用水习惯，测量一天家庭各项用水的水量；3.按照自己设计的家庭节水方案开展一个月的节水行动，测量并记录其中一天家庭各项用水的水量；4.查询节水月的总用水量，对比用水量是否有明显变化，判断方案是否有效；5.对比各项用水量，筛选有效的节水方法，优化方案。

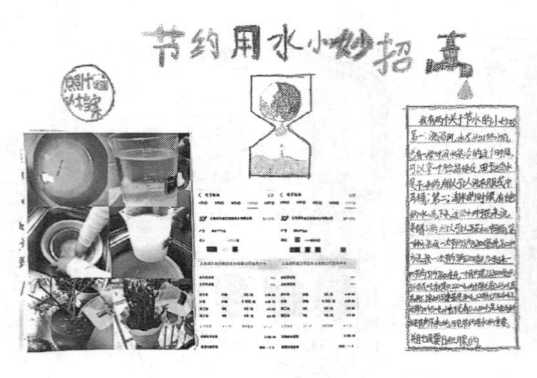

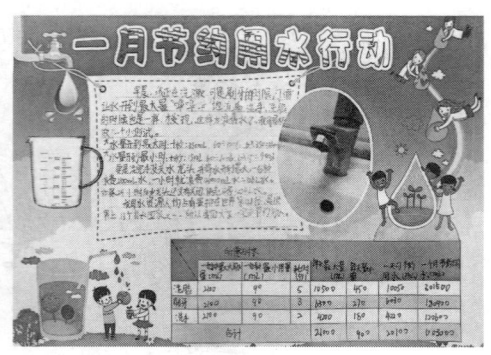

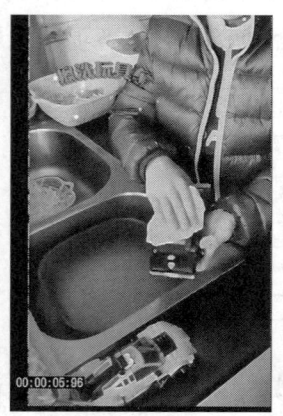

图 14—24　1 月节水行动照片及节水行动中

（三）出项环节

学生进行节约用水汇报，对完成度进行评价，交流本次项目化学习的感想，并开展宣传活动，号召同学们进行节水行动。在学校自觉担任节水监督员，互相督促；在家里也能做节水示范员，带领家长共同节水。

【项目成果】

考虑到每位学生所擅长的不同,项目成果设计了三种形式,学生可以自由选择。

形式一:制作节约用水宣传海报

学生根据自己的研究问题、节水方案和感想制作节约用水的宣传海报,并张贴展示。

图 25—30 成果小报

形式二:节约用水宣讲视频

学生结合自己的调查结果和实践经验,向同学宣讲节约用水的必要性和自己的节水指南，录制成视频。

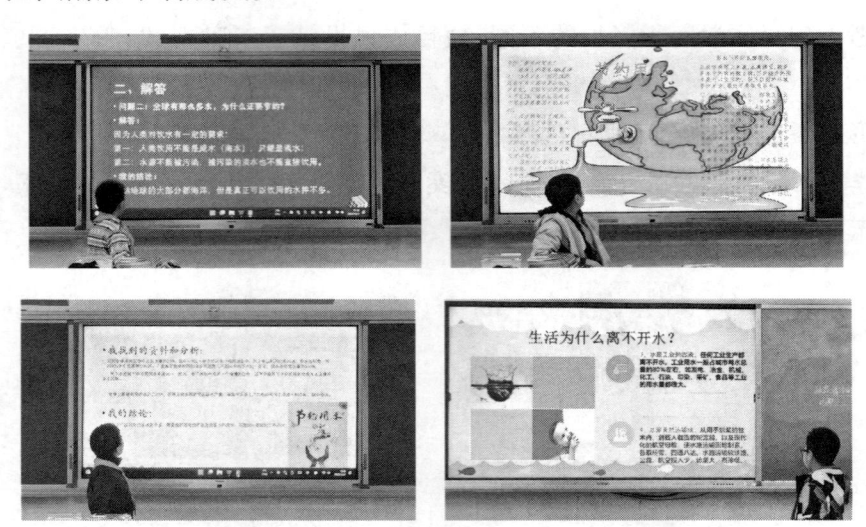

图 31—34　宣讲

形式三：以节约用水为主题的文章

学生结合在本次项目化学习中感触最深的点进行写作，与其他同学分享自己的感悟。

图 35　文章

【项目反思】

本次项目化学习尝试多学科关联设计。主题设计时,除了考虑到多个版本的数学教材中均涉及"节约用水",同时还结合了沪科教版四年级上册自然书"自然界中的水"这一内容,制定了本次项目化学习的主题"节约用水行动"。入项设计时,利用人教版四年级上册语文书中"提出问题"这一教学内容,引导学生对"节约用水"这一课题进行质疑,以达到先破后立的目的,让学生更坚信节约用水势在必行。此外,在制作宣传海报的过程中运用到美术学科本领,在制作宣讲幻灯片以及查找资料时,运用到信息学科本领。

在项目实施活动中,学生通过收集资料、走访观察、实验测量、对比分析、宣传展示等一系列活动来发现问题、思考问题、解决问题,最终形成自己的节水理念并提出可行的节水指南。在这过程中,培养学生动手实践的能力、量感、应用意识、环保意识,激发学生的社会责任感。

在本次项目化学习中也存在着一些可以改进的细节。首先,学生设计的节水方案和实验方案这些本该正式规范的项目中期成果呈现得比较随意,可能需要给学生提供可以参考的格式。其次,在设计时,考虑到家庭用水情况更多,能展开节水方式也能更丰富,就将节水行动设计为在家进行,没有考虑到测量工具获取不便的问题,将方案设计和实践活动范围安排在校内,或许更能有的放矢,小组合作测量的形式也能更容易开展。最后,由于项目起始时间较晚、周期长,只保留了对项目成果的评价,若在每一个子问题解决后及时进行过程性评价,能更全面地评价学生学习表现。

"我是小小理财师"项目化综合实践研究

徐心诣

【项目简述】

在学生们的成长过程中,了解钱的用途和来源是非常重要的。教育学家认为,孩子应该从 3 岁开始就有经济意识,逐渐学会使用钱币、买东西、攒钱等。这些经验和知识可以帮助学生们建立自己的价值观和未来的人生基础。然而,在现代社会中,随着网络支付的普及,使用人民币进行交易的机会越来越少。尤其是对于一年级的小学生来说,理解"元、角、分"的概念也变得更加困难。因此,家长和教师需要采取适当的措施,帮助学生们更好地理解和掌握货币的知识和使用方法。

项目缘起:

本次项目化综合实践研究是基于现实问题——在学校爱心节中如何理性消费、快乐购物,为了培养一年级学生合理消费的能力和习惯而来。

项目背景:

本学期,我们结合一年级数学下册"认识人民币"这个单元的知识,以"如何理性消费、快乐购物"为核心驱动问题,通过引导学生们进行调查实践等活动,激发学生认识人民币的兴趣,培养学生的团队合作和人际交往能力,并初步构建学生的理财意识。这些活动可以帮助学生们更好地理解和掌握货币的知识和使用方法,学会如何理性消费和快乐购物,培养良好的消费观念和习惯。同时,这也是帮助孩子们建立自己的价值观和未来人生基础的重要一步。

【项目目标】

1. 认识人民币的面值,掌握单位、换算等知识;
2. 掌握人民币的使用方法,学会理性消费和快乐购物;
3. 培养良好的消费观念和习惯,学会合理规划自己的零花钱;
4. 通过调查实践等活动,培养学生的团队合作和人际交往能力,初步构建学生的理财意识。

【挑战性问题】

本质问题：如何理解和掌握货币的知识和使用方法，学会如何理性消费和快乐购物。

驱动性问题：什么是理性购物、快乐消费？

【实施过程】

前期准备包括准备相关课件、资料和活动材料等。入项后，学生通过小组合作的方式进行调查实践活动，例如调查超市或商店中商品的价格，制作账单等。在知识与能力建构的过程中，学生通过教师的指导和自主学习的方式，掌握人民币的使用方法，学会理性消费和快乐购物。推进过程中，学生通过展示汇报的方式，分享自己的调查结果和学习成果。出项后，学生需要完成一份理性消费和快乐购物的价格调查表和购物清单，展示自己所学到的知识和技能。评价过程中，教师会根据学生的表现和成果进行评价和反馈。

【项目成果】

通过本次项目化学习，学生能够掌握人民币的面值、单位、换算等知识，学会理性消费和快乐购物，培养良好的消费观念和习惯，初步构建理财意识。学生在调查实践等活动中，能够培养团队合作和人际交往能力，提高自主学习和解决问题的能力。在本次项目化学习中，有以下成果：

1. 一份价格调查表

学生小组合作，每一组选择一类自己感兴趣的商品，如运动类、学习用品类、零食类等，利用双休日的时间到超市、小卖部等地方进行价格调查，最后以小组为单位形成海报进行汇报。

2. 一份购物清单

利用学校爱心节义卖会的契机，每个学生选择自己喜欢的义卖物品和游戏进行消费，并形成价格清单进行汇报。

【项目反思】

在项目推进的过程中，我们发现学生对于货币的知识和使用方法的理解和掌握程度参差不齐。针对这一问题，我们需要提供更多的针对性的教学和指导，以确保每位学生都能充分理解和掌握这一重要内容。同时，学生在调查实践活动中也需要更多的引导和支持，从而更好地理解和掌握实际情境中的问题和挑战。在评价和反馈的过程中,我们应更加注重学生的个体差异和发展需求,为每位学生提供个性化的支持和指导,以确保他们在学习过程中取得更好的成果和进步。

通过本项目的实施,我们发现项目化学习能够有效地帮助学生理解和掌握数学知识,提高学习素养和综合能力。在项目的实施过程中,学生需要解决实际问题,这种学习方式能够激发学生的学习兴趣和动力,培养他们的创新和实践能力。此外,项目化学习也能够帮助学生建立联系,将所学知识应用到实际中,增强他们的问题解决能力和应变能力。这些能力对于学生的未来发展具有重要意义,能够为他们的职业生涯和个人成长奠定坚实的基础。

因此,我们应该在教学实践中积极采用项目化学习,为学生提供更多的机会和资源,帮助他们取得更好的学习成果和发展。

指向"数据分析观念"的项目化学习
——以"BMI 健康指南"为例

袁秋萍

【项目简述】

此次项目化学习指向学生"数据分析观念"这一核心素养。《义务教育数学课程标准(2022 年版)》中指出"数据分析观念"包括：了解在现实生活中有许多问题应当先做调查研究，收集数据，通过分析做出判断，体会数据中蕴涵着信息；了解对于同样的数据可以有多种分析的方法，需要根据问题的背景选择合适的方法；通过数据分析体验随机性，一方面对于同样的事情每次收集到的数据可能不同，另一方面说明只要有足够的数据就可能从中发现规律。数据分析是统计的核心。

恰逢今年 4 月学校四、五年级的学生要参加"中小学体质健康测试"，按照测试要求，每位学生都会得到一项 BMI 的指标，对照《国家学生体质测试标准》，学生可以对自己的健康状况进行评估和分析。根据四、五年级学生的思维水平，我们确立了本项目的本质问题——如何让学生基于数据的收集、整理、分析进行表达和决策。并征集统整提出了驱动性问题：1.在今年 4 月，学校四、五年级的学生们参加了"中小学体质健康测试"，有一项 BMI 指标，你是否达标了？2.假如你是学校的保健教师，需要完成学校《四、五年级学生 BMI 的调查报告》，并撰写《BMI 健康指南》用以健康宣传。

在项目学习中需要了解全校四、五年级学生 BMI 的数值分布情况。针对不达标学生，仔细分析导致他们不健康的因素，并就如何保持正常体重与健康提出合理的饮食和运动建议。

【项目目标】

我们知道在传统的教学中，统计之初缺少对统计需要的背景交代，统计结束缺少对统计目标的分析，较多的知识关注统计的形式和结构，停留在较浅层次的操作的层面上，没有思考要面对什么问题，怎么解决，解决过程是怎么样的。我们需要让孩子感觉有一个真实的问题，让他们经历数据收集的全过程，再有推断、分析、决策和反思，这就是数据分析的观念。

而项目化学习适合于指向学科核心概念的创造性解决问题，学生能在复杂的真实情景设计中运用包裹新知内容和技能的高阶思维。此次项目化学习中，教师引领孩子们从真实情境出发，真正用数据说话，让学生真正体会做决策要基于数据分析，引导他们在项目化学习时思考解决问题要哪些信息和步骤，这些数据怎么得到，怎样做调查。

本项目的学习目标是发展学生的数据分析观念，与之对应的核心知识（概念）有以下几个方面：

1. 学会收集信息，调查数据，分析解决问题。

2. 能用问卷等方法收集数据，并进行数据整理、制作统计表和条形统计图，进行数据呈现。

3. 不仅能辨识显性数据，还能揭示数据背后隐藏的信息。

4. 能根据正确的数据制定合适的方案。

【挑战性问题】

项目化学习设计要依据以下三个原则："与真实情境相联系""与课程标准相匹配""与儿童身心阶段匹配的挑战性，既能引起儿童的认知冲突，又能让儿童通过探究解决问题"。根据这三个原则，基于培养的学生核心素养，我们设计了富有挑战性的问题。

【项目实施过程】

（一）入项活动

1. 项目背景介绍，提出驱动性问题

通过阅读相关材料，让学生了解体质指数（BMI）是目前相对可靠、常用的一种衡量人体胖瘦程度以及健康状况的指标。此次四、五年级学生参与的"中小学体质健康测试"中也有这一项，你知道自己是否达标吗？与学校同龄人比较，你清楚自己的健康水平吗？

同学们,你知道我们都要参加"中小学体质健康测试"吗?其中有一项叫做BMI指标测试,标准参照下表。

"小学生体质健康测试"指标评分对照表

表1 男生体质指数(BMI)单项评分表(单位:千克/米²)

等级	单项得分	一年级	二年级	三年级	四年级	五年级	六年级
正常	100	13.5~18.1	13.7~18.4	13.9~19.4	14.2~20.1	14.4~21.4	14.7~21.8
低体重	80	≤13.4	≤13.6	≤13.8	≤14.1	≤14.3	≤14.6
超重		18.2~20.3	18.5~20.4	19.5~22.1	20.2~22.6	21.5~24.1	21.9~24.5
肥胖	60	≥20.4	≥20.5	≥22.2	≥22.7	≥24.2	≥24.6

表2 女生体质指数(BMI)单项评分表(单位:千克/米²)

等级	单项得分	一年级	二年级	三年级	四年级	五年级	六年级
正常	100	13.3~17.3	13.5~17.8	13.6~18.6	13.7~19.4	13.8~20.5	14.2~20.8
低体重	80	≤13.2	≤13.4	≤13.5	≤13.6	≤13.7	≤14.1
超重		17.4~19.2	17.9~20.2	18.7~21.1	19.5~22.0	20.6~22.9	20.9~23.6
肥胖	60	≥19.3	≥20.3	≥21.2	≥22.1	≥23.0	≥23.7

BMI(Body Mass Index)一般指身体质量指数,简称体质指数,是国际上常用的衡量人体胖瘦程度以及是否健康的一个标准。BMI正常值在20至25之间,超过25为超重,30以上则属肥胖。

2. 借助工具(KWH表)促进学生对于驱动性问题的初步思考

请仔细阅读以上材料,认真思考,完成下表(KWH表)的填写。

表3 KWH表

关于BMI我的已知 (Know)	关于BMI我想知道 (What)	我打算如何解决这些问题 (How)

3. 创设情境,发布驱动性任务

假如你是学校的保健老师,现在需要你去完成学校《四、五年级学生 BMI 的调查》,并撰写《BMI 健康指南》宣传册,用以改善他们的健康状况。

(二) 知识与能力建构

1. 学生分项目组进行讨论,对驱动性问题分解,形成思考路径或问题链

运用问题解决流程图(可视化)或者项目故事板等工具,帮助学生分解问题。将一个大问题分拆成几个小问题,并进一步思考这些问题之间的逻辑关系。把复杂抽象的任务分解细化为具体的、可执行、可操作的事项,引导学生依次逐步解决,为孩子们提供思维方法的支持。

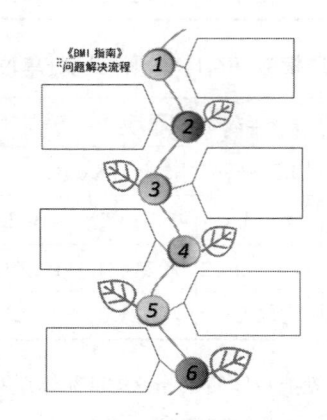

图 1 问题解决链

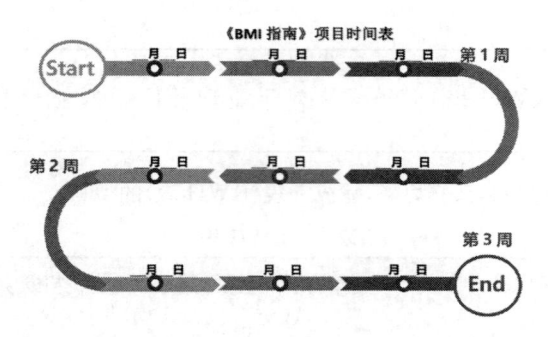

图 2 项目时间表

2. BMI 相关知识的学习和讨论

▲ 什么是 BMI? 怎样计算? 需要哪些数据?

▲ 测量自己的身高和体重,并正确计算出 BMI。

▲《国家学生体质测试标准》中的参考标准的学习。

3. 收集和调查班级同学的 BMI 数据,制作统计图表

(1) 调查问卷设计

由于数据收集的工作量较大,学生们讨论决定先分组设计数据调查问卷,整合成一份最合适的问卷后,通过问卷星发布(由于 BMI 涉及学生的隐私,不少孩子不愿意完成书面问卷)。等数据收集完毕后,形成数据共享以节约时间和减少工作量。

① 思考问卷需包含哪些内容。(由于涉及隐私,不用填写姓名)

② 以小组为单位设计问卷,并讨论整合成一份最适合的问卷。

③ 以信息化手段辅助完成问卷星的制作,生成二维码发给四、五年级的孩子们。

图 3　问卷调查表

(2) 数据的收集整理与呈现

▲ 通过问卷星后台收集的信息,整理并共享四、五年级学生身高体重的数据。

▲ 学会计算 BMI 的方法,并运用 Excel 电子表格批量处理数据。

▲ 根据收集和调查的四、五年级同学的 BMI 数据,制作统计图表。

图 4　问卷星后台数据收集截图

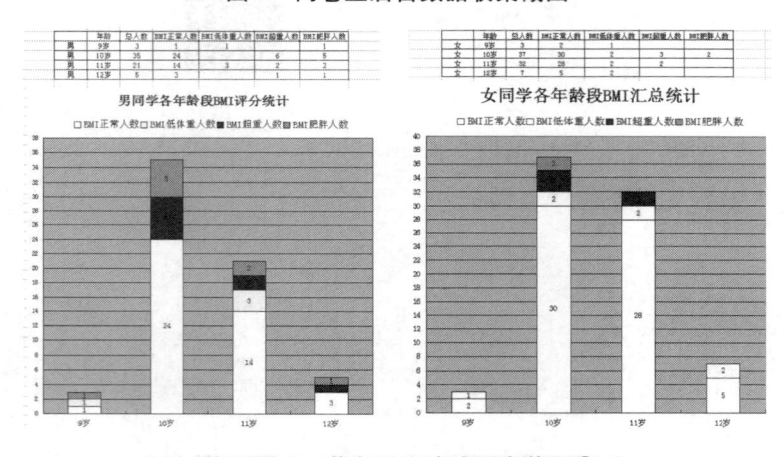

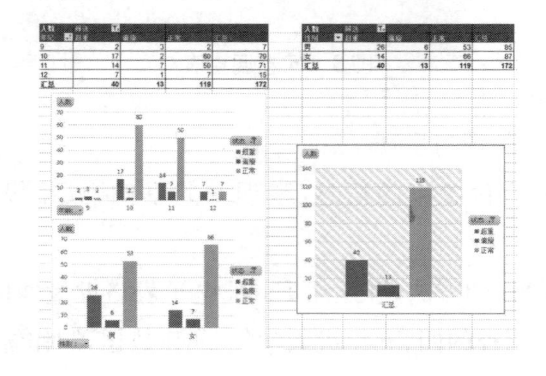

图 5、图 6　学生制作统计图表截图①

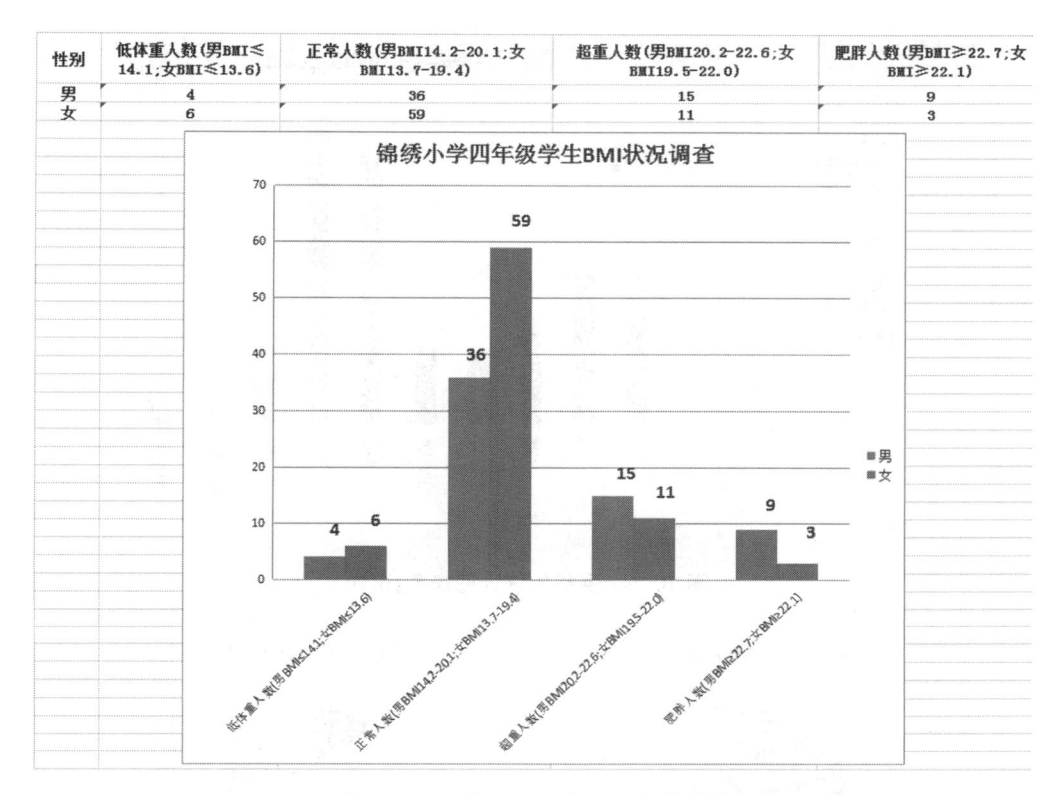

性别	低体重人数(男BMI≤14.1;女BMI≤13.6)	正常人数(男BMI14.2-20.1;女BMI13.7-19.4)	超重人数(男BMI20.2-22.6;女BMI19.5-22.0)	肥胖人数(男BMI≥22.7;女BMI≥22.1)
男	4	36	15	9
女	6	59	11	3

图7、图8 学生制作统计图表截图②

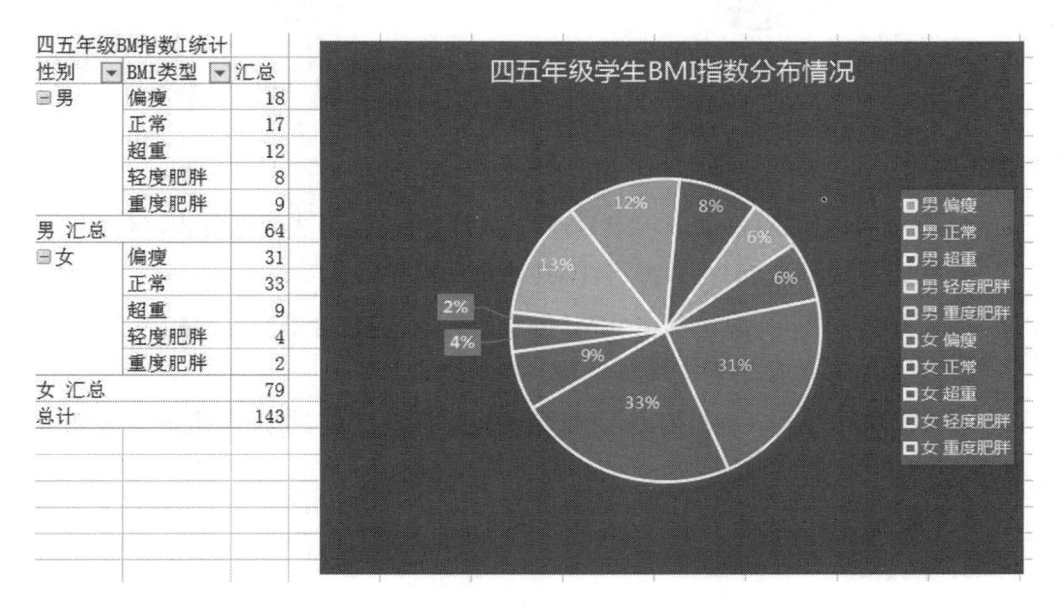

四五年级BM指数I统计		
性别	BMI类型	汇总
⊟男	偏瘦	18
	正常	17
	超重	12
	轻度肥胖	8
	重度肥胖	9
男 汇总		64
⊟女	偏瘦	31
	正常	33
	超重	9
	轻度肥胖	4
	重度肥胖	2
女 汇总		79
总计		143

图9 学生制作统计图表截图③

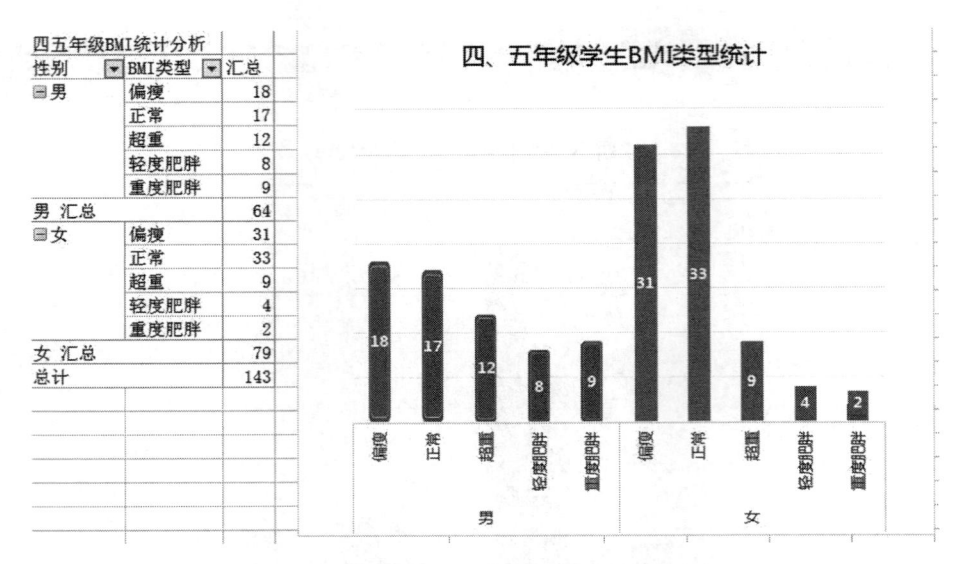

图 10　学生制作统计图表截图④

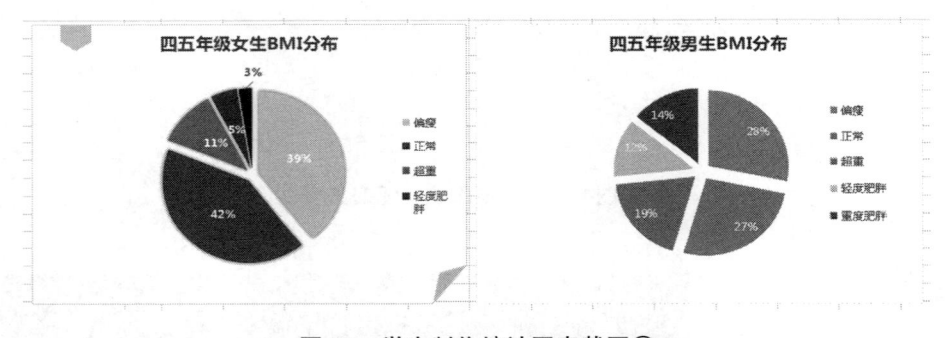

图 11　学生制作统计图表截图⑤

（三）探索与形成成果

1. 分小组合作完成四、五年级 BMI 指数调查分析，形成数据分析报告。

2. 根据完成的数据分析，撰写《BMI 健康指南》。

（1）头脑风暴：① 讨论确定《BMI 健康指南》中应包含哪些方面的内容。

② 形成初步的成果要点评价量规。

（2）教师进入项目小组内，对评价量规提出修改建议，帮助学生进一步思考和修改。

【成果与评价】

1. 个人成果

（1）在测量身高和体重后，通过 BMI 基本知识的学习计算出自己的 BMI。

(2) 能看懂《国家学生体质测试标准》中的参考标准,判断自己是否达标。

2. 团队成果

(1) 合作完成四、五年级 BMI 的调查,对数据进行合理分析,并以图表等可视化工具清晰明了地呈现。

(2) 根据调查的数据,分析影响 BMI 的原因,并完整清楚地阐述观点,同时提出针对性的改善建议。

(3) 形成《BMI 健康指南》的要素,并撰写成文,制作出《BMI 健康指南》手册。

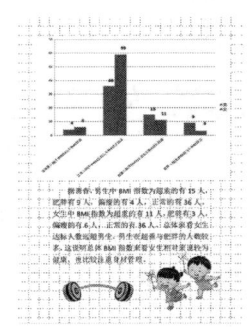

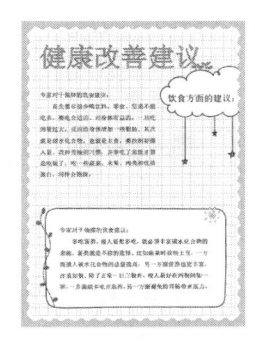

图 12—15　学生团队成果截图①

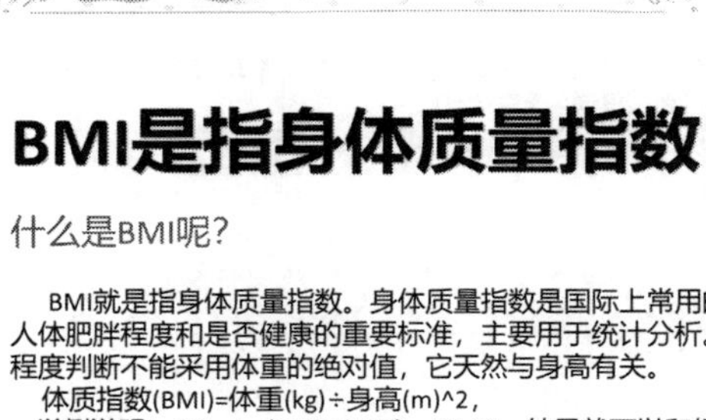

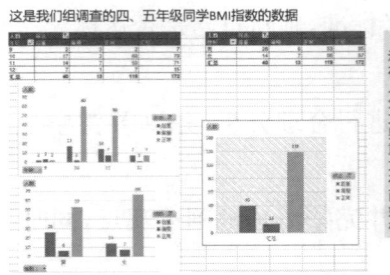

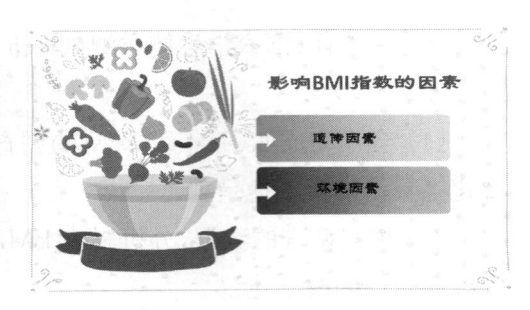

254 | 项目化学习:让学习真正发生——上海市浦东新区锦绣小学项目化学习探索与实践

图16—23 学生团队成果截图②

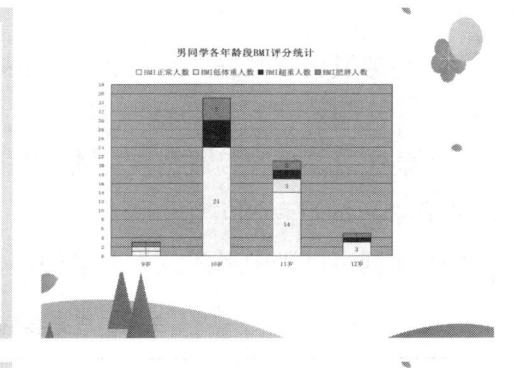

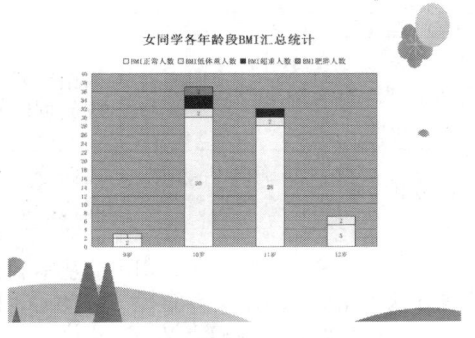

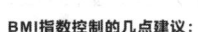

图 24—34　学生团队成果截图③

3. 评价的知识和能力

(1) 会通过调查数据的收集、统计图表描述以及数据分析，做出正确判断与预估。

(2) 能通过多种途径或角度分析，以《BMI健康指南》宣传手册的方式展示团队研究学习的过程和方法。

(3) 在撰写过程中形成成果要素的评价量规：

表 4　成果要素评价量规

维度	☺	☺☺	☺☺☺
数据整理	没有数据整理。	数据整理方式较为单一，或数据图表有误等。	能用图表、文字等可视化的方法，简洁清晰地反映调查数据，且数据准确无误。
结论分析	没有准确分析数据，结论没有依据。	数据分析较为准确，能形成初步的结论。	能够准确分析数据，清晰阐述结论。
合理建议	无法找到影响BMI指数的原因，不能提出改善健康的建议。	能基本找到影响BMI指数的原因，并提出一些建议。	合理分析影响BMI指数的因素，提出全面、有针对性、切实可行的改善健康的建议。

【项目反思】

这次项目化学习是一次有意义的尝试，学生们学习到真正用数据说话，真正体会到做决策要基于数据分析。对教师来说也是其专业发展路上的一次勇敢探索，虽有辛苦但收获颇丰。"BMI健康指南"这个项目化学习活动，让学生的学习兴致更高，学习兴趣更浓，学习参与性更强。以往统计教学过程中，教师们教授的知识只关注统计的形式，停留在较浅层次的操作层面上，甚至是对于统计的背景与真实性都较为忽略。而这次项目化的学习过程让孩子感觉有一个真实的问题，让他们经历数据收集的全过程；从把过去简单的经验知识的获得，变为一个自主参与、主动学习的过程，让每个学生都参与到学习中，既能巩固所学内容和知识，又培养了创新思维能力和解决实际问题的能力。

在项目化学习过程中，也有不少困惑和思考。例如，如何最大限度地调动学习小组组员配合协作能力，共同完成学习成果，值得我们思考研究。因为项目化学习多采用小组学习的方式，属于复杂的、多样化的系统，它既包括单个成员内部诸功能的复杂性和多样性，也包括成员间在功能上的复杂性和多样性。组员之间的合作有共性的一面,更有个性的一面。成员的差异会导致小组总体水平的不同,组员之间还会相互影响,合作力也不同。教师如何帮助小组组员之间相互配合和协调、合理分工等都需要思考。

Explore the Yangtze River 探秘长江
——英语 5AM4U1 Water 跨学科项目化学习案例

丁爱华

【项目背景】

众所周知,英语作为一种语言工具,不仅可以为人们起到交流和沟通的作用,更能承载起人类文化传播的重任,无论是天文、地理还是医学、科技等各个领域。于是英语自然而然就拥有了跨学科的属性。

《义务教育课程方案(2022年版)》提出了培养能力、提升素养以及跨学科的要求,强调了要让学生具有发现问题、解决问题的能力,提出了让学生具有在真实情境中解决真实问题的能力,提出了开展项目化学习的要求。

《义务教育英语课程标准(2022年版)》也提出了真实情景和真实问题的理念,倡导创设语境,让学生在理解和表达活动中习得语言,同时也提出了运用多种途径来建构知识,运用多种形式来展示学习成果等教学建议。

结合课程方案和英语课标我们发现,"项目化""跨学科"等关键词反复提及,它们组合起来,共同指向了我们所要重点研究的,以英语为主学科的跨学科项目化学习。

锦绣小学作为浦东新区第一批项目化实验校,于 2020 年底起开始推进项目化学习。英语组开始了从学科项目化到跨学科项目化的实践。英语学科的项目化实践基于课标、基于单元,从学科项目化做起,逐步转变教学理念,改变教与学的方式,让学生在参与项目化学习的过程中,学会合作交流,学会自主学习,学会探究,从而逐步培养学生的核心素养。

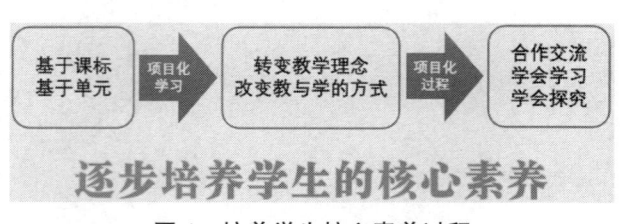

图 1　培养学生核心素养过程

【项目缘起】

笔者近年来多次任教五年级,每次上到 5AM4U1 Water《The Yangtze River》(长江)这一课时,都发现学生的学习非常困难。由于五年级的学生对长江并不了解,只知道是一条著名的大江,对于长江到底在哪里,有多长,起源于哪里,流经了哪些省份等,几乎一无所知。在这样几乎为零的知识背景下,去学习英语关于长江的课文,加上新的词汇和句型,学生就更加困难了。

今年笔者再次任教五年级,结合项目化的理念,意识到这不就是一个学习过程中产生的真实问题吗?于是就尝试以项目化学习的形式,让学生认识长江、了解长江,并且学会用正确的英语介绍长江。这个项目涉及地理、历史、文化、美术、劳技、信息等综合知识,是一个跨学科项目。

【项目推进】

(一)基本要素

项目名称:Explore The Yangtze River 探秘长江

本质问题:

How to describe the Yangtze River in English?

如何用英语正确描述长江?

驱动性问题:

Can you be an explorer and make a lapbook about the Yangtze River?

你能否成为一名探索者探秘长江,并制作一本主题书来介绍长江呢?

预习核检单:

为了更清楚地了解学生在本项目开展的过程中已知和未知的知识与技能,我们设计了本项目的预习核检单,包括英语、地理、语文、美术、劳技等学科涉及长江的相关已知知识。如英语学科,涉及地理专有名词的表达,对于长江流向的动词表达以及相关的词汇的了解情况;语文学科,了解关于长江的相应的古诗以及现代文学的知识等。详见图2。

(二)实施过程

1. 入项活动

(1)课堂上,引导学生进入思考:

Do you know the Yangtze River?

What do you know about the Yangtze River?

What else do you want to know?

Explore the Yangtze River 项目化学习

预习核检单

班级：			姓名：	
英语学科已有知识自查	我已掌握 The Yangtze River 相关的词汇，如： ☐地理专有名词的表达 ☐表示不同流向的动词词组 ☐形容长江的相关词汇 其他：		我已掌握介绍 The Yangtze River 相关的句型，如： ☐First ... Next ... Then ... Finally ... ☐句型中三单的用法 其他：	我还了解到的 The Yangtze River 相关英语知识：
地理学科已有知识自查	我已掌握的关于长江的地理知识有： ☐长江的长度 ☐长江的起源 ☐长江流经的省份 ☐长江的支流 ☐长江流经的不同地域的气候特征 ☐长江流经的不同地域的农作物 其他：			我想知道更多关于长江的知识：
语文学科已有知识自查	我已掌握的关于长江的语文知识有： ☐关于长江的古诗____首 ☐关于长江的现代文学作品 其他：			我想知道更多关于长江的知识：
美术劳技学科已有知识自查	我已掌握的美术表现技巧： ☐简笔画　　☐蜡笔（油画棒）　　☐水彩画 ☐油画　　　☐剪贴画 其他：			我想学习的其他美术和劳技表现技巧：
信息技术已有知识自查	我已掌握的信息技术： ☐上网搜索信息　　☐简单的电脑绘画 ☐Word 文档编辑　　☐PPT 制作 ☐手机拍照及编辑　　☐手机摄像及编辑 其他：			我想学习的其他信息技术：
我最大的优势				
我最需要帮助的方面				
我在小组里可以承担怎样的工作				

图 2　预习核检单

通过讨论大家发现,我们对长江的知识非常少。那么我们想了解一些关于长江的什么知识呢?

大家七嘴八舌开始发言:长江有多长?长江在哪里?长江的起源在哪里?长江流经哪些省份?长江最后流到哪里去了?长江的水从哪里来?关于长江的著名诗人和诗作,等等。

(2) 这次的项目化学习,我们选择一种新的表现形式——lapbook(主题书),我们可以在里面设计各种内容和展现形式,别有趣味哦。

(3) 分组,确定组员,分工,为自己的小组取个名字吧。

基于入项活动,我们确定了以下子问题:

How to describe the Yangtze River? 怎样介绍长江?

Do you know any other knowledge about the Yangtze River? 你知道关于长江的其他知识吗?

How to make a magical lapbook? 如何制作一份充满魔力的主题书?

2. 项目推进

根据子问题的深入,我们经历了四个项目化推进阶段:

第一阶段:小组讨论,确定方案

小组成立后,大家马上开始了讨论:我们要从哪几个方面去介绍长江?分别由谁负责?我们的主题书准备怎样设计?

通过讨论,大家确定基本的展示内容和设计方案,根据分工分头准备。

图3、图4 小组讨论

第二阶段:收集资料,筛选内容

孩子们根据分工分头查找资料,删选内容。有的去图书馆查阅关于长江的相关书籍;有的在网上搜索相关的资料;还有的小组到相关的场馆实地考察,了解长江的知识。有了足够的资料,大家就"有米下锅"了。

图 5—8　学生收集资料

第三阶段：设计制作，美化完善

找到了资料，确定了内容，大家就要着手制作主题书了。主题书其实是一个大型文件夹，里面可以设计各种各样的小机关，如小书、折页、转盘等。这种学习方式可以培养孩子们自行收集数据、动手动脑的能力，优化他们的组织逻辑和多层次、多角度、多结构、体系化思考的能力。学生们可以到网上了解主题书的制作方式，获得一些启发。孩子们了解到主题书的制作方法后，就紧锣密鼓地开始了他们的设计制作和美化工作了。

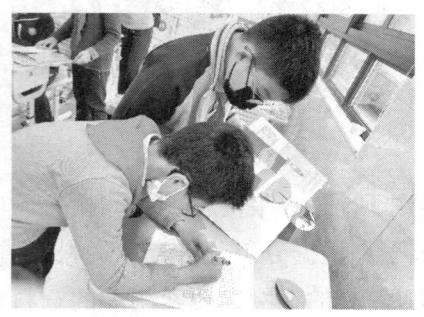

图 9、图 10　学生设计制作

第四阶段：介绍展示，自评互评

作品完成后，学生们就开始准备展示了。但是作为英语课的展示，我们怎样用英语更好地介绍我们的作品呢？这是学生们需要好好思考的问题。大家又进行了设计和分工，准备展示活动。

图10、图11　学生介绍展示

在作品完成后，我们以班级为单位进行了展示和评价。每个小组呈现的主题书的设计妙趣横生，融入长江百科知识的英语介绍惊喜连连。

图12—17　学生作品展示

通过小组自评和互评，大家以非常平和的心态接受同学们提出的意见和建议。经过一轮完善，几个小组做成了展示视频，精彩不断。

根据大家的展示，我们展开了自评和互评。主要从内容、信息、作品质量、实施过程和展示评价这4个维度进行评价：

表1 跨学科项目化学习评价

分数 项目	1分	2分	3分	4分	小计
内容信息	内容简单，表现形式单一；英语表达错误较多，无法体现作品内容。	内容比较简单，没有明显的特色；英语表达有些错误，语言表现力不够强。	内容基本符合主题，基本完整、有创意；英语表达基本正确，形式和语言较好。	内容符合主题、涉及面广、有创意；英语语言表达正确、形式多样，语言丰富。	
作品质量	对作品没有设计，布局不合理，整体效果不美观。	能对作品稍作设计，但创意不够。	有设计感，有新意，整体布局较为合理，效果较好。	设计性强，有创意，有特色，形式新颖，布局合理，画面美观。	
实施过程	没有分工，大部分成员在做与目标无关的活动，经提醒仍推卸责任，相互埋怨。	整个项目实施过程中分工不明确，只有少数成员在参与活动，且有相互埋怨的现象。	整个项目实施过程中有基本的分工，但是执行分工不彻底，或出现没有承担任务的成员。	整个项目实施过程中分工明确，各司其职，及时补台，互相帮衬。	
展示推介	没有制作主题书或展示主体内容缺失；没有对项目实施过程进行介绍；英语语言表达不清晰、不连贯，声音很轻。	主题书核心内容缺两项；项目实施过程介绍不清晰；现场展示时，英语语言表达不太清晰、有较多停顿，声音较轻。	主题书等核心内容缺一项；项目实施过程能较为清晰地呈现；现场展示时，英语语言表达比较清晰、连贯，声音比较洪亮。	主题书内容完整；能非常具体地介绍项目实施过程；英语语言表达清晰、连贯，声音洪亮，展示效果好。	
小组名称			总计得分		

【项目反思】

这是个跨学科项目化学习的尝试，基于单元学习，通过学生的跨学科探究，对长江的知识进行了深入理解，这不仅是一个综合实践的过程，也是对单元知识进行综合运用的过程。学生的自主学习能力、收集相关资料的能力、总结归纳能力和文字及美术的表现能力都有了明显的锻炼和提高。

在夏雪梅博士《项目化学习设计——学习素养下的国际与本土实践》一书中,对于语言习得领域项目化学习已经有了一定的研究。首先,由于驱动性问题激发了学生的求知欲和探索的欲望,因此儿童在社会化学习的过程中,学习状态比常规的班级更投入更自主。其次,项目化成果的多样性有助于提升学习的成就感,帮助学生社会化。最后,在项目化学习中需要学生在合作中交流,在实践中运用,这就帮助孩子们发展他们的沟通能力和运用语言的能力。

同时,项目化学习可以促进学生加大口头的产出,因为在项目化学习过程中,他们会反复使用特定的词汇,进行大量的词汇输入和输出。项目化学习可以帮助学生克服口头表达的害怕和恐惧心理,提升学生讨论他们自己的经历的兴趣,使他们在自己所学的知识与真实世界之间建立联系。

这几点更证明了小学英语为主学科的跨学科项目化学习在我们的学习过程中所起到的重要作用。经过这三年的实践,我们发现在英语学习中推进项目化学习确实是非常有必要,而且是非常值得我们去继续探索、继续前进的。

随着新课程方案、新课标的陆续出台,对学生的培养逐渐从知识导向转变为能力导向、素养导向,因此在我们的日常教学中,就要通过项目化学习等形式,让理念先行,尝试改变,积累经验,为新课标新教材的正式实施做好理念上、行动上、方法上的全面准备!

Fun toys

——群"英"荟萃展创意 "语"你同行显异彩

以英语 3BM2U2 Toys(Period 1)为例

吴培红

【课例背景】

为了优化核心素养视域下的小学英语项目化作业设计,有效地促进学生英语学习能力提升,以"Fun toys"为主题,设计了英语项目化作业,鼓励孩子们用眼睛去观察生活,用心灵去感受身边发生的故事,用语言去记录难忘的瞬间。

"双减"之下,我们努力实现"减负提质"的目标。教师们积极钻研高质量英语作业的设计途径,确保单元作业与目标的一致性;更加关注作业的分层性与趣味性,探究作业的思维性和创造性;结合单元主题,丰富作业形式,设计实践性、探究性和跨学科综合性作业,充分调动学生主观能动性,促进学生语用能力与思维品质的同步发展。

本课例主要关注英语项目化学习如何更好地增加教学的互动性,增加学生的学习参与度,提高空中课堂视频资源使用的有效性,以及学生学习情况的把握与反馈这四个问题。

【课例概述】

(一)聚焦内涵,培养文化意识

英语学科是一门实践性很强的学科,学生需要通过大量听、说、读、写的活动来学习和运用所学知识。我们充分落实备课、上课、作业、辅导、技术、资源等环节,稳中有序地开展教学,不断在实践中发现、研究并解决问题。

春光明媚,日暖氤氲。受疫情影响的我们虽然不能出门远足和郊游,好好感受大自然的气息,但我们可以用小手将美好的时光留下。三年级的小可爱们充分发挥想象力,给我们制作出了绚丽多彩、生动活泼的 Toys。

本课例为英语(牛津上海版)3BM2U2 Toys 第一课时,我们根据线上教学的学情,结合空中课堂资源,制定单元教学目标。本课时要求学生能初步感知辅音字母组合"-ll"在单词中的发音规则;能在 At the toy shop 的语境中初步学习 toy train、doll、skateboard、robot 等玩具类词汇,能正确跟读、拼读与抄写,注意其单复数表达;能感知句型"What do you like?""I like …",运用"I like …""It's …""It can …""I can …"等句型有逻辑地描述喜欢的玩具并感受不同玩具的特点及其带来的不同感受。

小小 Toys,乐趣多多。孩子们围绕 3BM2U2 单元主题"Toys"开展 DIY 玩具大比拼,找一找,画一画,搭一搭,说一说,孩子们在探索和创新中完成了一件件有趣的作品。让我们一起去看看三年级的孩子都有哪些独特的创意呢?

（二）问题驱动,提升思维品质

基于教学内容与教学目标,我们设计了如下教学流程：

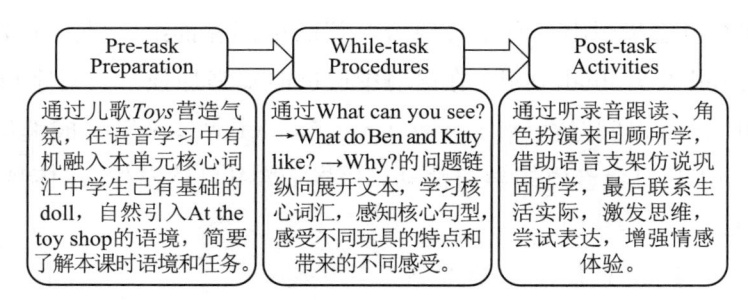

Pre-task Preparation	While-task Procedures	Post-task Activities
通过儿歌 Toys 营造气氛,在语音学习中有机融入本单元核心词汇中学生已有基础的 doll,自然引入 At the toy shop 的语境,简要了解本课时语境和任务。	通过 What can you see? →What do Ben and Kitty like? →Why?的问题链纵向展开文本,学习核心词汇,感知核心句型,感受不同玩具的特点和带来的不同感受。	通过听录音跟读、角色扮演来回顾所学,借助语言支架仿说巩固所学,最后联系生活实际,激发思维,尝试表达,增强情感体验。

图 1　教学流程

整个流程通过真实语境、合理任务、有序活动、丰富资源、有效互动等方式,关注学生情感体验和语用表达的同时兼顾其学习兴趣和思维发展。

（三）优化形式,发展语言能力

我们积极钻研高质量英语作业的设计途径,确保项目化作业与目标的一致性;关注作业的分层性与趣味性,探究作业的思维性和创造性;结合单元主题,丰富作业形式,设计实践性、探究性和跨学科综合性作业,充分调动学生主观能动性,促进学生语用能力与思维品质的同步发展。

由来自全市各区的骨干教师组成的优秀教学团队合力打造的"空中课堂" 1.0 与 2.0 是一座教学资源库,我们在提前观摩学习之后,精心撷取其中适合自己班级学情的精华部分,整合其他资源重构教学过程,丰富学习活动,将"空中课堂"有机融合到自己的课堂中。

1. 重视学习，实现真认识，激发学生学习兴趣

以"立足核心素养，提升学生项目化学习能力"为核心展开，从解读教材文本、明确学习水平、分析学生学情、挖掘核心素养、整理分析结果、制定学习目标开展规划实施。

首先，本课例沿用了"空中课堂"兼顾教材内容与学生兴趣的 At the toy shop 的话题和语境，通过截取教学视频中儿歌 Toys 的片段，营造氛围，呈现主题，调动学生兴趣，为后续的学习活动进行铺垫。

2. 主动探索，展开真研究，细化语音教学环节

本课例借鉴了"空中课堂"对学生熟知的核心单词 doll 前移到 Pre-task 环节语音教学的处理方式，参考其中"What can you see? How is this ball? What can you see? Where is the small ball? How is this wall? What's on the tall wall now?"的问题链逐步引出带有字母组合"-ll"的单词和词组 ball、small、a small ball、wall、tall 及 a small doll。在语境中通过旧知来加强学生对字母组合"-ll"发音的感知，最后追问"Where can you see the dolls?"，一气呵成引出话题"At the toy shop"，开启全语境的学习活动，让语音学习自然发生，也体现了词汇教学的层次性。

3. 善于思考，走向真实践，夯实词汇教学效果

本课例在进行词汇教学时，多处吸纳了"空中课堂"的有效教学。如在教授词组 toy train 时，拓展真实的 train、a biscuit train、a chocolate train 等不同火车类型来引导学生发散思维；在教授单词 skateboard 时通过 skate + board = skateboard 的构词方式帮助学生学习、理解并记忆，同时还截取教学视频中一段滑板运动的片段，让学生感受滑板运动的乐趣（注明：危险动作，请勿模仿）；在教授单词 robot 时，受"空中课堂"启发，我们搜索了更多机器人会做的事情编辑视频进行展示，通过模拟人机对话，帮助学生进一步感受机器人的智能并促进学生语言表达。

瞧，这一次他们带着孩子们的作品来啦！让我们怀着满满的期待，沉浸式欣赏孩子们的云端作业展吧！Are you ready? Let's go!

4. 走向真实践，提高学习能力

作业是教学活动的重要组成部分，是教学的延续与补充，能帮助教师及时把

握与反馈学生学习情况。"双减"背景之下的线上教学,要求教师更精细化地设计课后练习,在把握数量、难易度及时长之外,更要考虑到居家学习的可操作性,设计内容精当、结构合理、关注差异、类型多样的课后作业,在巩固课堂学习的同时,发展学生核心素养。项目化的实施,让学生团队互助,分工明确,丰富学生学习生活。

因此,我们在设计本课时校本化课后作业的时候,选用了"空中课堂"作业中两项练习册上富有趣味的内容——"完成字谜"和"画一画玩具架上自己喜欢的玩具并写出其英文名称",帮助学生联系生活,巩固所学,加深对玩具的情感体验。

此外,我们还根据学生实际,选用了市级单元作业设计资源中"读一读,连一连"的练习作为弹性作业,供有能力及意愿的学生选做,提高其核心素养。

【成效与反思】

(一)成效

通过有机整合"空中课堂"资源,重构符合学情的兼具语境性、生活性、趣味性的教学活动,开展多种有效的互动,结合多维评价激励手段与有效的练习设计,总体来说,学生的学习兴趣、参与度和成效呈良好的态势发展。

童年有故事,未来有梦想。DIY Toys 一直是孩子们心中的挚爱,为了增强孩子们学习英语的兴趣,提高英语核心素养,我们引导三年级的孩子们围绕书本或课外的英文绘本等进行实践活动。孩子们一个个做起了"小小玩具设计师",自编自画自导自演,别提多厉害了!

(二)反思

由于教学时间有限,为了提高课堂互动的效率,优化作业十分重要。唯有做好充分准备,优化作业设计,合理安排分层的作业才能精准指导学生学习。实施英语分层分类教学,长期坚持,必见成效,不可急于求成。如何更好地实施项目化教学,还有待于我们在今后的教学实践中进一步去探讨、去研究。我们将更深入整合"空中课堂"资源,精心优化作业,关注不同层次的学生,打造更高质量的教学。

学习在窗外,他人即老师,世界就是教材。我们将继续扎实推进核心素养视域下的小学英语项目化学习,激发学生的写话兴趣,提升学生写话能力。"春风浩荡满目新,扬帆奋进正当时。"我们将继续致力于让学生在作业中寻找到学习英语的快乐，并且学有所得，学有所用，真正实现"减负提质"的目标。

我们将继续研读新课标，在主题意义引领下，以语篇为依托，整合语言知识与文化知识，通过学习理解、应用实践、迁移创新等一系列促进语言、文化、思维融合发展的活动，切实培育学生核心素养，更好地推进项目化学习！

参考文献：

［1］R.M.加涅.教学设计原理［M］.上海：华东师范大学出版社，2007.

［2］中华人民共和国教育部.义务教育英语课程标准（2022年版）［M］.北京：北京师范大学出版社，2022.

［3］章兼中.外语教育学［M］.杭州：浙江教育出版社，1997.

［4］李维.小学儿童教育心理学［M］.北京：高等教育出版社，2002.

［5］施良方，崔允漷.教学理论：课堂教学的原理、策略与研究［M］.上海：华东师范大学出版社，2009.

My School Explorer
——学校探索者

孙月华

【项目简述】

这个项目是面向三年级学生的跨学科类型的项目。之所以确定这个项目，是因为三年级英语中学到的"My school"主题内容，学生都非常感兴趣。因为学校是他们除了家以外，最为熟悉的场所。于是我引导孩子到校园再次走一走，找找自己最喜欢的场所，用正确的英语和各种不同的形式展示出来。

本次项目设计的驱动性问题是：How to show your favourite place of my school in a special way?

学生在这个项目中需要经历的学习历程是：观察、收集信息、整合、创见、设计、汇报展示。

最后形成的项目成果是：海报、迷你书、小视频等。

学生的创造性体现在用不同的形式表现出学校各个场所的特点。学生在项目过程中对于不同场所相关的特点有了更深的理解，自主学习与场所相关的句型和词汇，掌握用英语介绍场所的方法，提高了合作能力、自主学习的能力和英语表达能力。

【项目目标】

学会用不同的形式运用英语进行表达。希望学生通过运用自然常识的知识和观察方式及英语的阅读能力，去发现学校里各个场所各方面的特点，并运用美术的能力进行创建和展示，运用英语进行交流和汇报。学生在整个活动过程中，运用所学知识解决问题，并在与同伴合作中提升合作交流的能力。

【跨学科核心知识与能力】

英语：能用正确的英语词汇、句型描述自己喜欢的学校场所，要求内容正确，视角独特有新意。

美术：能选择合适的方式（如海报、迷你书等）进行展示，要求布局合理、画面美观，画面内容能与文字匹配。

【学习素养】

创造性实践：能将收集到的相关信息进行整合，并创造性地设计出展示方案。探究性实践：能运用所学的知识和观察方法，运用英语所学的语言能力去阅读相关材料，到真实世界中探究"学校"主题的所有相关信息，并讨论设计方案。

【挑战性问题】

本质问题：如何用不同的形式进行表达？

驱动性问题：What's your favourite place of our school? How to show your favourite place of our school in a special way? 你最喜欢学校什么地方？如何用一种特别的方式展示你最喜欢的学校地方？

【实施过程】

前期准备：教师了解学生相关学科知识基础（如英语、科学、美术、信息等），完成项目设计；学生预习 3AM3U1 My school，为知识复现做好准备。

（一）教师了解学生相关学科知识基础

1. 英语学科：学生在一、二年级学习过 My school 相关的单词和句型，如"Look at the ..." "It's ..." "There is/are ..." "in/on/under ..."等。

2. 科学学科：在自然常识课上，学生初步了解学校各个场所的特点，以及在特定场所能做的不同的事情。

3. 美术学科：学生已经掌握简单的素描、蜡笔画、水彩等美术表现方式。

（二）教师根据学生已有知识完成项目设计

期望在项目化学习过程中，学生对"My school"这一主题有更深入的认识，用英语进行描述和表达的能力有进一步的提升。同时在项目推进过程中，运用合适的美术技能完成作品。

【入项探索】

和同学讨论你最喜欢哪个场所，为什么？你能否用特殊的方式来向大家展示你最喜欢的场所？头脑风暴1：可以从哪些方面来展示一个场所？突出这个场所的特征？头脑风暴2：可以用哪些方式来展示场所的特征？确定目标和项目时间轴，并根据场所的爱好进行分组。

（一）提出问题，引发思考

There are many places in our school. Which one do you like best? Why? Driving question 驱动性问题：How to show your favourite place of our school in a special way?

Brain storm 头脑风暴进行"破题"：这个问题其实包含了 2 个大问题及相关小问题。

什么是最喜欢的场所？为什么喜欢？喜欢的因素有哪些？

用怎样的形式去展示才是 special way？

头脑风暴、自由发言，用 PPT 记录讨论内容。

（二）根据选择，分组分工

1. 根据学生选择的场所进行分组。

2. 组内讨论：可以从哪些方面来展示我们喜欢的场所？可以用哪种方式呈现我们的作品？

3. 组内分工：组长、收集资料、文字编辑、美术编辑、信息技术等。

4. 确定任务进度时间轴。

【知识与能力建构】

通过以往经验和观察确定某一场所的特点（包括特征、在特定场所开展的特定活动等）；通过图书馆借阅资料或网络探究，收集相关信息。

Enjoy the material

Look at the picture.
This is my school.
It is big and nice.
We can see many classrooms, a library, a hall and a big playground in it.
I like my school.

Enjoy the material

This is the hall. It's beautiful. We can see many chairs in it. We can sing and dance in the hall. How happy!

And that's the playground. It's big. We can see many children in the playground. We can run and play basketball there. How fun!

I like my school.

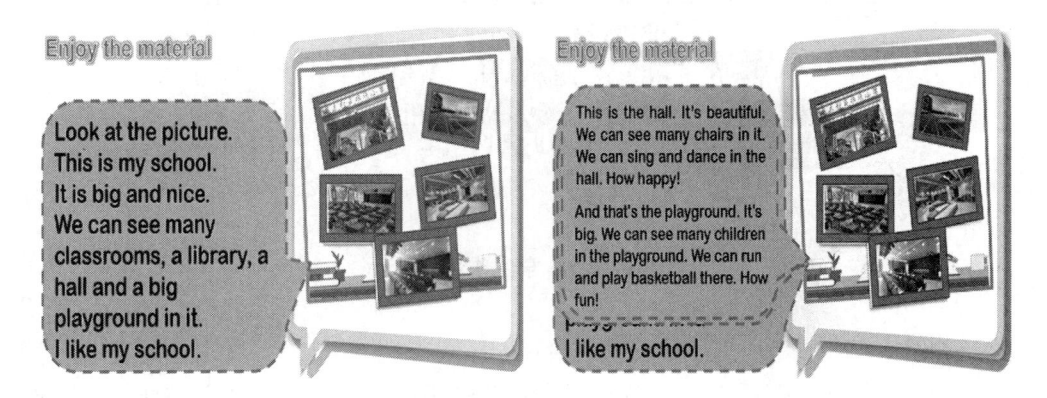

图 1 收集相关资料

英语课：教师通过提问，唤醒学生已有知识；提供语言支架及部分生词和短语，用以提示学生进行更多的思考和探究。

美术课：帮助学生复习各种美术技能，并引导学生了解作品的呈现方式（如综合运用、组合成小书等）。

【形成初步成果】

形成书面及口头汇报文稿；制作（绘制）展示作品；准备展示活动。

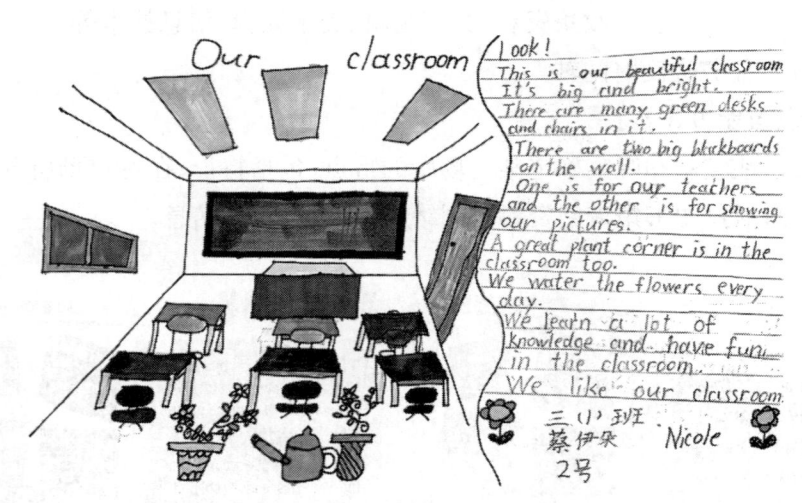

图2、图3　学生作品展示

【出项】

进行口头或书面报告，开展小范围交流和评价，互评给出建议，教师给出建议，修订完善——举办项目化学习成果展示活动，邀请同年级学生、教师共同参与。

1. 各组在班内进行口头报告，并进行小组互评；

2. 年级组内进行评选；

3. 优秀作品在校内展出。

【反思与迁移】

回顾项目历程，讨论项目过程中的成功之处和需要改进之处；填写反思表；接受总结性评价；分享在类似情境中迁移的实例。

【项目成果】

My school Explorer——美术作品

图 4　学生作品展示

表 1　Lovely Girls 小组评价表

分数项目	1分	2分	3分	4分	小计
内容信息	内容简单，表现形式单一；英语表达错误较多，无法体现作品内容。	内容比较简单，没有明显的特色；英语表达有些错误，语言表现力不够强。	内容基本符合主题，基本完整、有创意；英语表达基本正确，形式和语言较好。	内容符合主题，涉及面广、有创意；英语语言表达正确，形式多样，语言丰富。	4
作品质量	对作品没有设计，布局不合理，整体效果不美观。	能对作品稍作设计，但创意不够。	有设计感，有新意，整体布局较为合理，效果较好。	设计性强，有创意、有特色，形式新颖，布局合理，画面美观。	4
实施过程	没有分工，大部分成员在做与目标无关的活动，经提醒仍推卸责任，相互埋怨。	整个项目实施过程中，分工不明确，只有少数成员在参与活动，且有相互埋怨的现象。	整个项目实施过程中，有基本的分工，但是执行分工不彻底，或出现没有承担任务的成员。	整个项目实施过程中，分工明确，各司其职，及时补台，互相帮衬。	3

(续表)

分数项目	1分	2分	3分	4分	小计
展示推介	没有制作迷你书/海报/PPT/视频或展示主体内容缺失；没有对项目实施过程进行介绍；英语语言表达不清晰、不连贯，声音很轻。	迷你书/海报/PPT/视频核心内容缺两项；项目实施过程介绍不清晰；现场展示时，英语语言表达不太清晰、有较多停顿，声音较轻。	迷你书/海报/PPT/视频等核心内容缺一项；项目实施过程能较为清晰地呈现；现场展示时，英语语言表达比较清晰、连贯，声音比较洪亮。	迷你书/海报/PPT/视频内容完整，能非常具体地介绍项目实施过程；英语语言表达清晰、连贯，声音洪亮，展示效果好。	3
小组名称	Lovely Girls		总计得分		14

【项目反思】

第一次在英语教学中开展这种项目化的研究。在这过程中，获益颇多。

【思考】

本人任教小学三年级。根据所学的理念，我尝试在教学中运用项目化学习的模式来落实教学目标。在三年级英语中学到"My school"的主题内容，学生都非常感兴趣，甚至开始讨论自己最喜欢的学校场所。于是我想将这个内容用项目化学习的方式来实施。

主要考虑点：

1. 将英语作为主学科，让学生在学习过程中运用英语进行交流和搜索资料，用英语进行展示，包括作品的展示和语言表达的展示。

2. 本课的教学目标是能用相关的词汇和句型，介绍自己最喜欢的一个场所，即用英语说段（写段）。

3. 各组可以选择不同的展示方式，初步讨论可以是海报、绘本、PPT、小视频等，主要涉及美术和信息技术的内容。

根据以上想法，我想引导学生做一个"My school Explorer——场所探索家"的项目，让学生用正确的英语和各种不同的形式来展示出自己最喜欢的学校场所。本次项目设计的本质问题是：用不同的方式进行表达。驱动性问题是：How to show your favourite place of our school in a special way?

【收获】

学生在这个项目中经历了观察、收集信息、整合、创见、设计、汇报展示，最后形成了海报、迷你书、小视频等多种不同形式的项目成果。学生在过程中自主学习与场所相关的句型和词汇，学得很开心；教师也收获了项目化学习带来的成果。

试做动物迁徙研究员,合作学习探索大自然
——Animal migration researcher

吴闻佳

【项目简述】

本项目是面向五年级学生的以英语为主学科的跨学科类型项目。在英语牛津教材 5AM2U3 中有一课教学内容为大雁的两季迁徙方向及原因,在经过课堂本文学习后,学生们对于动物迁徙这一话题产生了浓厚的兴趣,提出了不少问题,例如:什么是动物的迁徙?动物为什么要迁徙?哪些动物会迁徙?它们是怎样迁徙的?基于这样的课堂背景和兴趣缘起,我们年级的教师结合这个主题设计了本次项目化活动,引导学生了解更多动物迁徙的知识,尝试做一名小小研究员,通过合作学习调查研究各类动物的迁移时间、方向、原因等。并在项目展示中尝试用正确的英语语言表达来进行说明和介绍,采用不同的形式来展示自己的研究成果。

本次项目设计的驱动性问题是:你是否能学做一名动物研究员,用英语来介绍某一种动物的迁徙?

学生在这个项目中需要经历的学习历程是:讨论选题、收集信息、整合资源、设计创作、汇报展示。最后形成的项目成果是:海报、迷你书、PPT 等。

学生的创造性体现在用不同的形式展示各种动物的迁徙过程及原因。学生在项目过程中对于动物迁徙的特点有了更深的理解,并在过程中自主学习 PPT 和绘本的制作,自主学习与迁徙方向相关的句型和词汇,掌握用英语介绍动物迁徙的方法,提高了合作能力、自主学习的能力和英语表达能力。

【项目目标】

(一)跨学科核心概念

学生通过运用自然常识的知识、英语的阅读能力以及网络查找资料的能力,去了解不同种类的动物在特定时间的迁徙方向和原因,并运用美术和信息技术的能力进行创作和展示,运用英语进行交流和汇报。学生在整个活动过程中,运

用所学知识解决问题,并在与同伴合作中提升合作交流的能力。

(二)知识与能力

英语:能用正确的英语词汇、句型描述某一类动物的迁徙方向及原因,要求内容正确,表达完整;能用英语进行 TED 演讲汇报展示。

科学:能了解某种动物在不同时间的迁徙方向及原因。

美术:能选择合适的方式(如海报、迷你书等)进行展示,要求布局合理,画面美观,图文匹配。

信息:能在演讲汇报时用 PPT 的形式展示,要求展示形式合理,技术运用能凸显展示效果。

(三)学习素养

创造性实践:能将收集到的相关信息进行整合,并创造性地设计出展示方案。

探究性实践:能运用自然常识所学的知识和观察方法,运用英语所学的语言能力去阅读相关材料,到真实世界中探究"动物迁徙"主题的所有相关信息,并讨论设计方案。

社会性实践:学生在项目过程中学会团队合作,学会表达和倾听,整合收集到的信息,并用可视化的方式进行展示,以实现交流的目的。

调控性实践:学生通过项目化学习的过程,学会自我调控和反思,学会时间管理,做事有计划性;同时也能积极投入学习,学会专注与坚持,并会用成长型思维来激励自己。

审美性实践:能运用美术和信息技术所学技能,结合动物迁徙相关内容进行设计,完成展示海报、迷你书、PPT 等,要求内容准确,布局美观,有创意,以培养设计思维和审美艺术。

技术性实践:学生在项目实施过程中,能用真实的工具或技术如海报的绘制、迷你书的编制、PPT 的制作和小视频的录制编辑等,进行成功地展示。

(四)驱动性问题所蕴含的高阶认知

创见:本项目要求学生自己思考、设计海报或迷你书,需要学生发挥自己的创造力,利用不同形式展示自己的研究成果。

系统分析:在本项目中,需要运用"系统分析"的高阶思维,来对小组成员收集到的信息进行分析和归纳,从而进行展示方案的具体设计。

决策:在本项目中,培养学生运用高阶思维中的"决策"——在小组成员收集了大量的动物迁徙的信息后,需要根据运用标准进行分类和筛选;同时对于大家提出的展示方案进行分析,选择最优方案。

语言组织:在本项目的成果展示中,无论是海报迷你书的配文还是口头汇报,都需要学生将已有信息组织成语篇,运用正确的语言进行表达。

【挑战性问题】

(一)本质问题

How to describe the animal migration in English? 怎样用英语描述动物的迁徙?

(二)驱动性问题

Can you be an animal researcher and make a report of some animals' migration? 你是否能学做一名动物研究员,用英语来介绍某一种动物的迁徙?

(三)子问题

When do animals migrate? Where do they migrate? Why do they migrate? 某种动物是在什么时候迁徙?往哪里迁徙?为什么迁徙?

【实施过程】

(一)前期准备

1. 教师了解学生相关学科知识基础

(1)英语学科:学生在 M2U3 一课学习中,已掌握了方向的表达,并能正确运用 because 句型表达原因。

(2)科学学科:在自然常识课上,学生初步了解某些动物具有定期迁徙的特点。

(3)美术学科:学生已经掌握简单的素描、蜡笔画、水彩画等美术表现方式。

(4)信息技术:学生在信息课上,对电脑的使用有了初步的概念,已接触了上网和 PPT 制作的相关知识。

2. 完成项目设计

教师根据学生已有的知识结构与能力完成项目设计,期望在项目化学习过程中,学生对"Animal migration"这一主题有更深入的认识,对用英语进行描述和表达的能力有进一步的提升。同时在项目推进过程中,学生能掌握 PPT 的制作技能,运用合适的美术技能完成作品。

3. 设计预习核检单

布置学生预习 5AM2U3 Period 4 Why do wild geese change homes,为知识复现做好准备。设计预习核查单,对"Animal migration"主题了解情况进行自我评价。

Animal Migration Researcher 项目化学习
预习核检单

班级：		姓名：	
英语学科 已有知识 自查	我已掌握动物迁徙相关的单词，如： □动物类别名称 □相关动物单词 □相关方向单词 □相关活动类单词 □相关地点类单词 其他	我已掌握动物迁徙相关句型，如： □They move/ fly to … □They live in the … □They go back to…	我还了解到的表达原因的句型： □Because ….
自然学科 已有知识 自查	我已掌握的动物迁徙的自然知识有： □有哪些动物会迁徙 □动物会在什么时候迁徙 □动物会往哪里迁徙 □动物迁徙是是为了什么 其他		我想知道更多关于季节的知识。
美术学科 已有知识 自查	我已掌握的美术表现技巧： □简笔画 □蜡笔（油画棒） □水彩画 □油画 □剪贴画		我想学习的其他美术表现技巧
信息技术 已有知识 自查	我已掌握的信息技术： □上网搜索信息 □简单的电脑绘画 □word 文档编辑 □PPT 制作 其他		我想学习的其他信息技术：
我最大的优势			
我最需要帮助的方面			
我认为我在小组里可以承担怎样的工作			

图 1　预习核验单

（二）入项探索

1. 提出问题，引发思考

结合教材中大雁迁徙的内容，引申讨论其他动物的迁徙特点。提出项目的子问题：What kinds of animals migrate? When do animals migrate? Where do they migrate? Why do they migrate? 引导学生结合课本教材及已有的自然知识，讨论有哪些类别的动物存在迁徙的特性，它们的迁徙通常是因为什么原因。教师通过出示阅读材料、视频和图片，给予学生一定的知识基础，帮助学生了解动物的迁徙，明确迁徙动物的类别。

2. 根据选择，分组分工

学生在了解了有哪些类别的动物会迁徙后，分组确定研究动物的类别。经过组内讨论，选择在该类别动物中研究哪几个具体动物，确定各自的研究调查对象。并在组内进行分工：组长、资料汇总、文字编辑、美术编辑、信息技术等。由组长组织确定项目实施的步骤以及任务进度的时间轴。

（三）知识与能力建构

英语课：教师通过提问，唤醒学生已有知识，提供语言支架，通过视频、图片的方式提供一定的知识基础,给予研究方向,以提示学生进行更多的思考和探究;小组成员通过自己的知识积累、图书馆借阅资料或网络探究,收集各自研究的动物迁徙的相关信息,并填写调查表格。

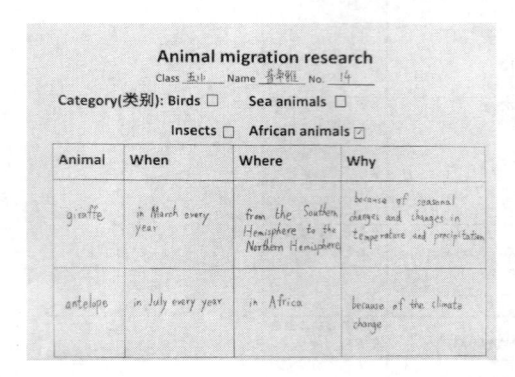

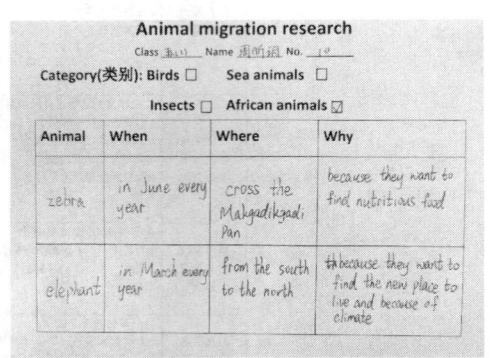

图2、图3　作业单

美术课:帮助学生复习各种美术技能,并引导学生了解作品的呈现方式(如综合运用、组合成小书等)。

科学课:帮助学生进一步理解动物迁徙的特点及原因,提供学习资料包引导学生去发现更多。

信息课:提供PPT制作的相关微视频,让学生自己学习、摸索,必要时提供帮助,使学生在这过程中学会制作PPT并展示其作品。

图4　PPT制作微视频截图

(四)形成初步成果

组内汇总收集的信息并讨论选择展示形式。学生们根据展示形式进行分工合作,完成语言组织、绘画配图、美工制作、PPT制作等各项任务。在组长的组织下,各成员合作学习,完成海报或迷你书的制作、文字演讲稿的准备等,为最终的演讲展示活动做好准备。

图 5　小组内分工合作

(五) 出项

在经过两周多的项目化学习后,学生们都交出了令人满意的项目成果,包含海报、迷你书、小视频等多样的作品形式。课上,小组进行书面展示以及口头汇报,利用PPT与演讲的方式展示研究成果。通过自评和他评的综合评价,学生借助评价表以及听众的反馈来审视并改进自己的学习成果。在展示及评价的过程中,学生的合作能力、综合语言运用能力以及评价能力都得到提升。

【项目成果】

Animal migration researcher——迷你书或海报

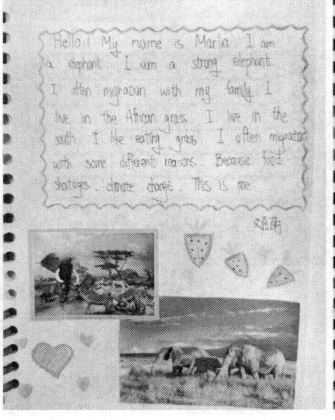

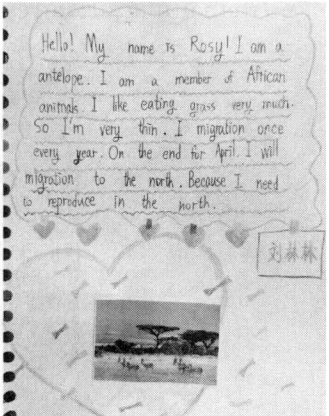

图 6—8　学生作品展示

表1　Sunshine Girls 小组评价表

分数 项目	1分	2分	3分	4分	小计
内容 信息	内容简单,表现形式单一;英语表达错误较多,无法体现作品内容。	内容比较简单,没有明显的特色;英语表达有些错误,语言表现力不够强。	内容基本符合主题、基本完整、有创意;英语表达基本正确,形式和语言较好。	内容符合主题、涉及面广、有创意;英语语言表达正确,形式多样,语言丰富。	4
作品 质量	对作品没有设计,布局不合理,整体效果不美观。	能对作品稍作设计,但创意不够。	有设计感,有新意,整体布局较为合理,效果较好。	设计性强,有创意、有特色,形式新颖,布局合理,画面美观。	4
实施 过程	没有分工,大部分成员在做与目标无关的活动,经提醒仍推卸责任,相互埋怨。	整个项目实施过程中,分工不明确,只有少数成员在参与活动,且有相互埋怨的现象。	整个项目实施过程中,有基本的分工,但是执行分工不彻底,或出现没有承担任务的成员。	整个项目实施过程中,分工明确,各司其职,及时补台,互相帮衬。	3
展示 推介	没有制作迷你书/海报/PPT或展示主体内容缺失;没有对项目实施过程进行介绍;英语语言表达不清晰、不连贯,声音很轻。	迷你书/海报/PPT核心内容缺两项;项目实施过程介绍不清晰;现场展示时,英语语言表达不太清晰,有较多停顿,声音较轻。	迷你书/海报/PPT等核心内容缺一项;项目实施过程能较为清晰地呈现;现场展示时,英语语言表达比较清晰、连贯,声音比较洪亮。	迷你书/海报/PPT内容完整,能非常具体地介绍项目实施过程;英语语言表达清晰、连贯,声音洪亮,展示效果好。	3
小组 名称	Sunshine Girls		总计得分		14

Animal migration researcher——PPT 作品及演讲

图9　学生演讲展示成果

表 2　Flower Group 小组评价表

分数项目	1分	2分	3分	4分	小计
内容信息	内容简单，表现形式单一；英语表达错误较多，无法体现作品内容。	内容比较简单，没有明显的特色；英语表达有些错误，语言表现力不够强。	内容基本符合主题、基本完整、有创意；英语表达基本正确，形式和语言较好。	内容符合主题、涉及面广、有创意；英语语言表达正确，形式多样，语言丰富。	4
作品质量	对作品没有设计，布局不合理，整体效果不美观。	能对作品稍作设计，但创意不够。	有设计感，有新意，整体布局较为合理，效果较好。	设计性强，有创意、有特色，形式新颖、布局合理，画面美观。	4
实施过程	没有分工，大部分成员在做与目标无关的活动，经提醒仍推卸责任，相互埋怨。	整个项目实施过程中，分工不明确，只有少数成员在参与活动，且有相互埋怨的现象。	整个项目实施过程中，有基本的分工，但是执行分工不彻底，或出现没有承担任务的成员。	整个项目实施过程中，分工明确，各司其职，及时补台，互相帮衬。	4
展示推介	没有制作迷你书/海报/PPT或展示主体内容缺失；没有对项目实施过程进行介绍；英语语言表达不清晰、不连贯，声音很轻。	迷你书/海报/PPT核心内容缺两项；项目实施过程介绍不清晰；现场展示时，英语语言表达不太清晰，有较多停顿，声音较轻。	迷你书/海报/PPT等核心内容缺一项；项目实施过程能较为清晰地呈现；现场展示时，英语语言表达比较清晰、连贯，声音比较洪亮。	迷你书/海报/PPT内容完整，能非常具体地介绍项目实施过程。英语语言表达清晰、连贯，声音洪亮，展示效果好。	4
小组名称	Flower Group		总计得分		16

【项目反思】

（一）收获

学生在这个项目中经历了讨论选题、收集信息、整合资源、创作设计、汇报展示，最后形成了海报、迷你书、PPT等多种不同形式的项目成果。在驱动性问题的引领下，学生们查找资料，填写信息表，整合信息，分工合作，用不同的形式展示各种动物的迁徙过程及原因。学生在项目过程中对于动物迁徙的特点有了更深的理解，并自主学习PPT和绘本的制作，自主学习与迁徙方向相关的句型和词汇，掌握用英语介绍动物迁徙的方法，提高了合作能力、自主学习的能力和英语表达能力。

（二）不足

1. 本次的项目化学习主题为研究动物的迁徙特点，其中包含的知识较为繁杂深奥，不少学生在查找资料时仅仅停留在片面地摘抄，对其中的词汇难以正确表达，导致了最后在口头汇报时存在不少错误。建议可以在项目实施过程中，增加更多交流指导的过程，帮助学生真正理解所查所讲的内容。

2. 项目进行中大部分任务需要学生小组合作完成，而学生间的差异性导致了有些小组难以共同达成原定目标。如何指导学生更加合理地进行组内分工，并按照既定步骤完成各自任务，是需要教师思考和调整的。

3. 由于课时有限，空间有限，学生的项目化进程往往难以连贯完成。怎样为学生提供更合理的时间空间保障，也需要我们继续思考。

项目化学习以项目成果为学习目标，以合作探究为主要学习方式，其本质就是引导学生从学会走向会学会用，更加强调学生在学习过程中能力的形成。在本次项目化学习实践中，学生不再局限于教材文本的内容，而是在真实的自然情境中、在问题的引领下进行思考、交流、探究、制作、展示等步骤。这也与当下从综合语言运用走向学科核心素养的课程与教学变革的趋势相吻合。项目化学习更加关注课程标准和核心素养的融合，从真实情境出发，使学生的学习更具有生活价值。

源于生活的小学英语项目化学习案例
——南京路探索者初体验

倪毓霞

锦绣小学英语组在学校的项目化实践过程中,一直敢于尝试,敢于探索,希望能够对项目化有更深入的了解。在四年级第一学期的教学中,根据课本教材,笔者选择了"南京路"这个话题,带领孩子们开展了项目化的学习。

【项目简述】

这个项目是面向四年级学生的跨学科类型的项目。之所以确定这个项目,是因为在学习 4AM3U2 A visit to Nanjing Road 前,教师布置预习作业时发现,事实上很多孩子对南京路并不了解。于是教师引导学生做一个 Nanjing Road Explorer,引领孩子们深入了解南京路并用正确的英语和各种不同的形式来展示出自己对南京路的新的认识。

本次项目设计的驱动性问题是:Do you know Nanjing Road? How is Nanjing Road?

学生在这个项目中需要经历的学习历程是:实地考察、资料查找、信息整合、设计、汇报展示。

最后形成的项目成果是:迷你书、PPT、小报、手账等。

学生的创造性体现在用不同的形式表现出对南京路的新认识。学生在项目过程中对于南京路有了更深入的理解,并在过程中巩固 PPT 和绘本的制作技能,自主学习与描述南京路相关的句型和词汇,掌握用英语介绍南京路的方法,提高了合作能力、自主学习的能力和英语表达能力。

【项目目标】

(一)跨学科核心概念

跨学科核心概念:学会用不同的形式运用英语进行表达。

学生通过运用实地考察、深入观察的方式及英语的阅读能力,去发现和探索南京路的前世今生,并运用美术和信息技术的能力进行设计和展示,运用英语进行交流和汇报。学生在整个活动过程中,运用所学知识解决问题,并在与同伴合作中提升合作交流的能力。

(二)跨学科核心知识与能力

1. 英语:能用正确的英语词汇、句型描述南京路的历史建筑、特色店铺等,要求内容正确,视角独特有新意。

2. 美术:能选择合适的方式(如小报、迷你书等)进行展示,要求布局合理,画面美观,画面内容能与文字匹配。

(三)学习素养

1. 创造性实践:能将收集到的相关信息进行整合,并创造性地设计出展示方案。

2. 探究性实践:能运用实地考察、深入观察的方式,运用英语所学的语言能力去阅读相关材料,到真实世界中探究南京路所有的相关信息,并讨论设计方案。

3. 社会性实践:学生在项目过程中学会团队合作,学会表达和倾听,整合收集到的信息,并用可视化的方式进行展示,以实现交流的目的。

4. 调控性实践:学生通过项目化学习的过程,学会自我调控和反思,学会时间管理,做事有计划性;同时也能积极投入学习,学会专注与坚持,并会用成长型思维来激励自己。

5. 审美性实践:能运用美术和信息技术所学技能,结合南京路相关内容进行设计,完成展示小报、迷你书、PPT等,要求内容准确,布局美观,有创意,以培养设计思维和审美艺术。

6. 技术性实践:学生在项目实施过程中,能用真实的工具或技术如小报的绘制、迷你书的编制和PPT的制作等,进行成功地展示。

(四)驱动性问题所蕴含的高阶认知

1. 创见:本项目提出的 How is Nanjing Road? 就指向了创见——如何通过设计,做出让观看者耳目一新的展示方案?

2. 系统分析：在本项目中，需要运用"系统分析"的高阶思维，来对小组成员收集到的信息进行分析和归纳，从而进行展示方案的具体设计。

3. 决策：在本项目中，培养学生运用高阶思维中的"决策"——在小组成员收集了大量的相关季节的信息后，需要根据运用标准进行分类和筛选；同时对于大家提出的展示方案进行分析，选择最优方案。

4. 问题解决：能对 How is Nanjing Road? 的问题有解决的思路和想法，并有实际操作意义。

（五）关联教材章节

4A Module 3 Places and activities，Unit 2 Around my home.

【挑战性问题】

（一）本质问题

How to introduce Nanjing Road to your friends and families correctly?

如何用不同的形式向身边的亲朋好友们介绍你认识的南京路？

（二）驱动性问题

1. Do you know Nanjing Road? 你知道南京路吗？

2. How is Nanjing Road? 你知道南京路是怎样的吗？

【实施过程】

（一）前期准备

1. 教师了解学生相关学科知识基础

（1）英语学科：学生已经掌握了简单的地点表达方式，比如 My home is at No.126 Garden Street。同时还学过了用 There be 句型来描述某处有某物，比如 There are some shops，a supermarket，some restaurants，and a park 等。

（2）美术学科：学生已经掌握简单的素描、蜡笔画、水彩画等美术表现方式。

（3）信息技术：学生在三年级的信息课上，已经对电脑的使用有了初步的概念，学会了上网、电脑绘画、制作 PPT 等基本技能。

2. 教师根据学生已有知识完成项目设计，期望在项目化学习过程中，学生对"Nanjing Road"这一主题有更深入的认识，对用英语进行描述和表达的能力有进一步的提升。同时在项目推进过程中，学生能掌握 PPT 的制作技能，运用合适的美术技能完成作品。

3. 设计预习核检单

Nanjing Road Explorer 项目化学习

预习核检单

班级：			姓名：	
英语学科已有知识自查	我已掌握 Nanjing Road 相关的单词，如： ☐路名表达 ☐相关形容词 ☐相关店铺单词 ☐相关建筑单词 ☐相关食品类单词 其他：		我已掌握表达 Nanjing Road 相关句型，如： ☐It is in the center of … ☐There is/are … ☐People can … ☐In the morning/afternoon/evening, people … on Nanjing Road. 其他：	我还了解到的 Nanjing Road 相关英语知识：
日常生活已有知识自查	我已掌握的关于 Nanjing Road 的知识有： ☐南京路的地理位置 ☐南京路的历史 ☐南京路的特色建筑 ☐南京路的特色美食 ☐南京路的居民生活 其他：			我想知道更多关于 Nanjing Road 的知识：
美术学科已有知识自查	我已掌握的美术表现技巧： ☐简笔画　　☐蜡笔（油画棒）　　☐水彩画 ☐油画　　　☐剪贴画 其他：			我想学习的其他美术表现技巧：
信息技术已有知识自查	我已掌握的信息技术： ☐上网搜索信息　　　☐简单的电脑绘画 ☐Word 文档编辑　　　☐PPT 制作 ☐手机拍照及编辑　　　☐手机摄像及编辑 其他：			我想学习的其他信息技术：
我最大的优势				
我最需要帮助的方面				
我认为我在小组里可以承担怎样的工作				

图 1　预习核检单

（二）入项探索

1. 提出问题，引发思考

Do you know Nanjing Road? How is Nanjing Road? Do you like Nanjing Road? Why? What's the history of Nanjing Road? What can you buy and what can you do on Nanjing Road?

驱动性问题：How is Nanjing Road?

Brain storm 头脑风暴进行"破题"：这个问题其实包含了 2 个大问题及相关小问题。

（1）南京路是怎样的？为什么是这样的？

（2）用怎样的形式去展示所考察到的南京路、所认识的"新"南京路？

头脑风暴、自由发言，并用思维导图记录讨论内容。

2. 根据选择，分组分工

（1）学生自由选择同伴进行分组。

（2）组内讨论：何时去考察？从哪里开始考察？考察哪些方面？可以用哪种方式呈现我们的作品？

（3）组内分工：组长、收集资料、文字编辑、美术编辑、信息技术等。

（4）确定任务进度时间轴。

（三）知识与能力建构

1. 英语课：教师通过提问唤醒学生已有知识，提供语言支架及部分生词和短语，用以提示学生进行更多的思考和探究。

2. 美术课：帮助学生复习各种美术技能，并引导学生了解作品的呈现方式（如综合运用、组合成小书等）。

3. 信息课：帮助学生复习 PPT 制作的技能，让学生再次巩固该技能，必要时提供帮助，使学生在这过程中能更顺利地完成 PPT 制作并展示其作品。

（四）推进

1. 小组相约实地考察南京路，深入了解南京路。沿着南京路走一走，找寻历史的足迹，也找寻南京路的新特色。

2. 形成初步成果：形成书面及口头汇报文稿，制作（绘制）展示作品，准备展示活动。

（五）出项

1. 各组在班内进行口头报告，并进行小组互评。
2. 年级组内进行评选。
3. 优秀作品在校内展出。
4. 邀请全校师生参观 PBL 作品展，并进行介绍。

（六）反思与迁移

回顾项目历程，讨论项目过程中的成功之处和需要改进之处；填写反思表；接受总结性评价；分享在类似情境中迁移的实例。

例：

四(2)班小组反思：

成功之处：学会团队合作，学会了分工，学会了分享，学会了谦让。

不足之处：有情绪的时候会发小脾气，整体速度不够快。

解决方案：合理安排，提高效率；学会情绪管理，有利于团队合作。

【项目成果】

（一）Nanjing Road Explorer——美术作品

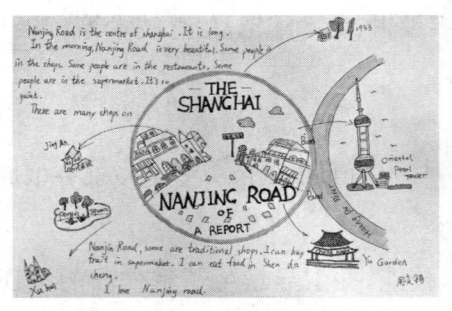

图 2、图 3 学生美术作品展示

表 1 Nanjing Road Explorer 评价表

分数项目	1分	2分	3分	4分	小计
内容信息	内容简单，表现形式单一；英语表达错误较多，无法体现作品内容。	内容比较简单，没有明显的特色；英语表达有些错误，语言表现力不够强。	内容基本符合主题、基本完整、有创意；英语表达基本正确，形式和语言较好。	内容符合主题、涉及面广、有创意；英语语言表达正确，形式多样、语言丰富。	4

(续表)

分数项目	1分	2分	3分	4分	小计
作品质量	对作品没有设计，布局不合理，整体效果不美观。	能对作品稍作设计，但创意不够。	有设计感，有新意，整体布局较为合理，效果较好。	设计性强，有创意、有特色，形式新颖，布局合理，画面美观。	4
实施过程	没有分工，大部分成员在做与目标无关的活动，经提醒仍推卸责任，相互埋怨。	整个项目实施过程中，分工不明确，只有少数成员在参与活动，且有相互埋怨的现象。	整个项目实施过程中，有基本的分工，但是执行分工不彻底，或出现没有承担任务的成员。	整个项目实施过程中，分工明确，各司其职，及时补台，互相帮衬。	3
展示推介	没有制作迷你书/小报/PPT等或展示主体内容缺失；没有对项目实施过程进行介绍；英语语言表达不清晰、不连贯，声音很轻。	迷你书/小报/PPT等核心内容缺两项；项目实施过程介绍不清晰；现场展示时，英语语言表达不太清晰，有较多停顿，声音较轻。	迷你书/小报/PPT等核心内容缺一项；项目实施过程能较为清晰地呈现；现场展示时，英语语言表达比较清晰、连贯，声音比较洪亮。	迷你书/小报/PPT等内容完整，能非常具体地介绍项目实施过程；英语语言表达清晰、连贯，声音洪亮，展示效果好。	3

（二）Nanjing Road Explorer——PPT作品

图4　学生PPT展示作品

【项目反思】

(一) 思考

根据项目化的理念和本学期的教材内容,笔者选择了"Nanjing Road"这个主题来进行项目化学习的探索。这一课的主要内容是描述家附近的各种场所,有一页就专门用来介绍了上海非常有名的南京路步行街。但实际上,南京东路才是步行街,南京西路并非步行街。所以在课堂中,笔者首先给孩子们梳理了一下南京路的概念,很多孩子都有恍然大悟的感觉。通过询问,笔者发现孩子们很多都没有去过南京路,更不用说对南京路有多少了解了。所以以此为契机开展了讨论,学生们都非常有兴趣,他们都想知道南京路到底在哪里,该怎么去,那里有些什么可以逛的景点,那里有哪些美食,等等。所以以此开展项目化学习是个非常好的切入点。

主要考虑点:

1. 将英语作为主学科,让学生在学习过程中运用英语进行交流和搜索资料,用英语进行展示,包括作品的展示和语言表达的展示。

2. 本课的教学目标是能用相关的词汇和句型,介绍自己在考察过程中认识的南京路,或者对南京路的新认知。

3. 各组可以选择不同的展示方式,可以是小报、绘本、PPT 等,主要涉及美术和信息技术的内容。

根据以上想法,笔者想引导学生做一个"Nanjing Road Explorer——南京路探索者"的项目,让学生用正确的英语和各种不同的形式来展示出自己考察后所认识的南京路以及所考察到的南京路的各种特色建筑、美食等。本次项目设计的本质问题是:How to introduce Nanjing Road to your friends and families correctly?(如何用不同的形式向身边的亲朋好友们介绍你认识的南京路?)驱动性问题是:1. Do you know Nanjing Road?(你知道南京路吗?)2. How is Nanjing Road?(你知道南京路是怎样的吗?)

(二) 收获

学生为了完成这个项目,可以选择实地考察南京路,也可以选择网络查资料了解南京路。在这个过程中,进行资料的收集、整理,组内的讨论分工等,最后形成了小报、迷你书、PPT 等各种不同形式的项目成果。学生在这个项目完成的过程中,对南京路有了更深的认识和了解,从各个角度去深入挖掘南京路,并自主分工合作完成了各种形式的成果,同时也自主学习了与展示成果相关的词汇和句型,掌握了如何表达南京路上的著名建筑、特色美食等,提高了合作能力、自主学习的能力和英语表达的能力。

入项活动中,笔者提出了驱动性问题:Do you know Nanjing Road? How is Nanjing Road? 并通过头脑风暴的形式,让学生去"破题"——这个驱动性问题其实包含了:1.南京路是怎样的?为什么是这样的?2.用怎样的形式去展示所考察到的南京路,所认识的"新"南京路?通过讨论后,引导学生自由分组,并进行合理分工。各组根据分工,先相约一起实地考察或者各自查找资料,然后根据自己的特点,分工完成项目成果,主要分工有:搜集资料、文字撰写、版面设计、版面美化等。

在最后的展示活动中,孩子们的成果让人激动,无论是形式、内容和口语表达,都远超我的预期。

(三)困惑

在完成整个项目的设想、推进、实践的过程中,我也有一些困惑。

1. 项目化学习的一个点是跨学科,但是在这个项目中,我们可能涉及了南京路的一个历史的问题,属于历史学科的范畴。在小学里历史学科暂时还没有出现,可能对学生而言有点难度,尤其是在表达上。

2. 项目化的整个完成过程其实需要很多的时间,课堂的时间实在有限,所以往往在课堂内只能简单地给孩子们分析一下整个项目的概况,带领他们梳理一下脉络,激发一下他们的思维。剩余的其他事情可能都要交给孩子们回家去完成。所以如何更好地合理利用和整合时间是一件需要思考的事情。

单元项目化学习实践探索
——以一年级道德与法治"我爱我家"为例

陈怡雯

项目教学是一种以学生为主体，以项目为主线，让学生应用综合性知识解决复杂问题的教学方式。项目教学具有整合性、实践性、创生性，是培养学生核心素养的重要途径。

项目化学习是在杜威的"做中学"理论基础上发展起来的，是以学习者为中心，对现实生活中的真实问题进行解决的学习模式。它通过学生真实地参加项目设计、履行和管理的全过程，引导学生在项目实施过程中完成学习任务，形成实践能力、分析能力及其他关键能力。这一学习方式有助于我们突破以"课堂为中心、教师为中心、教材为中心"的传统教学方式，强调实用技能和知识创新，有效建立课堂与生活的联系，并直接指向生活问题的解决。

统编道德与法治教材采用课文话题式、单元主题式的编排结构，使项目化学习成为可能。以下，以统编教材一年级下册第三单元"我爱我家"为例，阐述笔者的探索。

【项目简述】

统编小学道德与法治教材在内容编排上，每个单元教学都呈现了一个主题，同一单元的几篇课文内容之间总是存在着横向或纵向的诸多联系，从而成为一个相对独立的学习内容。单元学习主题便成为项目式学习的"总统领"。

在此统领下，我们可根据教学目标引导学生确定学习主题。同时，项目学习主题的确定必须体现以学习者为中心，指向儿童现实生活问题的解决。对于道德与法治学习而言，就是要立足儿童的道德认知困惑。如此，使每一位学生都可以根据自己的兴趣或问题，选择调查和研究主题，从而激发学生真正参与到活动中来，体验项目式学习的全过程。

一年级下册第三单元"我爱我家"包括《我和我的家》《家人的爱》《让我自己

来整理》《干点家务活》四课内容。本单元在整册教材的教育主题"适应新生活,养成好习惯"之下,以整体性的视角,引导学生养成与家人共在的好习惯。

【项目目标】

通过该项目,学生不仅能熟知身边的亲属关系,还能发现不同家庭之间的一些异同,从而知晓自己家庭的伦理关系,能正确地称呼家人,并从中感受家庭成员之间的亲情。学生自主合作开展探究与实践活动,从中获得"干家务"的技能,感受学会"干家务"本领的成功喜悦,初步学会分担家庭责任。

在项目学习的过程中,也为学生提供了发展综合技能的机会,如细致的观察、深层次的思维、问题的解决、信息的收集与整理、团队的沟通与合作等。

【挑战性问题】

本质问题:从了解自己的出生给家人带来的喜悦开始,进而了解自己与家人间的血缘关系和法律关系,以及家庭的结构,最后落实到对家庭的爱与责任,学生学会主动表达自己对家人的爱,学着自己的事情自己做,学习主动承担力所能及的家务,最终使学生成长为温馨家庭生活的自觉建构者。

驱动性问题:

1. 围绕"我的家人"

（1）我的家人有哪些?

（2）现在的称呼与过去有什么变化?

（3）家人与家人之间是怎样称呼的?

（4）家人之间是什么关系?

（5）我还发现了其中的一些奥秘……

2. 围绕"我来到我家"

（1）我的名字是怎么来的?

（2）我的名字有什么含义?

（3）了解我出生时的情景。

（4）我出生时的故事还有……

3. 围绕"我身上有家人的影子"

（1）看照片,照镜子,我像谁呢?

（2）我哪些地方像他呢?

（3）我为什么会像他呢?

4. 围绕"干点家务活"

(1) 我会做的家务有……

(2) 爸爸妈妈告诉我做家务的窍门。

(3) 我还能学着做哪些家务？

(4) 我通过实践，还发现了一些做家务的窍门……

【实施过程】

1. 合理搭建学习小组，促发深度探究学习

当学生选定项目学习主题后，合理搭建学习小组便成为实现有效探究的关键问题。小组成立后，教师引导各组成员拟定项目计划、活动步骤和具体分工等，帮助学生理清活动思路，明确各自的职责；提醒注意事项，如学习前要做的准备、学习过程中需搜集的资料等。在进行组员分工时，教师会建议同伴之间取长补短或合理轮岗，以明确职责分工，避免相互依赖或依赖组内的"核心人物"。如此，力求人人有事做，人人能做事，人人会协作，使探究学习真正发生，这样的项目化学习才是有深度、有价值的。

以"我的家人"项目学习为例，课文图示只呈现了祖孙三代人之间的亲情关系。但是，现实生活中，班级学生家庭结构中四世同堂的不在少数，班上还有不少外来务工者的子女。因此，在进行任务分工时，我们鼓励四代同堂、家庭人员众多的学生去调查和了解家庭的结构关系；由于地域差异，各地对家人的称呼也会有不同，我们让外来务工人员子女去了解比较他们对家人的称呼与本地有何不同；即使身处同一地域，随着时代的变迁，家人之间的称呼也发生了改变，我们则让来自不同于传统称呼的家庭的孩子就此进行调查和比对。

如此搭建的学习小组，立足学生的家庭实际情况，调查任务明确，激发了学生的调查探究热情。小组成员按照分工和制订的计划、步骤展开调查或实践。对于在调查和实践过程中出现的问题，教师则指导小组成员及时沟通和讨论，共同探究解决方法，协助学生完成资料搜集，并进行阶段性小结，从而为后续学习奠定坚实基础。

2. 优化活动问题设计，提升道德行为能力

小学生尤其是低年段儿童的观察等学习能力有限，需要教师的具体指导。我们在项目化学习中，注重遵循儿童的认知规律，分解和细化活动的具体问题，让孩子们明确自己的活动探究重点。

以"干点家务活"为例,根据"做点家务很不错"这一内容,我们指导学生进行了项目学习主题活动设计:"想一想,我已经会做的家务有哪些?""学一学,我还能学会做哪些家务?""赞一赞,谁还能发现做家务的窍门?"并据此设计了"做点家务很不错"成果展示表。

这一主题活动设计从儿童对家务活的已有认知和生活经验出发,引导学生深度观察家庭生活,学做新的家务活,并发挥创意,总结展示自己的"新发现""新技能"和"新感悟"。它为孩子们展开生活实践探究提供了具体而明确的"抓手"。经过一周时间的学习和实践,孩子们利用照片、小视频、语言描述、演示等方式,汇报和展示学习活动成果:"我观察了妈妈洗碗的过程,还拍了小视频!""妈妈告诉我用报纸擦玻璃很干净,我试了试,真的很管用!""我知道妈妈拖地时为什么要把旧丝袜套在拖把头上!""我学会了洗袜子,妈妈夸我真能干!""我从网上了解到,淘米水可以浇花、洗碗。""我还知道洗脸水和洗脚水可以用来冲马桶!"……

在这样的学习过程中,孩子们和父母一起做家务,不仅学会和提高了做家务的基本技能,变成了干家务活的"小能手",而且在承担家务责任、提高家务劳动技能的过程中,享受到了家庭生活的乐趣。有了这样愉悦的学习体验,相信孩子们在今后的生活中会乐于主动帮家人做力所能及的事情。

【项目成果】

项目完成后,我们都会组织学生通过图片(照片)、文字、图文结合的海报、PPT、小视频等形式,展示学习和研究成果。与传统的教学评价相比,项目化学习的评估方法着眼于对学生在整个项目学习过程中,所发挥的作用和解决问题的态度、方法、能力等进行综合评定。例如对"干点家务活"项目学习活动的评价,我们的着眼点不局限于学生掌握了多少种干家务的技能,而是依托成果展示,全方位地对学生在学习活动过程中所表现的"学习干家务的兴趣和热情""解决困难的耐心和勇气""自己的事情能自己干的态度""能主动分担的家庭责任""自己探究到的家务活窍门""获取干家务活窍门的途径和方法""干家务的习惯养成""学会的干家务本领"等进行综合评价,充分体现品德学科注重过程评价和质性评价的理念。

最后,教师指导学生将学习成果装入"活动记录袋",积累成长资料。借此,进一步强化学生的道德认知践行,引领其未来生活。

【项目反思】

在实施具体评价时,教师着重体现评价主体多元化的原则,关注学生的自我评价及小组成员间的相互评价,重视家长在这一学习实践过程中的评价和建议,并结合对项目的总结性评价,帮助学生发现项目过程中自己及同伴出现的错误和不足,相互间及时提醒和帮助,尽快完善方案和成果。

项目化学习在小学音乐教学中的应用
——以音乐与创编《小老鼠找朋友》为例

黄 燕

【项目背景】

当前,提升学生的音乐素养存在着诸多困难。首先,当今社会,音乐教学无论是课程内容还是实践应用,都越来越与现实生活相分离;其次,学生对音乐学习的兴趣也随着学习压力的增大而下降;再次,小学音乐教学内容以经典歌曲为主,而小学生思想比较活跃,对学习新知识、新事物的兴趣比较强烈,对音乐课本中的部分陈旧歌曲不感兴趣,故很难体会到音乐美感,从而导致音乐课堂上出现纪律问题。如此种种,严重影响学生音乐素养的提升,不利于学生核心素养及学习能力的发展。

项目化教学是近些年来新提出的教育模式。它是基于真实情境和问题的跨学科学习方式,聚焦于学科关键概念的理解和综合能力的提升。在以往的音乐小组合作中,学生的学习往往流于形式,没有真正体现出合作的意义,学生无法体验到合作的乐趣。基于项目化学习的小学音乐创编能力的培养,是小学音乐教学活动中促进学生音乐素养能力提升的有效途径。

音乐创编包括两类学习内容:一是以开发学生潜能为目的的即兴音乐创编活动,二是运用音乐材料进行音乐创造尝试与练习。结合以上内容和学习要求,四年级开展了"音乐与创编"项目化学习,共分为"音乐奥秘小探究""声势律动玩玩乐"及"声入人心编歌词""皮影表演展才华"四大项目探究板块。

【音乐奥秘小探究】

音乐创造是发挥学生想象力和思维潜能的学习领域,是学生进行创作实践和发掘创造性思维的过程和手段,对于培养创新人才具有十分重要的意义。

在活动中,学生们发现歌曲前半部分的每个乐句后面都有一个间奏,于是笔者让他们在有节奏地朗读歌词的基础上,引导他们自主发现朗诵中隐藏着的三种节奏音符,二分音符×—、四分音符×、八分音符××,并提出问题:"你能用不同的声势律动来表现这三种音符吗?"学生进行讨论交流后,用拍手来表现二分音符×—,用跺脚表现四分音符×,用拍腿表现八分音符××。然后,笔者让学生将拍手、跺脚、拍腿的声势律动与有节奏的朗读相结合,让学生在多种感官的刺激下初步感知自身就能达到的两声部音效。音乐课堂的合作不仅指与他人的合作,还指自我身体机能的合作。教师只有通过充分调动学生的肢体、感官来参与音乐实践活动,才能在情境和活动中培养学生一脑多用的能力。

【声势律动玩玩乐】

孩子们天性好动,当他们听到一段优美动听的旋律、一首节奏欢快的乐曲时,洋溢在心中的不仅仅是欢快的情绪,也迸发出"闻歌起舞"的感觉。所以,根据这种心理特征,我们在学会演唱歌曲《小老鼠找朋友》的基础上,使身体的动,配合着音乐的动,音乐的动又调节身体的动,在音乐的感染下,做出相应的肢体动作,以此来主动表达对于音乐的理解。结合肢体感官实现音乐与动作相结合,帮助学生们在感受音乐节奏的同时,来感知音乐、表现音乐。

【声入人心编歌词】

充分调动学生已有的学习生活经验,把生活融入课堂,让学生发挥想象力、创造力进行歌词创编,巧妙地将歌曲中的部分歌词进行替换。孩子们把"看你到处干坏事呀,谁愿跟你交朋友,谁愿跟你交朋友"改变成"小老鼠呀你别哭,我们给你出主意"。歌词的改变使故事发生转折性变化,利用歌词创编的内容组成新结尾,使学生又参与到故事的新发展中。这样的创编活动既培养学生的创造能力,又提高其演唱新歌的能力,同时还锻炼发展了学生的语言表达能力。

【皮影表演展才华】

学生的音乐才华需要展现出来,我们要为学生提供展示项目化学习成果的舞台。孩子们采用皮影戏表演的方式。皮影戏也叫影子戏、灯影戏,是一种以兽皮或纸板做成的人物剪影,在灯光照射下用隔亮布进行表演的民间戏剧,是中国民间古老的传统艺术。本次的展演活动,学生们通过演唱歌曲——声势律动——歌词创编——故事再创作等,全部采用了皮影戏的表演方式对《小老鼠找朋友》这首歌曲进行全新表演。他们进入各个班级进行巡演,不仅提升自信,更是满足了表演欲望。

在小学音乐教育中,利用项目化学习激发学生对音乐学习的热情,让学生在探究式学习中进行艺术体验,学会与他人协作,从而提高学生学习音乐的知觉和表达能力。同时,让学生有机会展现自己的音乐才华,确保学生在演出时自信满满,培养学生的勇气及全面开发学生的音乐潜能。

  在日常音乐课堂中,通过项目化学习帮助学生在音乐学习的过程中实现音乐素养的发展,在不同的项目活动中,获得多角度、多维度的思考,由被动学习转变为主动学习,获得音乐审美的体验。项目化学习用"润物细无声"的方式净化着孩子们的心灵,让他们成为有信念、有情怀、有担当的新时代好少年,为自己饱满而丰富的人生谱写最动听的乐章。

奶牛奇遇记
——跨学科项目化教学案例

李 娜

【项目简述】

该项目跨越音乐、自然科学、美术和信息技术四个学科,适用于上海市四年级学生。主要学科为音乐,项目缘起于学生对于《小奶牛》歌曲的喜爱,通过创编故事和多种表演形式,将学唱歌曲与自然、美术和信息技术相结合。通过该项目,学生将了解奶牛的生活习性,培养表演和创造力,同时学习美术和信息技术的应用。

【项目目标】

学科核心概念、知识与能力:学生将学习音乐的基本要素,如节奏、旋律和歌词,并理解奶牛的生活习性和自然环境。同时,学生将学习美术的基本技巧,如绘画和剪纸,并了解信息技术的基础知识和应用。

学习素养:培养学生的合作精神、创造力和表达能力,提高艺术鉴赏和自然观察的能力,同时提升信息技术的运用能力。

高阶认知:通过创编故事和表演形式,培养学生的逻辑思维、问题解决和批判性思维能力,并将不同学科的知识和技能有机地结合起来。

【挑战性问题】

本质问题:奶牛的生活习性如何适应自然环境的变化?信息技术在艺术表演中有哪些应用?

驱动性问题:如果你是一头小奶牛,你将如何利用信息技术展示自己的生活故事?你认为小奶牛在与其他动物的互动中会遇到哪些有趣的情节?

【实施过程】

前期准备:教师组织学生观看关于奶牛生活和自然环境的视频,并讨论相关问题。同时介绍美术和信息技术的基本知识。

入项：教师介绍《小奶牛》歌曲，并组织学生学唱歌曲，了解歌曲的意义和情感。

知识与能力建构：教师引导学生学习奶牛的生活习性和自然环境，并组织小组合作创编故事和表演。学生还将运用美术技巧绘制奶牛和其他动物的形象，以及使用信息技术制作表演的背景音乐和影像。

推进：学生在小组内合作，设计舞台布景，制作道具，并排练表演内容。同时，学生利用信息技术软件进行音乐和影像的编辑和合成。

展示汇报：学生在班级或学校内展示他们的创作，并邀请其他班级同学或家长观看。

出项：教师组织学生回顾整个项目过程，并总结学到的知识和经验。

评价：教师给予学生个人和团队的评价，并鼓励学生对整个项目进行反思。

【项目成果】

学生通过创编故事和表演，展示了奶牛的生活和自然环境，包括奶牛的饮食、生长环境和与其他动物的互动等。学生的表演包含了音乐、舞蹈、戏剧和美术元素，展现了他们的创造力和艺术才华。同时，学生利用信息技术软件制作了背景音乐和影像，丰富了表演的视觉和听觉效果。

【项目反思】

在项目推进过程中，学生通过合作创作和表演，增强了团队合作和沟通能力。学生也学到了美术和信息技术的基本知识和应用，提升了自己的技能和创造力。在后续的思考中，学生可以进一步探索信息技术在艺术表演中的更多应用，以及将不同学科的知识和技能融合在一起的可能性。

我是绿茵小法官

——锦绣校园足球文化建设项目化学习案例

吴勇飞

【项目简述】

足球是一项充满激情和挑战的运动。作为全国校园足球特色学校,在锦绣小学校园里,足球是学生们必修的课程,每年的体育节都会举办学生足球比赛。而今年的足球比赛,我们融入项目化学习的理念,大胆地将整个比赛的组织、裁判、参赛等各项工作全部交给学生。希望通过这样的活动,进一步在校园内推广足球文化,激发学生对足球的兴趣和爱好,形成对体育运动的热爱。

学生们对校园足球文化的研究活动开始了。足球课上,学生们设计了"我与足球"调查问卷,开展了相关调查,并进行了分析,决定策划一场年级足球联赛。学生们确定了研究内容:1.成立活动小组;2.了解活动策划书学问;3.走进五人制足球赛;4.快乐实践,成果交流。

【项目目标】

据了解,五年级的很多学生对足球裁判员特别感兴趣,非常乐意担任足球裁判员工作。我们的目标是,通过担任裁判员,参与到比赛之中,了解足球比赛的规则,并在裁判实践中锻炼果敢和坚韧的性格,培养相互间的合作能力。

【驱动性问题】

校园足球比赛将全部由学生进行组织和参与,作为裁判组的成员应该怎样执法好一场足球比赛呢?需要从哪些方面去考虑和准备呢?

【实施过程】

五年级的学生对足球裁判员特别有兴趣。问其原因,孩子们很认真地回答笔者:"我球踢得不好,但是我热爱足球。""经常看到老师在做裁判员,我也想试试。""一场正式的足球比赛不能没有裁判员。"……

说干就干,我们成立了足球裁判组。笔者告诉孩子们:"你们要做裁判员先要知道足球规则,你们能利用课余时间去学习吗?我先给你们布置任务,找到最新的五人制足球比赛规则书,好好研究一下,不明白的来问老师。"孩子们欣然允诺。

几天后,一位学生找到笔者:"老师,看我自己亲手做的红黄牌怎么样?""你为什么要做红黄牌?"我故意问道。"因为规则里有呀,什么时候应该出黄牌,什么时候该出红牌,我已经知道了。"显然,这孩子是去仔细学习足球规则了。

学生们自己组织的比赛临近开幕,笔者集合了"学生裁判组"的孩子们,给他们布置了任务:"明天我们自己班级足球赛,你们就是裁判员,要进行裁判员的实习。"看着孩子们不确定的眼神,笔者知道他们心里没底,接着,便在黑板上画了一张足球场的图,标注了裁判员的站位,开始讲解裁判员的跑位以及手势。他们目不转睛地看着图示,全神贯注地听着讲解,生怕听漏了什么。看着他们的样子,笔者暗自窃喜,知道孩子们是用心了。

第二天,裁判员实习如约而至。实习的过程是,每个裁判员先跟老师搭档,每人10分钟,接着两人一组搭档,老师在场外指导。实习结束,他们一脸茫然,"自己做裁判员怎么跟在电视里看到的裁判员不一样啊?""我觉得自己像个木头人,不知道要做什么。"……笔者憋着笑。

"今天大家都做得很好,只是我们才第一次开始做,要知道一名合格的裁判员也是要身经百战的呀,明天我们继续,你们有信心吗?""有的。"回答得有点勉强,笔者继续憋笑。

凡事开头难,但良好的开端是成功的一半。孩子们进步越来越大,越来越有绿茵法官的样子了。转眼,正式比赛开始了。裁判组早早来到比赛场地,开始检查球场设备,清除球场杂物。接着,穿戴好裁判服,检查自己的裁判装备。然后,聚到笔者的身边,我们一起开个赛前准备会。

"我们是正式的比赛,比赛前的礼仪要在裁判员的带领下完成,先要答谢现场观战的球迷,再要组织队员们相互握手示意尊重对手。""进场时,我们一定要精神抖擞。"……

今天孩子们的眼神不一样,溢出坚定,他们当是被比赛现场的氛围所感染了,他们准备好了。

【项目成果】

(一)学生们自学裁判规则,知道了公平、公正等裁判法的精神。

（二）通过多次临场裁判实践，学会了裁判员的跑动路线、哨子的使用方法、裁判员的手势以及语言等。

（三）正式比赛前，裁判员们组织双方运动员的入场礼仪，使运动员们知道应该尊重裁判、尊重对手，并树立遵守规则的良好品质。

（四）裁判员们出色的执法表现，体现了学生们很强的学习能力，保证了校园足球比赛的顺利进行。

【项目反思】

（一）孩子们的信心来自教师的鼓励

学生们对待学习，尤其是自己感兴趣的事儿是非常认真的。教师要及时发现他们的困惑，解答问题，陪伴他们，给予克服困难的勇气。在培训中我看到了毅力、拼搏、团结，感受到了孩子们的成长，期待他们今后有更多机会参与各类足球裁判的活动。

（二）校园足球文化需要学生们的参与

比赛结束后，笔者问了小裁判员们的感受，他们纷纷表示，会将学习成果运用到今后的校园足球活动中，带动更多小伙伴参与到活动中来，为校园足球的蓬勃发展做出自己小小的贡献。

（三）校园足球文化建设要形成传统，生生相传

足球即教育，足球文化的各处细节可以向职业联赛、国际大赛看齐，能让孩子们更深刻感受足球文化、体育精神，让小球员们在真实的比赛氛围中积累实战经验，也让更多孩子参与到足球中来。

项目化学习在小学美术教学中的实践
——以《夸张的面具》为例

张晓琦

【项目简述】

以往的小学美术教学更加重视美术技能和知识的传授。伴随着艺术新课程标准的颁布和修订，小学美术会更加注重学生核心素养的培养。项目化学习为小学美术提供了更加科学、有效的教学形式，拓展了教育教学的新思路，使学生丰富了更多技能和知识。

《夸张的面具》是上教版小学美术新教材二年级第一学期第五单元第一课的学习内容。面具有着悠久的历史，它的演变与发展，与种族的信仰、社会文化的发展密切相关。它最早体现在原始乐舞、武术、图腾崇拜上。随着社会的发展、人类的进步，以及地域、种族的差异，形成了各自的体系，风格迥异，争奇斗艳。它们在形态与神态的表现上给人造成的感觉是多样的，有的滑稽怪诞，有的粗犷奔放，有的狰狞恐怖，有的质朴天真……这充分体现出人类丰富的想象力和创造能力。本课不但介绍了中国贵州地区的傩戏面具和西藏藏族面具，还介绍了世界其他各国的面具风格，旨在让学生明白：面具不仅是中国的，也是世界的，不同地区的面具有不同的艺术特点。本课以面具的"夸张"为切入点，通过教学活动，让学生通过欣赏与想象，以小组的形式完成夸张的面具的创意设计。

本项目化学习是基于美术学科的项目学习，依托了一年级教材中《线条的变化》，让学生知道运用不同的线条组合可以变化出面具夸张的效果，同时也结合一年级教材中《小小快餐店》和《喜庆蛋糕》对彩泥制作技法的灵活运用。本课以各种涂色工具、画纸和彩泥等为媒材引导学生塑造面具，其学习内容以本学科为主，涉及部分跨学科内容。

二年级的学生对面具有初步的认识,最为感兴趣和熟悉的是卡通面具,他们对于面具的设计兴趣浓厚,丰富多彩的面具文化能够激活他们创作的灵感。在作品完成后,学生可以将它戴在自己的头上,使之成为一件精美的艺术品,充分体验成功的喜悦,从而激发无穷的创作乐趣。

【项目目标】

(一)课程目标

1. 了解面具夸张变形的造型特点,学会用绘画或泥工技能塑造不同造型的面具。

2. 在欣赏、游戏、交流、小组合作的过程中,学会运用绘画或泥工对形象进行夸张变形。

3. 感受夸张变形的艺术美,了解不同地域、不同民俗的审美习惯,增强对民间传统艺术的热爱。

【挑战性问题】

(一)本质问题

小组合作运用绘画或泥工技能设计造型夸张、有新意的面具。

(二)驱动性问题

锦绣小学为校庆举办化装舞会,如何创作一个夸张有新意的面具?

【项目实施】

(一)入项

"夸张的面具"这一项目式学习,主要是通过学习活动感受不同地域面具的特点。面具有着各种不同的作用和特点,那么如何设计夸张、有新意的面具?通过哪些美术技能可以制作一个面具?又如何设计一个适合锦绣校庆的面具呢?

美术课堂上学生通过提出问题、小组合作、设计面具方案、动手操作等步骤,以各种美术技能为载体,尝试用各类美术材料设计出造型夸张的校庆面具。

(二)推进

第一阶段:认识面具

1 认识面具

班级		姓名		学号	
写一写、画一画我知道的面具	面具的种类/名称?	地方?年代?	简单画画它的样子		写写它的特点
写一写、画一画我喜欢的面具	我最感兴趣的面具是				
	这个面具来自哪里?它是什么时代的?面具的作用是什么?造型有什么特点?		简单画一个这种类型的面具吧!		

图1 第12课《夸张的面具》学习单1

第二阶段：选择不同的面具，组成5人小组，利用信息化手段进行资料收集，汇报面具的更多信息。

第三阶段：小组合作，运用擅长的美术技能完成夸张的面具。

2 设计面具

班级		小组名称	
项目名称			
小组分工	组长		
	手工主力		
	绘画主力		
	助手1		
	助手2		
我们的设计	设计草图1	设计草图2	设计意图（文字）

图2　第12课《夸张的面具》学习单2

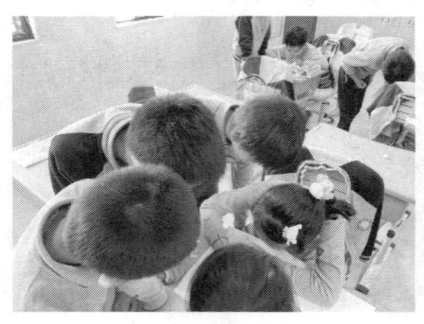

图3—6　小组合作制作面具

第四阶段:展示评价

根据不同的项目任务,主要从项目过程和项目成果两方面进行评价。项目评价包括过程性评价和成果性评价两个维度,过程性评价考量学生的合作能力、探究能力和参与度,成果性评价关注学生的动手实践能力、造型设计思维和审美表达能力。

【项目成果】

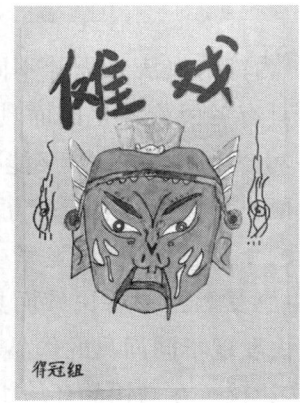

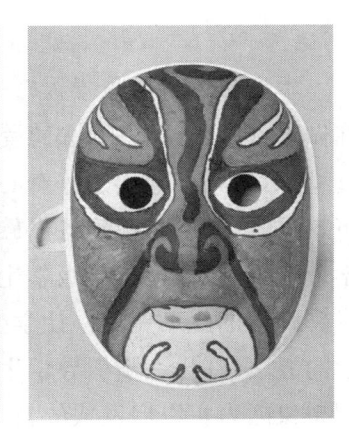

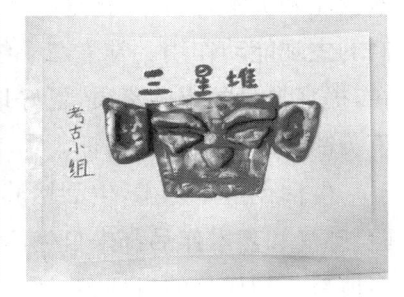

图 7—12 项目成果展示

【项目反思】

表 1 项目反思

我们的反思	我们的设计有什么亮点?
	我们在学习过程中遇到什么问题?是如何解决的呢?
	我们还存在什么问题,希望获得什么样的帮助?

学生 a:"第一次合作完成美术作品,经常会碰到组员之间意见不统一的

情况。"

学生 b："有些人美术能力强，来不及创作；有些人美术能力较弱，会闲在一边看。"

学生 c："意见不统一时，需要组长及时站出来，如果还是无法解决，可以找老师协调。"

学生 d："组长在分工时应该明确每个组员的职责，组长和老师每次的加分也非常有用。"

本案例通过情景导入——为锦绣校庆日设计不同特色的夸张面具，让学生在做设计师的过程中，去感受具有各民族风格的面具艺术。既考虑了学生的年龄特征，增强了他们的好奇心，引发了学习兴趣，又能帮助学生开阔思路、拓宽视野，也能使学生认识到各民族面具的魅力所在。为了更好地落实这些先进的教学理念，笔者根据二年级学生的年龄特征，在启发学生动脑动手的过程中，充分发挥师生的互动作用。让学生感受教材中各民族面具艺术的同时，采用分层教学的方法，一步一步引导学生去发现不同面具的作品和特点，充分发挥学生的空间想象能力。以启发式的教学让孩子在愉快的环境中自己去发现可以运用的美术技能和美术材料，并把这些新知识更好地运用到创作自己的作品中去，发挥他们的主观能动作用。学生在小组合作的过程中，体验了不同地域艺术的魅力所在，提高自身的审美素质，更好地发挥自己小组合作的能力，最终达到提高自身审美能力的美术教学目标。

生活创造了艺术，生活培养造就了艺术家。孩子也是如此。他们的各种经验、感受和艺术作品都来自生活。通过全班作品的展示与评价这一环节，孩子更多地参与到作品的自评、互评中去，不断地发现自己的优点和缺点，看到自身的不足，发现别人的闪光点。通过展览活动，也培养了孩子的参与竞争意识，增强了他们的综合能力。

小小像素墙设计师

张瞿麟

【项目简述】

这个项目是面向三年级学生的信息科技学科的项目。像素墙位于学校的门厅,地理位置醒目,每个学生进入教学楼时都会看到。像素墙之前的设计都由教师来完成。但是学生经过时都会去触碰像素墙上的球,对于像素墙展现了强烈的兴趣。既然他们对于像素墙这么感兴趣,是不是也可以让他们作为设计师来设计这面像素墙呢?

【项目目标】

了解信息的概念以及信息中的科学。

掌握"画图"软件中的"油漆桶"工具,以及"撤销"键的使用。

借助网络、App 程序,让设计的图案更形象美观。

能积极主动应用软件进行学习活动。

在设计过程中共享信息资源,尊重他人的知识产权。

【挑战性问题】

本质问题:基于学科的抽象的概念性问题。

驱动性问题:如何让学生参与进像素墙的设计并布置?

【实施过程】

入项环节:通过信息科技课额外讲解像素的概念和字形码的概念,让学生了解到像素墙的构成原理与设计方式。同时,在课后看护的同时下发像素墙的设计图纸,由学生先用铅笔进行设计。

探究环节:

子问题 1:在纸上设计像素墙时很麻烦,如上色、擦破、不易保存等问题,结合信息科技课你有什么好办法代替吗?

可以使用计算机中的"画图"软件进行设计,其中的"油漆桶"工具可以快速对像素块进行上色,"撤销"键可以将出错的设计还原。

子问题2:该怎么设计像素墙?

产生问题1:像素墙为什么叫"像素墙",像素墙是多少像素的?

了解"像素"的概念并前往像素墙进行计算。

产生问题2:像素墙上的文字呈现方式和平时写的字有很大的差别,该怎么进行设计?

通过"身边的信息"这一课,并拓展"字形码"内容,让学生了解到:计算机中文字的呈现方式和像素墙是一样的,我们可以借助计算机来参考设计像素墙。

出项:借用"画图"软件在计算机中特制的像素设计图上进行设计,并在全班进行投票,将票数最高的设计布置到门口的像素墙上。

项目评价:

表1　小组自评

题号	题干	选项
1	我们在完成任务时	□明确此次的任务 □不知道要做什么
2	我们在设计过程中	□有明确的小组成员分工,并按照分工完成任务 □有小组成员分工,但是未按照分工完成任务 □没有明确的小组成员分工
3	我们在布置像素墙时	□没有布置 □布置了一部分 □积极配合并完成
4	我们对小组此次任务完成的整体表现	□不满意 □比较满意 □非常满意

表2　小组互评

题号	题干	排序
1	我们小组在像素墙设计任务中的设计贡献度顺序(按照贡献度排序,第一个在本任务中贡献最大,依次递减)	

(续表)

题号	题　干	排　序
2	我们小组在布置像素墙时的贡献度顺序（按照贡献度排序，第一个在本任务中贡献最大，依次递减）	

表3　教师评价

题号	题　干	选　项
1	小组在像素墙设计时	□没有参加 □设计了一部分 □全部认真设计
2	小组在布置像素墙时	□没有完成任务 □布置完成了一部分 □全部认真布置完成
3	小组团结协作能力	□没有协作，少数人在完成任务 □有一定的协作，但是完成效率不高 □小组分工明确，协作完成任务，效率高
4	小组成员的整体表现	□不好 □比较好 □非常好

【项目成果】

在教师的组织和指导下，学生们进行了文字制定、电脑版式设计，以及最后像素墙上双色球的排列。整个过程既是考验，考验学生的耐心和团队合作；也是锻炼，锻炼他们的综合能力。

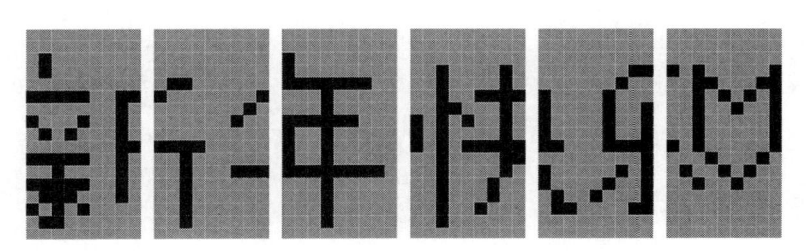

图1　电脑设计排版双色球文字

【项目反思】

1. 小学生是具有非凡创造力的。天真无邪的思维方式和对世界的好奇心，使他们能够以独特的方式看待事物，提出新颖的想法和创意。在这个项目中，笔者看到了学生们不被教师的例子所局限，他们不仅设计了文字，还设计了不同的像素风图画，让像素墙不局限于文字的展示，像素墙更是他们想象力的画板。

2. 在小学阶段我们不能忽视学生提出问题的能力。学生提出问题的能力对于他们的学习和发展至关重要。这种能力不仅能帮助他们更好地理解知识，还能培养他们的思维能力和解决问题的能力。在小学阶段，学生通常对世界充满好奇，他们会有很多疑问。如果我们忽视他们提出问题的能力，就会剥夺他们探索世界的机会。对于学生的问题我们要细心回答，也可以让学生之间相互帮助解决问题。

3. 学生是校园的主人，任何人的劳动成果都需要得到保护。在项目完成时，同学们的劳动成果会在像素墙上展示出来，但是依然会有好奇的学生去触碰、拨动像素墙上的小球，对学生的劳动成果造成了破坏。在午休时需要专职的"小卫士"提醒学生们文明观看，并设立标示语提醒他们爱惜、尊重别人的劳动成果。

新课标下小学美术跨学科助力民间传统艺术的学习探究
——以皮影艺术为例

陈丽蓉

【研究背景】

《义务教育艺术课程标准（2022年版）》的落地，打破了美术教育的传统模式，教育的重心由知识技能转向综合能力的培养。该标准中提出聚焦审美感知、艺术表现、创意实践、文化理解；强调设立跨学科主题学习活动，加强学科间相互关联，带动课程综合化实施，强化实践性要求。由此看来，新课标的颁布将把小学美术课程领入核心素养的新时代，教与学的方式都需要重新探索、与时俱进。

同时，新课标反复提到"传承和弘扬中华优秀传统文化，增强民族自豪感，坚定文化自信"。小学美术课程中不乏对民间传统艺术的学习，如剪纸、编织、扎染、版画等。其中，皮影更是中国民间最古老的传统艺术之一。如何在新课标下以跨学科助力其学习探究？这极具研究意义和挑战。

【现状分析】

中国拥有上下五千年的历史，民间传统艺术更是一代又一代人的智慧创造，极具美学魅力和文化底蕴。本人在几次教学中发现，学生的学习往往浮于表面，缺乏探究和创新，究其原因，有以下三点：

（一）历史背景有距离

新时代下生长的孩子，距离一段段历史很遥远，时代背景、生活方式都有很大的差异。没有相关的生活经验，只是由教师简单描述历史背景，小学阶段的他们要理解其背后的深意绝非易事。

（二）研究实践有局限

目前一、二、三年级每周有2节美术课，四、五年级每周只有1节美术课，而一学期的基础教学任务有16至20个内容不等。紧凑的课时安排让系统且深入地学习探究民间传统艺术的难度再次提升,利用传统的教学方式很难在传承中创新。

(三)工艺制作有难度

民间传统艺术是历史的瑰宝,往往工艺繁复。以皮影艺术为例,制作工序至少有8项,其中,画稿、镂空、敷彩更是精益求精,对小学阶段的学生而言,也是很大的挑战。

综上所述,目前教与学的方式已经无法适应新课标的要求。发现问题,解决问题,尝试跨学科教学或许会是有效的路径。本人在知网上搜索关键词"民间传统艺术",出现208篇主题文章,但结合跨学科的却甚少。所以,用跨学科的教学方式助力民间传统艺术的探究,值得研究。

【跨学科在皮影艺术学习探究中的路径】

(一)核心概念

1. 以"光影再演绎,非遗有传承"为主题的跨学科项目概述

四年级第二学期第二单元主题"感受民间艺术"共有两课:"皮影艺术""会动的皮影"。旨在了解皮影的艺术特点,在制作与表演中学会设计、制作皮影,增强对民间传统艺术的了解和热爱。

基于该单元的教学目标和关键能力培养,做跨学科项目设计,融合音乐、劳技、自然、信息学科共同推进教学。以"如何设计、制作皮影"为本质问题,以"如何用皮影演绎自己的故事"为驱动性问题,学生分组合作,探索研究,在一项项子问题中解决重、难点,培养关键能力,提升合作能力,激发创新思维,增强民族情怀。

2. 相关学科及关键能力培养

(1)美术:学习皮影基本知识和造型特点、制作程序,学会欣赏皮影艺术;探究皮影人物会动的原理,根据音乐课创编的故事内容,设计皮影形象。

(2)音乐:根据本学期《小老鼠找朋友》这一教学内容进行音乐创编;设计不同角色的动作、情绪等,最终演绎皮影故事。

(3)劳技:根据美术课上探究的皮影人物活动原理,制作皮影形象。

(4)科学:了解皮影的原理,设计实验探索光及材料,找到哪种材料适合做幕布,并搭建皮影舞台。

(5)信息:利用网页搜索皮影艺术的相关资料,包括文字、图片、视频等;利用新媒体拍摄演绎皮影的视频,并配音,完成后期制作等。

(二)建立跨学科有效助力皮影创作的策略

1. 学科融合,层层递进助教学实施

皮影艺术的学习本身就是综合性的,术业有专攻,基于课程本身,通过各学科的拆分学习(见本文中的"相关学科及关键能力培养"),学习内容和教师指导都更专业,也有利于对皮影艺术的深度理解。另外,学科融合中,学生能从不同角度拓展思维方式,从而激发创造表现。同时,跨学科也解决了皮影艺术单一在美术教学中的课时局限性问题,充分的学习时间让学习过程更完整,学习结果更深入。

2. 分工合作,凝聚智慧助传承创新

跨学科项目学习中,学生自由组合,6—8人为一组,构建学习共同体,增强凝聚力,提升学习效率。每位学生都是一个独一无二的个体,他们各有想法,在这过程中需要积极沟通、相互配合、学会谦让,提升解决问题的能力,也能互相鼓励和督促,增进感情。同时,他们又各有所长,以团队的形式推进跨学科学习,能充分发挥每位学生的强项学科,施展才能,和团队成员取长补短,碰撞火花,激发创新力。特别是在皮影的演绎中,团队合作的重要性尤为显著。团队成员如果分工明确,能在时间和成果上都事半功倍,减负增效。

3. 过程评价,点滴积累助成果展现

一切创造性活动都伴随着有效评价,特别是对于跨学科、长周期的项目实践而言,积极、及时的评价尤为重要。在本项跨学科项目学习中,每个子问题的学习任务都设计了评价板块,包括小组自评、小组互评、教师评价三个板块,三个板块中又涵盖关键能力的掌握程度、小组成员的贡献程度以及小组成员间的配合程度等。这些评价多角度、多维度地反映了小组的学习情况,既是激励,也是督促。

【实践案例分析】

(一)入项活动

1. 欣赏皮影戏《三打白骨精》片段,激发学习兴趣

耳熟能详的故事情节在独特的灯影视效下跌宕起伏,一下子就抓住了学生的眼球。配以强烈的节奏伴唱,皮影艺术的魅力就这样植入学生的心中。再以"演绎自己的皮影戏"为驱动性任务,水到渠成。

2. 了解学习任务和时间节点,做到心中有数

跨学科的项目学习需要一个比较长的周期,在启动后,了解什么时间做什么,帮助学生建立学习计划,使学习目标更清晰、明确。

3. 组建学习团队,取队名,画队标,强化团队意识

导入课上,学生不仅要完成分组,还要一起确定小组名称,设计、绘画小组标志,让整个团队"活"起来。

(二)推进过程

1. 第一阶段:走进皮影,感受艺术魅力

分组后根据学习单任务再分工,搜索书籍、影视、网络信息,整理资料,体验皮影戏,分享、交流、完成学习单。在这过程中,人人有任务,全面地学习、感受皮影艺术的精彩。

图1、图2 小组合作,完成学习单

2. 第二阶段:制作形象,设计专属故事

音乐课上的《小老鼠找朋友》会有哪些角色,又将演绎怎样的故事?每个小组都有自己的有趣创意。根据皮影人物的造型特点"平额长鼻小尖嘴""弯眉细眼方下巴""喇叭裤腿喇叭袖""图案吉祥色彩美""侧面姿态多生动"等,结合不同角色的性格特点,大家一起画稿、过稿、剪刻、敷彩、缀结,完成一个个独一无二的皮影造型。

3. 第三阶段:演绎皮影,项目成果展示

设计完形象,皮影故事如何演绎?还得搜索资料,看看经典作品,研究演绎方式,互相分享心得。小组成员再次分工:谁来演,谁来唱,谁来讲,谁来打节奏。一遍又一遍地排练,一次又一次地配合,终于完成每一组的专属皮影故事。

图3 设计制作皮影造型

图4、图5 皮影故事表演

（三）项目反思

本次跨学科的项目尝试，有效推进了皮影这一民间传统艺术的探究学习，提升了学生综合学习和解决问题的能力，促进其思维发展，激发其创造潜能，增进师生、生生情感，增强学生对中国传统文化的认同和热爱。

跨学科的项目实践以及民间传统文化的学习和传承创新都不是一蹴而就的，教师本身需要注意日常积累和思考。希望在新课标的引领下，我们能共同学习成长，随时成为学生们需要的美术教师，成为能激发学生潜能和创造力的引路人。

参考文献：

[1] 中华人民共和国教育部.义务教育艺术课程标准（2022年版）[M].北京：北京师范大学出版社，2022.

[2] 何颖贤，刘劲宇.成就·表现·刻画：学业质量标准的三重解读：以《普通高中思想政治课程标准》为例[J].广东教育（综合版），2019（3）：38—39.

[3] 桑国元，王佳怡.项目化学习在幼儿园活动中的实施[J].教育理论与实践，2021（26）：61—64.